空灵·天籁整释

Kongling Tianlai Zhengshi

冯国荣 柳卓娅 董德英 著

人民出版社

目　　录

下篇 天籁整释

整释——一种对于诗学、文艺学、美学范畴的多元集合式研究方法（代前言）

对于中国古代诗学、文艺学、美学概念（包括范畴与一般术语）的释义，过去的办法大多是在只占有部分（常常是少量）资料的基础上根据研究者个人的感觉、偏好做的拍脑袋式的大致琢磨。虽然对于学养深厚、感觉敏锐的研究者来说会有精到的把握，但是由于各人所占的资料有限，结论往往见仁见智，很难达成共识。例如，对于空灵，虽然这个范畴很能代表民族性格，历来备受推崇，现在运用频率可说越来越高，但若问什么是空灵，大抵都只会说出若干局部特征。我们搜到"五四"以来"空灵"研究专文二十余篇，最多的只引了古人五条资料，而实际有近两百条。《学术月刊》2004 年的一篇文章甚至说"空灵一词最早出现于清代张问陶的《论诗十二绝句》。"其实早在唐代已有"空灵"一词，明代已有丰富的空灵思想。这样的研究当然不大可能具有哪怕最粗略的覆盖。我们在这本书里试图推出一种叫做整释的研究方法，具体的办法是：

一、词本义可能分析。一般来说，艺术范畴是一个词，如"志"、"兴"、"神"、"气韵"、"意境"、"空灵"，前三者可称为单字范畴，后三者可称作复字范畴。这些词在成为艺术范畴之前，一般都有起源的词义与进入艺术前的艺术前词义（也有少量复字范畴是艺术领域独创的，另析），我们称为词本义。词本义的可能为引进艺术被当做艺术范畴使用的含义的可能提供了前提。例如，释"空灵"：首先要弄清楚"空"有多少种含义，"灵"有多少种含义，"空灵"连用可能有多少种含义。中国古代文论大都是印象式、直觉式、零散、片断的，缺乏严格的逻辑结构，古人在使用这些词的时候，一般也不会去做严格的逻辑界定，大致会从相近的词义中抽出一种来描述他的感受。因而，哪些词本义可能进入艺术有很大的随机性。有些词本义可能被用到艺术中,有些则不会。如"空"有一种词本义是"嘴","灵"有一种词本义是"福气",这两种含义一般不会被使用到艺术中来。再如"空"有一种词本义是"内容所占比例小","灵"有一种词本义是"精神、灵气","空灵"连用的一种可能含义是"只有少许内容而有精神、灵气",这种词本义就极有可能被引用到艺术中来。总之,我们首先得弄清楚词本义有多少种,哪些可能被运用到艺术中来。这种"可能"为研究艺术范畴含义提供了基本的词义学来源。

二、用竭泽而渔的方法,占有历代全部相关资料。词本义分析只提供了一部分可能。前面说过,通常只有一部分词本义会成为艺术范畴的含义,同时一个词被引入艺术领域之后,又会被增加许多艺术要素的含义。因此认定范畴的含义,主要还要看历史上在艺术理论中实际上是怎样被理解与使用的。这就要完整地占有全部涉及这个艺术范畴的典籍资料。极限的要求是竭泽而渔,把历史上关于这个艺术范畴的理解、使用全部找出来。电脑技术为这种竭泽而渔的方法提供了可能。我们对"空灵"、"天籁"两个范畴的做法是对下列电子版进行了检索:《四库全书》、《国学宝典》、《汉籍全文电脑资料库》。其中,《四库全书》电子版有七亿多字,《国学宝典》电子版有八亿多字,台湾"中央研究院"《汉籍全文电脑资料库》有七千多万字。需要说明的是目前的电子版错误很多,因此对搜寻出来的资料又必需对照纸本原文进行校正。又,实际目前仍有一些典籍没有制成电子版。对于没有电子版的典籍,仍然只能采用传统的人工手目检索的办法进行补充。我们正在编纂一套尽可能完整的《中国古代文艺理论资料全编》,并且制出电子版,一旦完工,就可能达到真正的"整释"。在此项工作完成之前,这里仅能采用相对的目前可能做到的竭泽而渔的方法,我们起码可能做出一个对"整释"这种方法的示例,达到目前所能达到的整释高度。

三、范畴生成历史的清理。把全部资料搜出来之后,便可按时代先后进行生成的历史梳理。首先,找出最初是何时引入艺术的,所指是什么;然后,清理出历史上有多少家论述或应用过这个范畴。这有利于把握范畴的原生状态,看出中国艺术范畴是在怎样的情况下生成与发展的。

四、定性分析与多元界释。对范畴含义的把握主要要靠定性分析。那就是对所有资料进行逐一寻绎解读,找出古人对该范畴共有多少种理解与多少种使用视角。一般说来,典籍中出现的范畴有四种状态:第一种是为范畴直接释义,如"合化无迹谓之灵,通远得意谓之灵"①;第二种不是专门释义,但有释义的部分功能,如"诗以性情胜,不须典实,而胸无渣滓,故语语真朴,而越见空灵"②;第三种是并未进入释义,但联系上下文,可以看出作者在何种理解视角使用这个范畴,如"词尚空灵,妙在不离不即,若离若即"③;第四种是完全看不出作者的理解,只是提到"空灵"二字,我们称为单纯使用。我们主要根据前三种来进行分析。

五、定量分析。对历史上所有理解与使用视角进行数量统计,每一种意见的持有者是多少。其中数量比较多的意见可以看做是古人的共识,作为主要的整释资源。因为也有可能真理在少数人手里,对于定性分析中认定较为重要而定量分析中数量较少的意见仍应进行考虑。只对那些不着边际而又数量少的意见给予淘汰。

六、整释。整合定性分析与定量分析的结果,列出古人的主要共识,对这些共识进行归纳、提炼,再结合词本义可能分析与生成的历史过程下最终的定义。

七、对范畴的现代审视。对于范畴的含义及其诗学、文艺学、美学意义,古人的论述即使加以整释也并不一定在逻辑上能完全覆盖,对于其现代意义更可以在新一轮文化资源背景上发扬光大。这应是在整释的基本把握之后的事情。我们将另加阐发,本书先作出整释。

从 20 世纪 80 年代起,我便尝试对诗学、文艺学、美学范畴进行系统整合式研究。我 1986 年在山东人民出版社出版的《意境的多层次界释》(收入《当代中国诗歌发生走向窥探》中,这本书现在国家图书馆还有)与在《文史哲》1994 年第 3 期发表的《兴:表征中国诗学整体精神的系统命题》等作品中,便作出了相近的努力。从 2002 年开始,我带领我的研究生柳卓娅、董德英进行前述多元集合式的整释。作为示例,本书收进了已完成的两个整释,其中,柳卓娅参加了"空灵范畴整释"的研究,并承担了相关资料的搜

---

① 王夫之:《唐诗评选》卷三,北京文艺出版社 1997 年版,第 143 页。
② 沈德潜:《清诗别裁集》卷六,中华书局 1975 年版,第 114 页。
③ 蔡嵩云:《柯亭词论》,《词话丛编》本,中华书局 1986 年版,第 4905 页。

寻、标点、分解工作；董德英参加了"天籁范畴整释"的研究，并承担了相关资料的搜寻、标点、分解工作。潘文竹研究的重点是南宋陈亮词及意境范畴，对于本书的"空灵"、"天籁"两个范畴的研究负责了几个主要资料来源的提供，并负责了最后的校对。

我们认为，对中国诗学、文艺学、美学概念（包括范畴及一般术语）进行竭泽而渔的多元集合式的整释，具有重要意义。第一，可以为中国诗学、文艺学、美学奠定坚实的基础，有可能结束对范畴、术语释义的摸脑袋捉摸、莫衷一是状态。第二，学术方式的整体推进，可以从传统的对范畴、术语的印象式、零解式研究推进到系统的学理式的研究。我们倾向相信中国学术应当要走过这个坎。例如，若要问中国学术对于世界的原创性建树究竟是什么，就要系统地从学理说出个一二三，而不能仅仅是印象式的琐谈之类。第三，照此办理可以带来全部文史哲范畴研究包括史学、哲学范畴研究的整体推进，为文史哲多门类奠定基础。第四，将能改写《辞海》等辞典、词典的相关条文。第五，将使国人对中国文化有更加全面深入的了解。

最后要讲一讲各具体艺术门类应用层面的意义。现在各界对于"空灵"、"天籁"等范畴的运用非常热门，如不仅诗歌说空灵，绘画、书法、舞蹈也说空灵。记得在上海电视台看到一位越剧艺术家，说到越剧舞台上很少用布景，用手一比划就是开门、关门，一撇腿就是上马，这就很空灵。她所理解的空灵无疑也是空灵的一种，但是想必她一定想知道空灵的完整的含义究竟是什么。为此，我们把所有搜寻到的古人关于"空灵"与"天籁"的论述都附在后面。除了我们的整释外，读者可以自己直接面对这些原典去分析、去涵泳。我们也希望读者借此对我们的分析提出改进意见，以期尽可能臻于圆满。

上篇　空灵整释

　　"空灵"是诗学、文艺学、美学中的一个重要范畴,也是很能体现中国诗歌乃至整个文学艺术民族特色的范畴。在历史上有很多论家把空灵当做一种很高的追求甚至最高追求,至今仍有非常高的使用频率。而纵观空灵自诞生至今,包括"五四"以来,并没有人真正对之做过系统的研究与准确的释义。或问,"空灵"是什么? 可说千人千说,而且没有一种能够迹近共识。

　　事实上,"空灵"释义所面临的问题也是中国诗学、文艺学、美学范畴释义所面临的共同问题,那就是过去的研究方法大多是拍脑袋的大致捉摸。研究者并不企图完整占有资料也不去全面考察历史上有几种意见,体现在创作中有几种状态,一般都只凭所猎涉的一部分甚至少量资料,凭一己所好加以揣摩。我们搜到近二十年论空灵的专文二十几篇,其中所引空灵资料最多不超过五条,实际则有近二百条(直至 2004 年一家在学术界很有地位的刊物仍载文说"空灵一词最早出现于清代诗人张问陶的《论诗十二绝句》"①,实际早在唐代已有"空灵"一词,明已有丰富的艺术空灵思想)。其结果是在对范畴理解的完整性、准确性上都难以得到保证,其所得出的结论也就难以产生普遍的说服力。导致迄今所有的范畴(含一般术语)的释义都是大约摸的,甚至是靠不住的。从某种意义上说,中国诗学、文艺学、美学

---

① 王建疆:《自然的玄化、情化、空灵化与中国诗歌意境的生成》,《学术月刊》2004 年第 5 期

也就是建立在这种靠不住的至少是不无缺憾的沙滩之上。因此对中国艺术范畴进行"采用能够普遍认同的方法走向能够普遍认同的结论"的科学的系统的研究,应当说是一件极其重要的基础工作。

我们这里按照整释的方法对"空灵"这一范畴进行界释。

一、"空灵"的词本义可能
分析及历史生成

（一）"空"的词本义

"空"字从穴，本义当为孔穴。《说文》："空，窍也，从穴，工声。""空"的词义主要有以下 29 种：1. 空虚、内无所有（尽也，匮也，乏也，穷也）；2. 罄尽，空其所有（使之空虚也）；3. 内容所占比例很小；4. 广阔、空旷（阔也）；5. 空间、天空；6. 有很多材料没有实际内容；7. 岑寂，虚静、幽静（寂也）；8. 使明净无挂碍、清澈、透明；9. 穿通、破（穿也，通也）；10. 缪妄、虚假、虚构、虚幻（虚也，无根据也）；11. 徒然、白白的（徒也，事无成也）；12. 道家谓虚静之性；13. 佛教之语（佛家谓诸法之性曰空）；14. 超脱、潇洒；15. 朦胧、不清楚；16. 视野开阔，没有障碍；17. 穴、洞；18. 口、嘴巴；19. 墓穴；20. 中医用语；21. 穷困、贫乏；22. 缺少、亏欠；23. 间隔、间隙；24. 空子；25. 尚未占用的时间或地方；26. 腾出来；27. 大也；28. 息也；29. 待也。

（二）"灵"的词本义

"灵"是"靈"的简写。"灵"和"靈"原是不同的字。灵，从火，又从手，会意字，表示手可以靠近取暖的火之意。本意微温，温度不高。靈，从巫，霝（降雨声）声。本义以舞蹈乞请降神的女巫。《说文》："巫，祝也。女能事无形，以舞降神者也。像人两袖舞形，与工同意。"空灵的灵是指靈。其词本

— 3 —

义主要有以下 28 种：1. 指巫(《说文》：巫，以玉事神)；2. 神灵鬼怪(神之精明者称灵)；3. 天、天帝；4. 魂灵、灵府、灵台(人之魂魄、生命所系)；5. 精神、感情、心思；6. 灵气、精气、元气、生气；7. 应验、灵验；8. 神奇、灵异；9. 灵光、神光；10. 威灵；11. 有灵性者、有神灵者、通灵；12. 聪明、智慧、有悟性、通晓事理；13. 变化快、思维敏捷、随机应变；14. 活动方便；15. 清晰透明；16. 圣明；17. 灵敏、灵活；18. 善、美好；19. 对死者的尊称；20. 福气、福分(灵佑也)；21. 通"令"，政令、法令；22. 通"零"，零落；23. 通"轹"，车厢上的窗棂；24. 精诚；25. 生灵、生民；26. 宠也；27. 谥也；28. 姓也。

（三）"空灵"的词本义

"空、灵"连用的词本义从理论上讲，可有 28 乘 29 共 812 种，其中有些是明显不会连用或不能用于艺术范畴的，如空的一义"穿通"与灵的一义"姓"是不会连用的，又如前述空的一义"嘴"，灵的一义"福气"，即使连用不大可能进入艺术范畴。如果对与艺术能挂点边的含义进行考察，大致可有以下几种："空"的含义主要有词本义的 1、2、3、4、5、6、7、8、9、10、11、12、13、14、15、16、22、23、24、25、26、27、29。如果对相近的合并，选择其中要者，可归纳为：1. 空无(与有相对，内无所有)；2. 空少(与多相对，内容比例很小、空白、简约、含蓄)；3. 空待(留出空白，留待想象，召唤无穷)；4. 空虚(与实相对，虚化、虚拟、虚幻、虚构、抽象)；5. 空率、空朴(由挂碍、矫造的无或少引申，有无碍、自由、自然、真朴、天机)；6. 空静、空清、空旷(由声音、颜色、杂染等的无与少引申，可有清、淡、净、疏、旷、远等)；7. 佛、道、神、巫之空。"灵"的含义主要有词本义的 1、2、4、5、6、7、8、9、10、11、12、13、14、15、16、17、25。如果对相近的合并，选择其中要者，可归纳为：1. 灵魂、灵府(精神、生命、生气)；2. 灵气、通灵(聪明、智慧、悟性、才情、高度技巧、灵妙、神妙、微妙、难以捉摸、不可思议、超出一般)；3. 灵动(灵变、灵活、灵通、自由)；4. 灵感(含顿悟、直觉)；5. 佛、道、神、巫之灵(含灵异、灵验)。

"空"的七组含义与"灵"的五组含义相遇，可以组成至少 5 乘 7 共 35 组词含义。但是从古人实际使用情况来看，有不少含义并没有派上用场，或者说只是被"模糊"地使用了。我们在定性定量分析中将一一进行对应考察。这里首先看一下"空灵"最早是怎样被引入艺术,怎样被理解与使用的。

(四)"空灵"的历史生成

应该说早在"空灵"范畴诞生之前,就有过许多类空灵的思想,或者说是从先秦开始的一些思想孕育了后来的空灵范畴。如巫灵的神降灵感;《易经》的取象类物,交感灵应;老子的有生于无、有无相生、自然无为、大音希声、大象无形以及虚极静笃思想;庄子的言不尽意、象寓超旷,以及坐忘无己的精神自由;儒家的比兴说,尤其后来的"兴在象外"说;此外如陆机的"课虚无以责有,叩寂寞以求音";刘勰的"性灵说"与"隐秀说";颜之推的"性灵说";沈约的"禀气怀灵"说都有后来的空灵要素。

真正直接提及"空灵"是在唐代,最先是与佛家有关。《全唐诗》中常建的《空灵山应田叟》、杜甫的《次空灵岸》、《宿花石戍》、张叔卿的《空灵岸》、戴叔伦的《巡诸州渐次空灵戍》①都有"空灵",且都是地名。这里的空灵山、空灵岸在湖南株洲,与佛寺空灵寺有关。《全唐诗补编》收录的《明州岳林寺志》中所说的"空灵"也为佛家用语:"汝水若还清,汝身被水溺。汝柴若还燥,汝身被火燎。燎溺病同途,大梦原未觉。汝能鞭起悬,空灵觉心反。"②《艺文类聚》所载《灵空诗》描述的也是佛家境界:"物情异所异,世心同所同。状如薪遇火,亦似草行风。迷惑三界里,颠倒六趣中。五爱性洞远,十相法灵冲。皆从妄所妄,无非空对空。"③

宋代在很长时间里仍以佛家使用"空灵"为主,如释正觉之《禅人并化主写真求赞》有"万缘不倚活卓卓,一事不著空灵灵"④之语。不倚万缘是

---

① 《全唐诗》,中华书局1975年版,第1460、2377、3036、3085页。
② 陈尚君辑校:《全唐诗补编·全唐诗续拾》(下)卷四五,中华书局1992年版,第1413页。
③ 萧衍:《艺文类聚·内典上》卷七六,中华书局1959年影印本。
④ 释正觉:《禅人并化主写真求赞》,《宏智禅师广录》卷第九,《大正藏》本。

活卓卓,不执著于事是空灵灵。自朱熹始从理学角度谈空灵,朱熹《答汪太初书》的"空灵"与"无致知之功,无力行之实"相对,是批评用语:"常妄意天地万物人伦日用之外,别有一物空灵,妙不可测度,其心悬悬然。"①宋代张炎倡清空说,他的清空与质实相对,与空灵迹近,但还不是空灵。

明代祝允明、顾清、沈鲸已在诗中用"空灵"。祝允明有"散神明于空灵兮,泳皇冲而敖衍"②,顾清有"锦绣三千段,空灵一寸肩"③,沈鲸有"空灵三寸舌,藻鉴神明显"④。张丑与钟惺可能是最早从艺术批评的角度方面使用"空灵"的。张丑的"空灵"是讲绘画的,《戏为绝句二十首》有"石田画史笔空灵,天绘新图照古今"⑤;《真迹日录》卷四所引《浣溪纱》有"小袖卷笔,空灵挥洒,傲龙眠玉峰";卷五有"设色空灵,人物奕奕有神"⑥。钟惺与张丑几乎是同时,他的《赠罗童子国香》有"发语自空灵,时时出妙音"。此后,谭元春有"灯光生妙象,龙蜕想空灵","幸从禅理入,文事尚空灵"⑦。而张岱可能是第一个从诗学的角度较为深入地说空灵的。他多处说到诗之空灵,如"诗以空灵才为妙诗"、"故知世间山川、云物、水火、草木、色声、香味,莫不有冰雪之气,其所以恣人挹取受用之不尽者,莫深于诗文。盖诗文只此数字,出高人之手,遂现空灵"等,并论述了"空灵"与"实"的关系:"天下坚实者,空灵之祖。故木坚则焰透,铁实则声铿。可一师最喜作宋画,每以板实见长;而间作米家,又复空灵荒率,则是以坚实为空灵也,与彼率意顽空者,又隔一纸。"⑧

自张岱下,论空灵者日众且日益深入。明末的魏学洢、李渔、吴伟业、清代至民初的黄宗羲、黄子云、王夫之、张英、李光地、沈德潜、马荣祖、梁巘、俞蛟、徐崧、张大纯、夏敬渠、袁枚、查礼、许奉恩、姚鼐、翁方纲、董棻、黄钺、沈际飞、周济、钱杜、盛大世、布颜图、陈文述、姚元之、俞庆曾、恽格、蒋敦复、刘

① 朱熹:《答汪太初书》,《朱文公文集》卷四六,《四部丛刊》初编本。
② 祝允明:《怀星堂集》,上海古籍出版社1991年版,第369页。
③ 顾清:《整庵存稿 东江家藏集》,上海古籍出版社1991年版,第789页。
④ 沈鲸:《双珠记》第三出《风鉴通神》,《六十种曲》本,中华书局1958年版。
⑤ 张丑:《清河书画舫·外四种》,上海古籍出版社1991年版。
⑥ 张丑:《真迹目录》卷四,北京图书馆出版社2002年版。
⑦ 谭元春:《谭元春集》(上),上海古籍出版社1998年版,第148页。
⑧ 张岱:《琅嬛文集》,岳麓书社1985年版,第152、19、213页。

熙载、德宣、张问陶、李元度、徐大镛、杜文澜、张维屏、魏秀仁、江顺诒、戈载、李慈铭、许印方、王闿运、延君寿、姚承绪、王鹏运、陈田、梁启超、朱庭珍、陈廷焯、郑文焯、陈衍、况周颐、赵元礼、俞陛云、栩庄、徐珂、黄俊、松年、沈其光、夏敬观、黄濬、吴梅、汪国垣、蒋抱玄、刘永济、陈匪石、李佳、袁易、沈祥龙、孙麟趾、丁绍仪、山樵、蔡嵩云、牟愿相、冯熙、秋梦、钱琦、周霭联、唐圭璋、钱仲联、胡先骕、陈钧泽、吴芳吉、刘永济、张荫麟对"空灵"均有不同程度的论述或使用。

从"空灵"的发生史看，空灵是先有其词，最早是佛家用语，后来才渐渐被引入到文学艺术中的。这就是说研究空灵必须从词本义可能分析开始，再进行系统的定性与定量分析，把二者结合起来，才能有真正完整的把握。

二、"空灵"含义的定性分析及多元界释

接着我们将列出的"空灵"词本义可能与古人实际的论述一一对应,看一看古人对于"空灵"一共有多少种理解及使用视角。"空灵"的含义除空的含义与灵的含义相加外,"空"与"灵"还交互作用,交互生发,互为条件,互为前提。严格地说,应当从空的视角分析出七组含义,再从灵的角度分析出五组含义,再进行空与灵内在关系的整合观照。限于篇幅也为了简化,我们试从空的角度分析五组(空无、空少、空待很难分开,合为一组),其间对灵视角加以兼顾,最后再从整体上加以观照。

(一)空无、空少组:在无中寓有、
即少见多中见出灵性

这是从多与少、有与无的角度上说的。空是表现的迹象少甚至无,这个迹象是广义的,包括物迹、象迹、事迹、理迹乃至文字迹、墨迹、音迹、动作迹,表现的物、象、事、理乃至文字、墨迹、乐音、动作少或者无。这个层面的"空"与"灵"的五个层面的含义组合可能产生五种状态:1. 迹象内容空少、空无而有精神寄托、有灵魂;2. 迹象内容空少、空无而有生命生气、率真而出;3. 迹象内容空少、空无而有灵气,这里灵气可表现为有很高的艺术技巧,很高的聪明、智慧,很高的悟性、领会,很高的才情。此四种都可称为有灵气,是在不同程度上讲相近的事情,把有很高的艺术技巧说成有灵气比较具体,有很高的智慧、悟性、才情说成灵气则比较抽象,而悟性中又有顿悟、直觉的成分,通向天赋;4. 迹象内容空少、空无而灵动、灵通、活跃、活泼,富

— 8 —

于变化,乃至精神上和创作上的自由境界,富于想象、幻想;5. 迹象内容空少、空无而简约、精炼、含蓄、蕴藉,有言外、象外、韵外之致。未然之际的空无、空少还包括空待,留出足够的空间以纳万境,以召唤无穷。

对于"空灵"这一层面的论述历来颇多。如张岱说:"诗文只此数字,出高人之手,遂现空灵",是讲字少而空灵。王夫之说:"合化无迹谓之灵,通远得意谓之灵。"①"无迹"是迹象内容的"无",而"得意"的意可以是灵魂、精神,也可以是灵性、灵动、灵妙的艺术意趣。他有一句名言:"墨气所射,四表无穷,无字处皆其意也。"②"无字处皆其意",把中国艺术处理有无、多少关系的独到之处描述到了极致。这与"不著一字,尽得风流"、"遇之愈深,即之愈稀"、"羚羊挂角,无迹可求"异曲同工。黄生的《诗麈》说:"凡诗肠欲曲,诗思欲痴,诗趣欲灵","以无为有,以虚为实,以假为真,灵心妙舌,每出常理之外,此之谓诗趣"③。提到"以无为有"才是诗趣,才是灵。沈祥龙说:"词得屈子之缠绵悱恻,又须得庄子之超旷空灵。盖庄子之文,纯是寄言,则如镜中花,如水中月,有神无迹,色相俱空,此惟在妙悟而已。"④讲到空灵是"有神无迹"。龙沐勋辑《大鹤山人论词遗札》有云:"北宋词之深美,其高健在骨,空灵在神。而意内言外,仍出以幽窈咏叹之情"⑤,认为空灵在神,意内言外。况周颐在说及小山词《阮郎归》末句"清歌莫断肠"时说"此句含不尽之意,觉竟体空灵"⑥,空灵在于含不尽之意。笪重光论画说:"空本难图,实景清而空景现;神无可绘,真景逼而神境生;位置相戾,有画处多属赘疣;虚实相生,无画处皆成妙境。"⑦此处"空神"与"空灵"近,"无画处皆成妙境",与王夫之"无字处皆其意"如出一辙;正是中国画空白艺术的最妙处。这些论述中如"合化无迹"、"四表无穷"、"色相俱空"、"无画处皆成妙境"已有空待之意,联系苏轼"空故纳万境"⑧,包括了留出空白以召

---

① 王夫之:《唐诗评选》,北京文艺出版社 1997 年版,第 143 页。
② 王夫之:《姜斋诗话》,《清诗话》本,上海古籍出版社 1999 年版,第 19 页。
③ 黄生:《诗麈》,《皖人诗话八种》本,黄山书社 1995 年版。
④ 沈祥龙:《论词随笔》,《词话丛编》,中华书局 1986 年版,第 4048 页。
⑤ 沈文焯:《大鹤山人论词遗札》,《词话丛编》,中华书局 1986 年版,第 4342 页。
⑥ 况周颐:《蕙风词话》卷二,人民文学出版社 1998 年版,第 25 页。
⑦ 笪重光:《画筌》,《历代论画名著汇编》,文物出版社 1982 年版,第 458 页。
⑧ 苏轼:《送参寥师》,《苏轼集》,中华书局 1982 年版,第 905 页。

唤无穷妙谛。

"空灵"此一义在各具体艺术门类中都有充分的表现。在诗文是通过炼字、炼句、含蓄、蕴藉、比兴、隐喻乃至省略、脱节、互文达到文字与意象内容的高度简约、凝练。"意则期多,字唯期少","睹一事于句中,反三隅于字外",如"清庙之瑟,一唱三叹"。如《诗人玉屑》所谓"象外句":"无可上人诗曰:'听雨寒更近,开门落叶深',是落叶比雨声也"①,这里用比兴把一夜树叶飘落的情景寄寓在文外、象外、韵外。再如温庭筠"人家在何处,云外一声鸡",以一声鸡表示云外有山中人家,山中人家的具体景象、竹篱茅舍、鸡叫狗吠都空留在文外、韵外。再如"鸡声茅店月,人迹板桥霜",炼字炼到炼空所有语法标识成分,只剩一串名词,高度简约,这在外国人看来是不可思议的。在绘画是空白的运用。中国古代论画 12 忌中有一忌"布置迫塞",画得太满,高明的画家往往只画一只角、数样景,而且往往寥寥数笔。其余全部空白着,无画处皆其意。在技法上叫做留白,又叫藏,有"景愈藏,景界愈大"②之说。如常为人称道的齐白石的"十里蛙声出山泉",不画山不画溪不画水,只画几只小蝌蚪从上而下,其余一片空白,于空白处见出十分精神。在音乐上如通过织体的简约,突出空白、休止,运用白描,突出同质单音体的音色。如叶小钢、谭盾、瞿小松的对话中提到"音乐中的安静,只有一个木鱼在敲,这就是空白"。有的干脆就是静默,达到"此时无声胜有声",期待弦外之音。在书法主要体现在草书布局的空白运用。草书笔画极少,像王羲之的大草可谓简约之至,笔画少而且短,往往满纸没有多少勾画,但内涵极其丰富,灵气灵妙无穷。戏剧作为一种综合艺术,除有同于诗文、音乐的特征外,还突出表现在布景道具的少甚至无。鲁迅便曾说"中国旧戏上,没有背景"。大多数舞台一无所有,偶尔有一两张桌子凳子。挥一下马鞭转几个圈,代表千山万水,握一把船桨轻轻划动代表湖水荡漾;"五六人可缴千军万马,六八步便是四海九州"。《单刀会》中关云长唱"大江东去浪千叠,架着这扁舟一叶",然背景却一无所有,使人浮想邈远。不仅灵妙无穷,而且从无就是无穷的角度上要胜过真有若干江水布景。

---

① 魏庆之:《诗人玉屑》,上海古籍出版社,1959 年。
② 唐志契:《绘事微言》,文渊阁《四库全书》本。

（二）空虚组：在化实为虚中见出灵性

这是从实与虚的关系上说的。所谓实是实物、实景、实事、实理，也包括写作的板实、笨实、滞实，包括人生的实务功利烦扰。所谓虚可以有两层意思：一是要跳出实物、实景、实事、实理，脱离板实、笨实、滞实走向虚化、虚拟、虚构甚至虚幻；二是要做到老子的"致虚极，守静笃"，做到清静闲淡，空却世俗烦扰，将人生超越的虚沉淀为创作心理的虚。这两个虚与灵的五个层面意思相连，主要朝着以下几个方面推进：1. 从仅仅状实物、叙实事走向写精神、写灵魂；有一种虚连精神寄托也超越，梁启超所谓"并无何种寄托，只是要那一片空灵纯然的美感"；2. 从仅仅写实求形似走向写意求神似，以比兴、象征、含蓄等手法使作品蕴藉隐约；3. 从板实、笨实、滞实走向生动、活跃，生命灵动与艺术灵动乃至精神上创作上的自由境界，富于想象、幻想；4. 从化实为虚中表现出灵气——智慧、悟性、才情与艺术技巧；5. 虚拟、虚构、虚幻以及突出一些虚化或无形的因子如烟云雨雾、星光月色、山岚花影；6. 从化实为虚中寓有某些佛道巫仙空灵思想。

理学家说空灵，本就是指与实事、实理、实景相对的虚幻，如朱熹说："常妄意天地万物人伦日用之外，别有一物空灵，妙不可测度。"[1]空灵在天地万物人伦日用之外。胡宗宪说"良知皆实理，致知皆实学，固非堕于空灵，一与事物无干涉"[2]，把空灵与实理、实学、实事相对。

王夫之在说"合化无迹谓之灵，通远得意谓之灵"之后，又说："视而不可见之色，听而不可闻之声，抟而不可得之象，霏微蜿蜒，漠而灵，虚而实，天之命也，人之神也。命以心通，神以心栖，故《诗》者象其心而已矣。"[3]黄生在讲"诗趣欲灵"时讲"以无为有"，也讲"以虚为实"。李渔在说及作词须"性中带来"时说："说话不迂腐，十句之中，定有一二句超脱，行文不板实，

---

① 朱熹：《答汪太初书》，《朱文公文集》卷四六，《四部丛刊》初编本。
② 胡宗宪：《重刊阳明先生文录叙》，日本蓬左文库藏《阳明文录》本。
③ 王夫之：《诗广传》，中华书局 1962 年版。

一篇之内,但有一二段空灵,此即可以填词之人也,不则另寻别计"①,把空灵与"板实"相对。兰皋主人《绮楼重梦》中宝钗评妙香诗曰:"这首却句句隐藏得空灵,要算第一了",岫烟道:"做限体诗,原无他谬巧,只能不犯实便是好手"②,也是把空灵与板实相对。蒋抱玄在论咏梅诗时批评了林逋、苏轼后说"老杜之'幸不折来伤岁暮,若为看去乱乡愁'二语,空灵窈澹,又出林、苏之右"③,此处以老杜不着实体"得意"入神为空灵。沈德潜论吴嘉纪诗时说他"以性情胜,不须典实,而胸无渣滓,故语语真朴,而越见空灵"。空灵与典实与渣滓相对,与性情、真朴偕。论朱彝尊时说"空灵变幻,实处皆虚"④;在批评陆机时说"意欲逞博,而胸少慧珠","遂开出排偶一家。西京以来空灵矫健之气,不复存矣"⑤。空灵与逞博排偶相对。许奉恩《文品》单列空灵一类,谓"匪黏匪脱,若即若离"⑥。蔡嵩云说了相近的意思:"词尚空灵,妙在不离不即。"⑦翁方纲在论及书法时说:"今以艺事言之,写字欲运腕空灵,即神韵之谓也"⑧,讲了运腕不可过于板实。朱庭珍的《筱园诗话》提出要"板重化为空灵",达到"有神无迹,如镜花水月"。⑨把空灵与板重对。笪重光在说"无画处皆成妙境"时同时说到"实景清而空景现",说到"虚实相生"。⑩盛大士在论画山时说"有骨必有肉,有实必有虚,否则峥嵘而近于险恶,无缥缈空灵之势矣。"⑪有实有虚才能有空灵之势。董棨说:"画贵有神韵,有气魄,然皆从虚灵中来,若专于实处求力,虽不失规矩而未知入画之妙。"⑫章太炎尝谓早期诗歌以记事为其宗主,后来由"造端质实而

---

① 李渔:《闲情偶寄·重机趣》,浙江古籍出版社1985年版。
② 兰皋主人:《绮楼重梦》,大众文艺出版社2002年版,第146页。
③ 蒋抱玄:《光宣诗坛点将录》,《汪辟疆文集·光宣诗坛点将录》合本,上海古籍出版社1988年版。
④ 沈德潜:《清诗别裁集》卷十二,中华书局1975年版,第212页。
⑤ 沈德潜:《古诗源》卷七,吉林人民出版社1999年版,第132页。
⑥ 许奉恩:《文品》,《诗品集结 续诗品注》,人民文学出版社1998年版,第124页。
⑦ 蔡嵩云:《柯亭词论》,《词话丛编》,中华书局1986年版。
⑧ 翁方纲:《复初斋文集》卷八,台北:文海出版社1982年版。
⑨ 朱庭珍:《筱园诗话》,《清诗话续编》本,上海古籍出版社1983年版,第2381页。
⑩ 笪重光:《画筌》,四川人民出版社1982年版。
⑪ 盛大士:《溪山卧游录》卷一,《画史丛书》,人民美术出版社1963年版。
⑫ 董棨:《养素居画学钩深》,《中国古代画论类编》,人民美术出版社1998年版,第255页。

渐入空灵"①。而超实求虚之道便包括想象,陈田谓"叔明《泰山图》绝迹以意想象为之,其画空灵骇宕"②。《学衡》载文论及"描写叙述极平易庸俗之事而生动空灵。尤征作者想象力之强。"③

不少人在说空灵时强调了虚化的或无形的因子,如雨、雾、烟、云、月、影、冰、雪乃至风、声、气等。马荣祖《文颂》与许奉恩《文品》单列"空灵"一格,所用的描述词多为"影眠水中"、"光景穿漏"、"灯影颤帷"、"积雪在野"④等等。张岱《琅嬛文集·与包严介》:"诗以空灵才为妙诗,可以入画之诗,尚是眼中金银屑也。画如小李将军,楼台殿阁,界画写摩,细如毫发,自不若元人之画,点染依稀,烟云灭没,反得奇趣"⑤,以"点染依稀,烟云灭没"的虚景为空灵。

在虚与实的关系中,空灵偏于虚,但并非一味求虚。历来也有许多论家论及要虚实兼顾、虚实相生,如张岱说:"天下坚实者,空灵之祖。故木坚则焰透,铁实则声铉。可一师最喜作宋画,每以板实见长;而间作米家,又复空灵荒率,则是以坚实为空灵也。"⑥刘熙载《词概》:"文或结实,或空灵,虽各有所长,皆不免著于一偏。结实处何尝不空灵,空灵处何尝不结实?"⑦

"空灵"的这一组含义,在具体艺术门类中也有典型的表现。在诗文,首先是不满足于仅仅形似地直赋实物、实事、实理,重在写神写情写趣味,离形得似,以比兴、隐喻、想象使实处皆虚,以暗示、多义性、不确定性造成极虚极活。且多喜写些看不见摸不着的虚化因子,除前引"无人知是藕花风"这一类外,如"沾衣欲湿杏花雨"、"疏影横斜水清浅"、"带雨云埋一半山",都是这种类型。在绘画,中国画最忌死、板、刻,"作画打点,应运用实中有虚法,才能显出灵空不刻板"⑧。写意画与写实画相对,可说是虚的一大门派。笔的浓淡枯湿、宣纸的透化以及渲染等创作手法造成一系列虚化效果。取

① 刘永济:《旧诗话》(续第四十八期),《学衡》第56期,1926年8月。
② 陈田辑:《明诗纪事》,上海古籍出版社1993年版。
③ 胡先骕:《读郑子尹巢经巢经集诗集》,《学衡》第7期,1922年7月。
④ 郭绍虞注:《诗品集结 续诗品注》,人民文学出版社1998年版,第117页。
⑤ 张岱:《琅嬛文集·与包严介》,岳麓书社1985年版,第152页。
⑥ 张岱:《琅嬛文集·跋可上人大米画》,岳麓书社1985年版,第213页。
⑦ 刘熙载:《艺概·文概》,上海古籍出版社1978年版。
⑧ 黄宾虹:《黄宾虹画语录》,上海美术出版社1961年版。

景上从云锁雾隔到雨濛烟笼,无不化实为虚。张岱所谓"点染依稀,烟云灭没",方为空灵。在音乐,以指琴上的吟、揉、注、绰而实现的"虚声"就是一例,东方音乐所追求的朦胧状态与神秘色彩也可看做虚的一种延伸。书法上虚首先也与水、墨对纸的透化效果有关。用笔的枯湿、浓淡,运笔的迟速飞白实际也是在处理实与虚的关系。从布局而言,尤其是行草,必须是虚实相间相生,才成为气韵生动、有张有弛的完整有机篇章。戏剧中除体现诗画的空虚外,突出的表现为虚拟。因为没有或很少有布景、道具,几乎所有舞台动作都是虚拟的,一撇腿表示上马,一扬鞭表示策马,一推手表示掩门,许多表演艺术家直接把这些就叫空灵。

(三)空率、空朴组:在自然、自由、纯朴、 天机的状态中见出灵性

"空"的一义还常常被引申为无滞碍、自由挥洒、率性而出、纯朴、天真、追求纯自然、纯美乃至有天趣、天机,为天授、天工。反对刻板、堆砌、雕饰、矫作、浓艳、逞博、粗豪。此中自由无碍一义与灵的灵动、灵活、富于想象之义相近,因此要同时突出两个方面:一个方面要追求自然、天真、纯朴、天趣状态的精神情愫、生命生气、灵气灵妙、某些佛道巫神思想;另一方面在此处要突出空灵的自由无碍、灵动灵活、富于想象。

对这一层面的空灵历来也多有论述。明代张丑撰《真迹日录》卷四,赞李思训设色采莲图卷有"小袖卷笔,空灵挥洒"[1],此处空灵与挥洒连用,有不受拘束,自由自如发挥的意思。张岱《跋可上人大米画》:"可一师最喜作宋画,每以板实见长;而间作米家,又复空灵荒率"[2],空灵与荒率连用,有自然率真之意。赵元礼评苏轼《题画雁》诗曰:"'野雁见人时,未起意先改。君从何处看,得此无人态。'何其空灵超妙乃尔,是画是诗,浑合无迹"[3],画

---

[1] 张丑:《真迹日录》卷四,北京图书馆出版社2002年版。
[2] 张岱:《琅嬛文集·跋可上人大米画》,岳麓书社1985年版,第213页。
[3] 赵元礼:《藏斋诗话》,《民国诗话丛编》本,上海书店出版社2002年版。

出野雁无人时之状态为空灵,也是自然、本真之意。吴芳吉谓"神韵之美,在空灵淡远",并说这种美"多返自然"、"多得于天"。① 梁启超说王介甫《巫山高》"并无何种寄托,只是要表那一片空灵纯洁的美感",以纯自然纯美为空灵。沈德潜编《清诗别裁集》云:"陋轩诗以性情胜,不须典实,而胸无渣滓,故语语真朴,而越见空灵。"②以性情胜,语语真朴,见出空灵。钟惺《赠罗童子国香》称颂他"赖无师与友,宿物未入心。发语自空灵,时时出妙音",这里空灵似就是"宿物未入心"的天真。徐大镛《挽张船山太守》诗曰:"官居清祕才原称,诗到空灵性最真"③,强调到了空灵的地步才性最真。李渔尝说"性中带来,性中无此,做杀不佳",又说"性之有无,何从辩识? 予曰:不难,观其说话行文,即知之矣。说话不迂腐,十句之中,定有一二句超脱,行文不板实,一篇之内,但有一二段空灵,此即可以填词之人也。"④这种性中带来的超脱、空灵,"无一不具夙根,无一不本天授"。姚鼐为谢蕴山诗集作序,说到谢诗"空灵骀荡,多具天趣"⑤,认为空灵是一种天趣。陈廷焯说:"玉田追踪于白石,格调亦近之,而逊其空灵,逊其浑雅。故知东坡、白石具有天授,非人力所可到。"⑥朱庭珍《筱园诗话》谓"板重化为空灵,陈闷裁为巧妙。如是则笔势玲珑,兴象活泼,用典征书,悉具天工,有神无迹,如镜花水月矣"⑦,谈到了笔势玲珑、兴象活泼,也谈到了天工。布颜图谓"天机若到,笔墨空灵,笔外有笔,墨外有墨,随意采取,无不入妙,此所谓天成也"⑧,也说空灵要靠天机。江顺诒说"词以空灵为主,而不入于粗豪"⑨,将空灵与粗豪相对。况周颐称夿州山人词:"极空灵沈著之妙。茂俗以纤丽之笔作情语,视此何止上下床之别"⑩,将空灵与纤丽、情语相对。吴伟业

① 吴芳吉:《四论吾人眼中之新旧文学观》,《学衡》第42期,1925年6月。
② 沈德潜:《清诗别裁集》卷六,中华书局1975年版,第114页。
③ 徐世昌:《晚晴簃诗汇》卷一百三十一,中华书局1990年版,第5635页。
④ 李渔:《闲情偶寄·重机趣》,浙江古籍出版社1985年版。
⑤ 姚鼐:《惜抱轩全集》文集卷四,中华书局1991年版,第41页。
⑥ 陈廷焯:《白雨寨词话》,《词话丛编》本,中华书局1986年版,第3969页。
⑦ 朱庭珍:《筱园诗话》,《清诗话续编》本,上海古籍出版社1983年版,第2381页。
⑧ 布颜图:《画学心法问答》,《中国画论类编》,人民美术出版社1986年版。
⑨ 江顺诒:《词学集成》卷五,《词话丛编》本,中华书局1986年版。
⑩ 况周颐:《蕙风词话》,人民文学出版社1998年版,第114页。

说："水心为诸生,独矫以空灵肖刻,文名大噪,堆砌之风,为之一变"①,将空灵与堆砌相对。蔡嵩云说："词尚空灵,妙在不离不即,若离若即"②,黄宗羲在《范用宾诗序》中说："诗之为道,以空灵为主,无事于堆积脂粉。"③将空灵与堆积脂粉相对。

中国艺术多以自然、纯朴、天趣为上品。西方早期艺术突出人,而中国早期艺术多"天人合一",突出与自然的契合。体现在诗,西方早期诗是人生故事的时间过程,如《荷马史诗》。中国早期诗是面对自然的空间展开,如《诗经》。中国诗人可说是自然倾向于自然,在表现方法上,也强调自然。虽然浓艳、纤丽、粗豪也不乏好作品,然堆砌、雕饰、逞博的却极少有佳作。像陶潜、李白超凡脱俗处恐多在"性本归自然"、"天然去雕饰"。陶潜的"山气日夕佳,飞鸟相与还。此中有真意,欲辨已忘言",李白"众鸟高飞尽,孤云独去闲。相看两不厌,只有敬亭山",都可以说是空灵诗的极品。这一类的诗人也往往称做天授、得天机、天趣,天工所为,"性中有之"。中国诗因为以单个字为单位可以任意组合,与西方比尤其灵动,在诗中可以任意省略、倒装、脱节。时空变化倏忽万异,天马行空似的想象比比皆是。同诗文仿佛,西方古代画主要对象是人体,而中国古代画是山水自然。中国的山水画比西方的风景画早了一千多年,诚如林语堂所说,中国人对山水、对一只虫一株草感兴趣,西方长期重视的则是人体。中国画也常常把最高技巧说成天机,如布颜图便说"天机若到,笔墨空灵","石谷天资灵秀……意动天机,神合自然"④。中国画在灵动方面尤其突出的体现在散点透视。西画采用的是所谓固定视点的透视法结构,而中国画采用高度灵活自由的散点、多点透视,采取"提神太虚,由世外鸟瞰"的立场与"物象由我裁"的创作态度,尤其显得灵动多变,挥洒自由。中国书法到了极致就是自然天成,尽管你也可以喜欢颜真卿的厚重、宋徽宗的瘦削、郑板桥的怪癖、张旭怀素的狂放,但最令人叹为观止的还是王羲之的自然,绚烂之极总敌不过至高的平淡自然,

---

① 吴伟业:《鹿樵纪闻》,中国历史研究社编《中国历史研究资料丛书》本,上海书店1982年版。

② 蔡嵩云:《柯亭词论》,《词话丛编》本,中华书局1986年版,第4905页。

③ 徐世昌:《晚晴簃诗汇》卷五十五,中华书局1990年版,第2211页。

④ 布颜图:《画学心法问答》,《中国画论类编》,人民美术出版社1986年版,第208页。

尤其是草书,王羲之的草书的不做作令人感到不可企及。而草书的灵动、多变、富于想象可说是极尽能事,除字别写错外,几乎没有任何约束,可以多变到千人千面,可说是中国空灵艺术的代表。在音乐,中国的作曲原则就与西方不同,节奏音高具有高度的不确定性和微妙、模糊性。曲式结构自由不羁,尤其灵动,富于变化。"中国音乐的速度美感与其他民族不太一样,它的微妙性、不确定感,在谱调上没法表现这种东西。""中国音乐的速度感是在于音的排列,而不在于拍子的多少,不是欧洲所谓的节拍。这种速度美感属于东方音乐,一张一弛,韵律无穷。"①戏剧作为综合艺术,具有前述诗文、音乐的共同特征。以自然、纯朴、天趣为美。仅武打这一项就灵变无穷,从兵器、角色不同到武术、打斗的套式变换令人眼花缭乱。这方面的"灵"是西方的简单格斗完全不能相比的。如《三岔口》的暗中摸索可谓空灵之至。

(四)空静、空清、空旷组:在静、寂、清、净、淡、旷、疏、远的境界中体现灵性

空之空无、空少还往往被延伸为声音的无与少即静、寂,颜色的无与少即素、淡,杂染的无与少即清、净,间距的空大即疏、旷、远,衍生出空静、空寂、空清、空淡、空疏、空旷、空远等含义。"空灵"还往往被用来刻画静、寂、清、淡、净、旷、疏、远境界中体现的灵性。即:1. 静、寂、清、淡、净、旷、疏、远境界中有精神情愫寄寓;2. 静、寂、清、淡、净、旷、疏、远境界中的生命存在,生气远出;3. 静、寂、清、淡、净、旷、疏、远境界中表现的灵气——高度智慧、悟性、才情、技巧;4. 静、寂、清、淡、净、旷、疏、远境界中表现的灵动、灵活、灵巧、灵变,精神上与创作上的自由挥洒;5. 静、寂、清、淡、净、旷、疏、远境界中寓有的佛家、道家、神、巫空灵思想。

空静涉动静关系。灵之一义本就是动、灵动。而空主静,空灵是静中有

---

① 李西安、瞿小松、叶小钢、谭盾:《现代音乐思潮对话录》,人民音乐1986年第6期。

动。苏轼说"静故了群动,空故纳万境"①,如"鸟鸣山更幽",静中有动更显动之灵,动中有静更显静之灵。佛家讲空寂,道家讲虚静。如《五灯会元》有"心本清净,无生灭,无造作,无报应,无胜负,寂寂然,灵灵然","以空寂为自体,勿认色身;以灵知为自心,勿认妄念"。② 清也是一个内涵丰富的范畴,张炎有"清空"之说。古人描述的空灵境界多有静、清、淡、远、疏、旷的特色。李慈铭说杜诗"空灵高远",举例中有"细雨鱼儿出,微风燕子斜";"远鸥浮水静,轻燕受风斜"。③ 马荣祖"空灵"格之"池边高柳,影眠水中。游鱼吞影,缘木行空"④,许奉恩"空灵"格之"霜天高迥,星月交辉。积雪在野,冰柱倒垂"⑤,都是静清景象。梁启超说:"'江畔何人初见月,江月何年初照人。''谁家今夜扁舟子,何处相思明月楼。'这类话真是诗家最空灵的境界。"他所说的最空灵的《春江花月夜》正是典型的静谧清淡境界,磊砢山房主人所谓"月当天则万象空灵"⑥。钱仲联说空灵涉静淡,谓"'万竹无声方受雪,乱山如梦不离云',则又空灵淡静,如不食烟火人语"⑦。布颜图在论倪瓒画时说他"虽无层峦叠嶂,茂树丛林,而冰痕雪影,一片空灵"⑧。这里的一片空灵也是冰痕雪影一类清淡之境。徐崧、张大纯的《百城烟水》"石湖无风水不波,湖上之山碧嵯峨。空灵荡漾争献巧,清宵得月新凉多"⑨,以清宵水波为空灵。王闿运诗"秀杰浈阳峡,空灵清远水"⑩,状清远之水为空灵。俞陛云"起笔托想空灵,欲问伊人踪迹,如行云之在天际","写临江望远之神,寄情绵远,笔复空灵",⑪以天际之远为空灵。钱杜《松壶画忆》谓《鹊华秋色》画中"芦苇作双钩,而不设色,淡远空灵",谓《晚香

① 苏轼:《送参寥师》,《苏轼全集》,中华书局1982年版,第905页。
② 普济:《五灯会元》,中华书局1984年版,第28、111页。
③ 李慈铭:《越缦堂读书记》,上海书店出版社2000年版。
④ 马荣祖:《文颂》,郭绍虞注《诗品集结 续诗品注》,人民文学出版社1998年版,第117页。
⑤ 许奉恩:《文品》,郭绍虞注《诗品集结 续诗品注》,人民文学出版社1998年版,第124页。
⑥ 梁启超:《梁启超集》文集之三十七,中国社会科学出版社1995年版,第112页。
⑦ 钱仲联:《梦苕庵诗话》,齐鲁书社1986年版。
⑧ 布颜图:《画学心法问答》,《中国画论类编》,人民美术出版社1986年版。
⑨ 徐崧、张大纯:《百城烟水》卷一,文渊阁《四库全书》本。
⑩ 王闿运:《湘绮楼诗文集·诗集》卷六,岳麓书社1996年版。
⑪ 俞陛云:《唐五代两宋词选释》,上海古籍出版社1985年版,第164页。

堂图》"全幅并淡色,空灵超远"①,以不设色、淡色为空灵。

在静、寂、清、淡、净、旷、疏、远的境界中体现灵性,可说是中国艺术门类的共同特征。在诗文中,王维是对空与静领悟得最深的。他的诗有多处空静并用,或空声并用,从中体现出王式空灵,如"人闲桂花落,夜静春山空。月出惊山鸟,时鸣春涧中。""空山不见人,但闻人语响","萧条人吏远,鸟雀下空林","空山独与白云期","行踏空林落叶声"。有空才有静,有静才有空,空中静中有鸟鸣,使空更空、静更静,鸟鸣空中静中,使有声也空有声也静。被梁启超称为诗家最空灵境界的"江畔何人初见月,江月何年初照人"就是极静谧的纯净境界。此外像"千山鸟飞绝,万径人踪灭"、"山路元无雨,空翠湿人衣"、"朝梵林未曙,夜禅山更空",无不如钱仲联先生所说"如不食烟火人语"。在画,中国山水画尤其是所谓南派文人画十之八九是疏淡、旷远、恬静、清寂境界。沈颢《画麈》云:"南则王摩诘裁构高秀,出韵幽淡,为文人开山。若荆、关、宏、璪、董、巨、二米、子久、叔明、松雪、梅叟、迂翁,为行家建幢,迂翁,以至明之沈、文,慧灯无尽。"②这些画家尽管不尽是南人,却都为南派文人画高秀幽淡一路。西画以光影、色彩、块面造型,而中国画最早由陶器、青铜器纹样的线条发展而来,是以线造型的艺术,再加上多只是黑白水墨,天生就简约清淡。中国音乐的总体格调就可说是清淡、幽远的。听听这些曲子的名字就可以一目了然:《空山鸟语》、《禅院钟声》、《渔舟唱晚》、《二泉映月》、《平沙落雁》、《平湖秋月》、《春江花月夜》,灵性就在这平湖春江、渔舟秋月、鸟语禅钟的静清疏淡之间。中国书法中王羲之一路应当说就是清雅淡恬的。尽管历来也不乏推重深厚、癫狂、粗犷者,但只有王羲之才是书圣。比王羲之一路,其他各路总是欠一点正源味儿,欠一点炉火纯青。中国戏剧按王国维的说法可以一言以蔽之曰有意境。而意境类的唱词,大抵如诗文及文人画,有静寂、清疏的特征。在剧目中,也有不少静寂清疏类。

① 钱杜:《松壶画忆》,《中国古代画论类编》,人民美术出版社1998年版,第530、537页。
② 沈颢:《画麈》,《中国古代画论类编》本,人民美术出版社1998年版,第772页。

（五）佛、道、巫、神空灵

"空"、"灵"与"空灵"都曾经是佛家、道家、神、巫学说的专门范畴,有着各自的文化、哲学内蕴。此四者又都对作为艺术范畴的空灵发生过深刻的影响,因此,要了解艺术空灵就不能不研究作为文化、哲学的"空"、"灵"与"空灵"。

在儒家看来,空灵甚至是其他"不务实"的佛、道、巫、神、仙学说的代名词。如胡宗宪就说:"良知皆实理,致知皆实学,固非堕于空灵,一与事物无干涉,如禅家者流也。"① 禅家者流就是堕于空灵。

1. 佛禅空灵

"空"是佛禅的核心范畴,复杂而微妙,比较有共识的释义有两个层次。一是说一切法(一切事物)都由因缘而生,没有实在的独立的常性不变的自体,一无所有,"诸法究竟无所有,是空义"。二是理体空寂,超越于现实众相之上,不生不灭。"空者就理彰界,理寂名空","空者理之别目,绝众相,故名为空"②。第一层是说现实世界一无所有,徒有虚幻,一切皆空,四大皆空,五蕴皆空,人生也仅是流转生死的空华幻影。这是对人生、对此岸世界的彻底否定。第二层是说佛性本体空寂。无诸相曰空,无起灭曰寂,谓本体永恒绝对,不生不灭,不变不改。这是对彼岸世界、对佛性、真如的绝对肯定。学佛正是要参悟这两个空。佛家之空对于艺术空灵的影响可以从两方面去考虑。首先是艺术上的,从以禅喻诗中便可寻见多种影响。佛禅关于现实世界是虚幻的观点与不立文字的要求使得许多诗人与诗论家都认为艺术的真谛在于舍弃实相、实象、实事、实理甚至语言文字,"不著一字,尽得风流"。所谓"舍筏登岸,禅家以为悟境,诗家以为化境"。③ 把语言比做一个过河的筏,达到化境之岸,语言之筏就不用了,可以舍去。六祖慧能有名

---

① 胡宗宪:《重刊阳明先生文录叙》,日本蓬左文库藏《阳明文录》嘉靖三十六年刻本。
② 慧远:《大乘义章》卷二,《大正新修大藏经》本。
③ 王士禛:《香祖笔记》,《明清笔记丛书》本,上海古籍出版社1982年版。

的"菩提本无树,明镜亦非台。本来无一物,何处惹尘埃",便是说客观象、相一无所有,"世界是虚空,能含万物色相",世界是空的,空的世界虚幻出万物色相。佛之禅宗还有一个重要影响是顿悟说,包含了直觉,王时敏说"犹如禅宗彻悟到家,一了百了,所谓一起直入如来地"。严羽说"谓之直截根源,谓之顿门,谓之单刀直入"。空灵的"灵"每每表现为有这种顿悟直入的能力。第二是从内容上的,作品中富有佛家"空"、"灵"与"空灵"的思想。其中一义是看破、参透、彻悟人生、社会、世界,达到自由、解脱、超尘出凡,可称为空灵境界。第二义是绝对空寂。寂是无出无入,停止,什么也不想,无任何欲念、追求,无任何理念寄托。空本身就是灵,脑中只剩一片空灵。达到这个什么也不想,什么也不寄托的纯净、彻底宁静境界是空灵!达到这个空本身就显出有灵性。

以诗的形式表现佛之空灵的源起很早。《全唐诗补编》载《明州岳林寺志》有诗:"汝能鞭起悬,空灵觉心反。覆看渠非深,奥神光独耀。性真常现成,公案方知道。"①《艺文类聚》中有《灵空诗》:"五爱性洞远,十相法灵冲。皆从妄所妄,无非空对空。"②此二者是以诗的形式表达佛家之空,虽未进入艺术范畴,但已是诗。对于空灵是舍离实相实象实事实理,历来颇有涉及。如《全宋诗》中《禅人并化主写真求赞》有诗:"这个仪形,丛林饭丁。春山有雪发衰白,秋水无风眼冷青。……万缘不倚活卓卓,一事不著空灵灵。"③这首诗赞的是画像,自是与艺术有关。其中刻画"发衰白"用"春山有雪","眼冷青"用"秋水无风"。"万缘不倚","一事不著",双关佛家思想与艺术指归。张英《文端集》把"龚湖先生"所居黄柏山房比为"蓬壶"、"道山",然后称其诗"空灵敏妙,宛折缠绵"。④ 这里空灵已是道山视角的论诗范畴。徐珂《清稗类钞》引其师之言:"文字亦须有个悟头,方是超卓。如东坡是五祖戒后身,故下笔清空灵妙。"⑤说东坡超卓、下笔清空灵妙,与他是五祖戒后身,有"悟头"有关。沈祥龙《论词笔记》说:"清者不染尘埃之谓,空者不著

---

① 陈尚君辑校:《全唐诗补编》,中华书局 1992 年版,第 1413 页。
② 萧衍:《艺文类聚·内典上》卷七十六,北京中华书局 1959 年影印本。
③ 释正觉:《禅人并化主写真求赞》,宏智禅师广录卷第九,《大正藏》本。
④ 张英:《文端集》卷四十,文渊阁《四库全书》本。
⑤ 徐珂:《清稗类钞》,上海商务印书馆 1917 年铅印本。

色相之谓。清则丽,空则灵,如月之曙,如气之秋,表圣品诗,可移之词。"①说到"空者不著色相之谓","空则灵",也是相近的意思。《厦门志》记载明代池显方诗文"空灵飘忽,不可方物",是因其"参禅乐道","与香炉、经卷为缘"。②

对于"空灵"是在内容上指向超尘出凡,绝对的空寂,历来也有涉及。如《五灯会元》即说"汝但无事于心,无心于事,则虚而灵,空而妙"。徐珂《清稗类钞》又说康熙时有大诗名的僧借山"一日坐蒲团假寐,梦大士以杨枝水灌其顶,遂觉五内空灵,一览成诵",此处空灵当与"大士"有关,从"一览成诵"看也涉写诗的灵性,"五内空灵"当与佛家的空境界有关。周霭联评论《船子和尚拨棹歌》:"夫我儒之学,通明广达,讲求精微,去利欲,明死生,然后心地清而语圆澈。前人每以禅喻诗,盛唐王、孟、韦、柳诸公,皆通禅理,法取乎空灵,钝根人不可以作。"明确提出通禅理然后可取法空灵。谭元春所谓"幸从禅理入,文事尚空灵"③。李光地说告子"乃佛之至精者","要明心见性的人,欲使此心空空灵灵"。④ 此处空空灵灵亦当是佛家用语。

2. 道家空灵

道家更多地讲无与虚,但实际有许多相当于空乃至空灵的思想。老子讲"三十辐共一毂,当其无,有车之用。埏埴以为器,当其无,有器之用"⑤,其中的无实际上就是空(汉·河上公注"无有谓空处故"),车有空才能用以载人,器有空才能用以存物。道家思想可以说为后来的空灵思想全面地奠定了基础。首先看"道生于无"、"有无相生"。"道"是道家思想的核心范畴,"道生于无"。对此有两种说法,一种说法是以"无"来刻画道的存在形态,道是看不见的抽象的,所以是"无"的。第二种说法是天地万物本生于无。有生于无,无是世界的本原。这同当下流行的"宇宙大爆炸说"的宇宙生于"无"的观点暗合。这第一种说法用于艺术空灵相当于说艺术空灵是灵妙难以捉摸,看不见的,只可默会,妙处难于言说的。这第二种说法如用

① 沈祥龙:《论词随笔》,《词话丛编》本,中华书局 1986 年版,第 4054 页。
② 周凯:《厦门志·列传·文学》,道光十九年刊本。
③ 谭元春:《谭元春集·与吴从闻夜坐》,上海古籍出版社 1998 年版,第 148 页。
④ 李光地:《榕村语录》卷五,中华书局 1995 年版。
⑤ 陈鼓应:《老子注释及评介》,中华书局 1984 年版,第 102 页。

于艺术空灵,可说在"空无"中生出各种灵,所谓"画到无笔痕时,直似纸上自然应有此画,直似纸上自然生出此画"①。其他如庄子的得意忘言,得意忘象、言不尽意指向空少空虚组诸义;老庄的虚极静笃指向空虚、空静组诸义;自然无为指向空率、空朴组诸义;大音希声、大象无形、无状之状指向空无、空虚组诸义,都可看出道家思想后来成为了空灵思想的主要来源,而老子的"致虚极,守静笃"、清静无为,与世无争;庄子的澡雪精神、坐忘无己,则成了空灵思想在内容上的滥觞。

在历史上,"空灵"一词在道家虽不如佛家用得多,但也有用。如张君房《云笈七籤》引《黄老经》曰"诸天内铭、九地三十六音,以元始同存空灵","第九隐元星,则弼星之魂明空灵也"②。这里空灵虽不指向艺术,但可见出道家对空灵有运用。道家因为有了一个同时又是艺术家的庄子,可以说作出了最早的空灵艺术示范。庄子不仅有"得意忘言,得意忘象"等直接的类空灵思想,而且又以超旷象寓的作品作出了最早的空灵实践。对于这一点历来不少有识之士有所觉省。如朱庭珍《筱园诗话》:"东坡一代天才,其文得力庄子,其诗得力太白,虽面目迥不相同,而笔力之空灵超脱,神肖庄、李。"③谓庄子、李白笔力空灵超脱。沈祥龙《论词笔记》更说"词得屈子之缠绵悱恻,又须得庄子之超旷空灵。盖庄子之文,纯是寄言,则如镜中花,如水中月,有神无迹,色相俱空"④。其中"色相俱空"、"镜花水月"把道家和佛家对空灵的影响说到了一起,可以说道佛合流走向艺术空灵。

佛道空灵对具体艺术门类的影响极其深远。我们在前面各组中多已分列,这里从内容上再略举一二。如王维于禅空,王维本就笃信佛教,被称做"不用禅语,时得禅理"。暮年更"焚香神生,以禅诵为事"。据赵殿成先生《王右丞集笺注》统计,王维诗中"空"字有 84 处之多,其中不少是佛禅之空,如"缘合忘相有,性空无所变"、"浮名寄缨珮,空性无羁鞅"、"眼界借无染,心空安可迷"、"非须一处住,不那两心空"、"空虚花聚散,烦恼树稀

---

① 华琳:《南宗抉秘》,屏庐丛刻本。
② 张君房:《云笈七签》,《道藏要籍选刊》第一册,上海古籍出版社 1989 年版。
③ 朱庭珍:《筱园诗话》,《清诗话续编》本,上海古籍出版社 1983 年版,第 2412 页。
④ 沈祥龙:《论词随笔》,《词话丛编》本,中华书局 1986 年版,第 4048 页。

稠"①。再如赵元礼评苏轼诗"他年君倦游,白首赋《归来》。登楼一长啸,使君安在哉",为有"空灵喷薄之气"②,这里空灵也是归去来之空意。

3. 巫、神空灵

除佛、道空灵外,历来的巫、神、仙各家也颇有涉空灵。尤其是在巫,"靈"最早本就是巫灵,是以舞蹈乞请降神的女巫,霝之降雨声就是神对人的感应。空灵之灵由此还通向天人感应的有某种先天性的启示,也可以说通灵,极言灵性之高。所谓灵感,因为难以描状,难以诠释,也每每被赋予若干通灵的神秘色彩。对此历来多有论述。在通常情况下,巫神空灵是指神灵,如《西泠闺咏后序》"慧珠乩笔,幻文字于空灵。木渎水神,感冤诬于身世"③,此处空灵涉乩笔、水神。《谭元春集》卷六《鹄湾文草》"灯光生妙象,龙蜕想空灵"④,这里空灵与妙象对,由龙蜕想见,指向神灵。恽南田诗《在东园柬毛稚黄》:"我思缥缈云中君,乃在十二峰间汉皋路。贻我瑶华双珠珮,流光洒洒空灵遇。"⑤此"空灵遇"与"缥缈云中君"、"瑶华"相关,涉神巫。《红楼梦》为风月宝鉴"出自太虚幻境空灵殿上,警幻仙子所制",涉仙。但也有涉艺术,如沈德潜评管抡诗谓"空灵缥缈之气,凝结而成,自是君身有仙骨"⑥。有仙骨遂有空灵缥缈之气。卧云轩老人诗"怪他一只空灵笔,又写妖魔又写仙"⑦,说写妖仙的笔是空灵笔。冯煦《蒿庵论词》引刘熙载《艺概》云:"东坡《满庭芳》'老去君恩未报,空回首,弹铗悲歌',语诚慷慨,然不若《水调歌头》'我欲乘风归去,又恐琼楼玉宇,高处不胜寒',尤觉空灵蕴藉。"⑧此处以游仙为空灵。王闿运状巫山之游谓"暨泊南浦,乃梦神嫝,翠峭空灵,岫壑万态"⑨。此处空灵是刻画似翠峭状,亦与神女有关。赵元礼称阮芸台诗为"空灵秀倩",举其《春尽日阻风和张子白原韵》为例:"又放

---

①　张末节:《禅宗美学》,浙江人民出版社1999年版,第183页。

②　赵元礼:《藏斋诗话》,《民国诗话丛编》本,上海书店出版社2002年版。

③　董寿慈:《西泠闺咏后序》,《香艳丛书》第二十集卷四,人民文学出版社1990年版。

④　谭元春:《谭元春集·奏记蔡清宪公前后笺札(其五)》,上海古籍出版社1998年版,第761页。

⑤　徐世昌:《晚晴簃诗汇》卷三十三,中华书局1990年版,第1155页。

⑥　沈德潜:《清诗别裁集》卷二十,中华书局1975年版,第353页。

⑦　卧云轩老人:《品花宝鉴》,齐鲁书社1993年版。

⑧　冯煦:《蒿庵论词》,人民文学出版社1998年版。

⑨　王闿运:《湘绮楼诗文集·文集》,岳麓书社1996年版,第99页。

瓯江黄篓船,余寒料峭透轻棉。山来一一重相见,春去堂堂不受怜。括岭清流千百转,秣坠秋雨十三年。今宵凉话应无梦,泊近西堂对榻眠。恐是芙蓉海上城,仙都坐见月初生。宵来料有胎仙过,春去应无杜宇声。屐齿溪山闲后想,灯花诗句客中情。请听一夜船头浪,已觉东风暗里更。"①从此诗看,有"海上城"、"仙都"、"胎仙",与仙有关,而通诗也写得合化无迹,通远得意。

---

① 赵元礼:《藏斋诗话》,《民国诗话丛编》本,上海书店出版社 2002 年版。

三、"空灵"含义的定量分析与多元集合式整释

现在我们来统计一下,在历来所说"空灵"含义五大组意见中,持有者各有多少。在每一组,我们都列出了若干"灵"角度的细部内容,由于古人在使用空灵时普遍存在模糊性,有时一条言论同时关涉好几层意思。我们这里"从宽"多列,旨在获取基本定位:

姓(篇)名	条数	空无空少					空虚								空率空朴				空静等							巫仙道佛空					其他
		无中寓有	即少见多	精神灵魂	自由灵动	灵气悟性	化实为虚	想象虚拟	比兴隐曲	写意神似	虚化因子	精神灵魂	虚活灵动	灵气悟性	自然天性	纯朴无质碍	自由灵动	灵气悟性	静灵	清灵	淡灵	净灵	旷灵	疏灵	远灵	巫空灵	仙空灵	道空灵	佛空灵	脱凡出世	单纯应用
1 常建	1																												1	1	
2 杜甫	2																												2	2	
3 张叔卿	1																												1	1	
4 戴叔伦	1																												1	1	
5 韩愈	1			1																								1			
6 定应大师	1																												1	1	
7 释正觉	1																												1	1	
8 张君房	2																										2				
9 朱熹	1						1																			1	1	1	1	1	
10 祝允明	1	1																									1				
11 顾清	1																														1
12 沈鲸	1				1	1						1																			
13 顾璘	1																										1				
14 胡宗宪	1																												1	1	

姓(篇)名	条数	空无空少					空虚							空率空朴			空静等									巫仙道佛空					单纯应用
		无中寓有	即少见多	精神灵魂	自由灵动	灵气悟性	化实为虚	想象虚拟	比兴隐曲	写意神似	虚化因子	精神灵魂	虚活灵动	灵气悟性	自然天性	纯朴无质碍	自由灵动	灵气悟性	静灵	清灵	淡灵	净灵	旷灵	疏灵	远灵	巫空灵	仙空灵	道空灵	佛空灵	脱凡出世	其他
15 胡直	1				1																					1	1	1	1	1	
16 钟惺	1											1		1																	
17 沈春泽	2	1	1		2																										
18 王嗣奭	1			1		2						1			1																
19 张丑	3		1	1	1	3	1					1																			
20 谭元春	2																										1		1	1	
21 宋应星	1																										1				
22 张岱	5		1		1		2		2					1																	
23 沈际飞	2																					1	1								
24 魏学洢	1				1																										
25 李渔	1				1																										
26 吴伟业	1				1										1	1															
27 黄宗羲	1	1			1				1																						
28 徐世昌	2			1											1				1												1
29 黄子云	1													1																	
30 王夫之	2								1																	1					
31 张英	1	1								1				1		1															
32 李光地	1																												1	1	
33 沈德潜	4	1			2	2	2					2		1	1	2													1	1	
34 马荣祖	1								1								1	1				1		1							
35 梁巘	2		1		2							1																			
36 俞蛟	2											1												1							
37 张顾箝	1																	1													
38 夏敬渠	2																									1					1
39 袁枚	1								1		1	1																1			
40 查礼	1			1	1	1																									
41 曹雪芹	3											1														2					
42 俞达	2																														2
43 许奉恩	1		1		1														1	1	1	1	1	1	1						

续表

数目 / 数量 / 姓(篇)名	条数	空无空少				空虚								空率空朴				空静等								巫仙道佛空				脱凡出世	其他	单纯应用
		无中寓有	即少见多	精神灵魂	自由灵动	灵气悟性	化实为虚	想象虚拟	比兴隐曲	写意神似	虚化因子	精神灵魂	虚活灵动	灵气悟性	自然天性	纯朴无质碍	自由灵动	灵气悟性	静灵	清灵	淡灵	净灵	旷灵	疏灵	远灵	巫空灵	仙空灵	道空灵	佛空灵	脱凡出世	其他	单纯应用
44 姚鼐	1													1																		
45 翁方纲	1											1	1																			
46 磊砢山房主人	1	1																	1								1					
47 董棨	1					1				1																						
48 黄钺	1					1				1			1						1				1									
49 周济	1	1				1							1																			
50 钱杜	2									1			1									2		1	2							
51 盛大士	1					1				1			1																			
52 布颜图	2		1		1					1		1	1																			
53 董寿慈	1																									1	1					
54 姚元之	1																										1					
55 俞庆曾	1							1		1			1						1	1												
56 言友恂	1																														1	
57 恽格	1																										1					
58 蒋敦复	1																															1
59 刘熙载	2							1					2														1					
60 德宣	1																															1
61 张问陶	3	1		1	1								1	1												1	2	1	3			
62 李元度	1				1								1																			
63 徐大镛	1													1																		
64 杜文澜	2							1		1			1						1				1	1	1							
65 张维屏	2							1					2						1													
66 江顺诒	1							1								1																
67 戈载	1							1	1							1																
68 邹弢	3	1						1										1	1								1					
69 李慈铭	1							1																								
70 许印方	1																					1										
71 王闿运	3									2		1	1	1					2											2	1	

续表

表头分组：空无空少｜空虚｜空率空朴｜空静等｜巫仙道佛空｜单纯应用

姓(篇)名	条数	无中寓有	即少见多	精神灵魂	自由灵动	灵气悟性	化实为虚	想象虚拟	比兴隐曲	写意神似	虚化因子	精神灵魂	虚活灵动	灵气悟性	自然天性	纯朴无质得	自由灵动	灵气悟性	静灵	清灵	淡灵	净灵	旷灵	疏灵	远灵	巫空灵	仙空灵	道空灵	佛空灵	脱凡出世	其他
72 延君寿	2				1		1			1		1																			
73 姚承绪	1	1			1																						1				
74 王鹏运	1							1				1																			
75 戴醇士	1							1																							
76 朱庭珍	3	1		1	2	2						1	1	1	1		1										1		1		
77 陈廷焯	2											1																			1
78 郑文焯	3							2																			1				
79 陈衍	2		1		1							1	1																		
80 况周颐	3	1			1							1	1															1	1	2	
81 徐珂	2																												2	2	
82 黄俊	1																										1				
83 松年	1				1				1						1		1	1													
84 李佳	1				1	1			1			1																			
85 沈祥龙	2			1	1				1						1													1	1	2	
86 孙麟趾	1												1		1																
87 丁绍仪	1																														1
88 山樵	1														1																
89 牟愿相	1																														1
90 冯煦	1																		1												
91 钱琦	1																	1	1										1	1	
92 兰皋主人	1								1						1																
93 卧云轩老人	1																										1				
94 周凯	1		1		1	1																					1				
95 周霭联	1																										1	1			
96 徐世昌	1							1					1																		
97 梁启超	2	1						1							1	2	1	1											1		
98 赵元礼	4									1			1		1	2	1	2													
99 俞陛云	4			1		1	1	1	1	1					2													1			

续表

数目/数量 姓(篇)名	条数	空无空少					空虚								空率空朴				空静等							巫仙道佛空					其他	单纯应用
		无中寓有	即少见多	精神灵魂	自由灵动	灵气悟性	化实为虚	想象虚拟	比兴隐曲	写意神似	虚化因子	精神灵魂	虚活灵动	灵气悟性	自然天性	纯朴无质碍	自由灵动	灵气悟性	静灵	清灵	淡灵	净灵	旷灵	疏灵	远灵	巫空灵	仙空灵	道空灵	佛空灵	脱凡出世		
100 沈其光	1				1										1																	
101 夏敬观	1				1					1	1																					
102 黄 浚	1																									1	1	1		1		
103 吴 梅	1									1					1	1	1															
104 汪国垣	3			1	1	1	2						2																			2
105 蒋抱玄	1		1		1				1																	1						
106 刘永济	2				1				1				1	1												1						
107 陈匪石	1							1		1	1		1																			
108 蔡嵩云	1		1		1																											1
109 秋 梦	1																									1						
110 胡先骕	2							1					1	1	1														1			1
111 陈钧泽	1									1	1							1														
112 林学衡	1												1	1																		
113 吴芳吉	1		1	1		1			1				1								1			1	1							
114 郭 斌	1	1			1		1	1																					1			
115 葛达德	1																															
116 章学诚	1																													1		
117 唐圭璋	10	1	1		2	2	5	2	1	2	2	1	2		1		1		1				1		1							
118 钱仲联	6		1	2		1	2						2		1	1	1	1	1	1	1		1		1	2	2	3	3			
119 潘公凯	2				1	1	2																		1							
120 栩 庄	2			1	1		2						1																			
总计 120	188	17	13	15	14	28	52	19	9	5	22	4	20	18	33	18	4	20	6	14	8	3	4	7	8	4	31	13	26	29	9	13
小计		87					149								75				50							103						

从以上统计可以看出，历来对"空灵"的理解，多集中在我们在定性分析中所归纳的五大组意见中。其中除单纯应用者外，其他只占很小的数量，也就是说，这五组意见，可以看做古人对空灵的共识。这里不仅已包括了词本义可能分析，也包括了定性分析与定量分析的结果。我们应当可以主要

根据这五类意见对空灵的含义进行整释。

　　然而在走向整释的时候，一个很大的问题发生了。我们发现对于中国古代诗学、文艺学、美学范畴，是无法用一个单一的含义加以定义的（这里涉嫌结构主义，我们将另文探讨）。过去多少年来，我们下的无数个单一的定义，都往往是将原来丰富的含义切割了的，甚至只是看到一鳞半爪就望爪生义，结果往往是曲解的至少是片面的。我们在研究空灵的同时，也用同样方法研究了兴、意境等其他重要范畴，发现过去对于兴与意境的释义同样存在这样的现象。如对于意境有一种通用的说法是情景交融（如《词学大辞典》），但其实意境与空灵一样，有着极其丰富的多元的含义。我们整释出五个元（详见拙文《意境整释》）。

　　这就是说我们很难用单一的含义对中国诗学、文艺学、美学范畴下定义，更难用一句话去概括。要做整释最可靠的方法只有一种；那就是把释义当做一个系统，列出所释范畴实际包括的所有含义，或者可以叫做多元集合式整释。

四、"空灵"含义整释

如果用这种方法对空灵进行整释,我们可以作如下的归纳:

所谓空灵,是中国诗学、文艺学、美学中一个极其重要且极具民族特色的范畴。

"空"主要是指:1. 迹象内容无与少,于无中寓有,少外见多,以空少召唤无穷;2. 空虚,化实为虚,虚构、虚拟乃至虚幻;3. 空却质碍,去雕饰,去矫作,去堆砌,率性、天真、自然、自由;4. 从迹象内容的无与少延伸到声音的无与少即空静、空寂,色彩的无与少即空素、空淡,杂染的无与少即空清、空静,空间距离大即空疏、空远等;5. 一种道佛至高境界:在道,无(空)是道与万有的本源,是清静无为、虚极静笃、坐忘超旷;在佛,则是法无所有、五蕴皆空、寂然无思,引申为与世无争、萧散超然、平和恬淡。

"灵"主要是指:1. 灵魂,包含精神寄托、生命生气;2. 灵气、灵犀、智慧、才情、悟性乃至灵妙、通灵(极言灵气之高);3. 灵动、灵活、自由变化、富于想象;4. 灵感、感应、顿悟、直觉;5. 佛、道、神、巫的神灵、灵异。

"空灵"的含义主要有:

1. 迹象内容(物迹、事迹、象迹、理迹乃至文字迹、墨迹、音迹、动作迹)空无、空少而于无中寓有、少外见多,有精神情愫、生命生气(灵魂),体现智慧、悟性(灵气、灵犀)乃至自然、自由(灵动、灵活、想象能力)。表现为迹象内容极其简约、精炼、含蓄、蕴藉而有言外、象外、韵外之致,常常以空白处(无字处、无画处、无象处、无声处)求得无穷意趣。未然之空无、空少还包括空待,留出充分空间以无待有、以少待多,召唤无穷。

2. 空虚——化实为虚。跳出实物、实象、实事的板实、笨实、呆死的形似而走向虚化,走向写精神写灵魂写生命生气,写意求神似,想象虚构、虚

— 32 —

拟,走向暗示多义、自由变化、极虚极活,走向烟云雨雾、霭岚影尘、疏星淡月、暗江隐山等虚化因子。在此过程中体现出灵性、灵气、技巧、智慧、才情、悟性。

3. 空却质碍即无质碍,自然、纯朴、天趣、天机,"性中带来";反对渣滓、堆砌、雕饰、矫作、逞博、脂粉、强制硬造;强调率性而行、灵动变化、挥洒自由、天马行空,物像由我裁,反对受制于死规,千人一面。追求纯自然纯美,脱离人间烟火,世俗功利。在此中寄寓精神情愫,体现生命生气,表现灵性、灵气、技巧、智慧、才情、悟性。

4. 由空无、空少引申为声音的无与少即清、静,色彩的无与少即素、淡,杂染的无与少即清、静,间距的空大即疏、旷、远等,追求静、寂、清、净、素、淡、疏、旷、远境界中的灵性:思想情愫寄寓、生命生气、智慧悟性、灵动灵变、自然自由。

5. 寄寓或表现在前四者中的巫神道佛空灵思想尤其是空思想。巫神思想主要通过巫神通向灵感。灵感的最初含义就是以巫气降神,受到神的启示,被引申为"神助"、"天授"的艺术灵感,具有某种神秘主义色彩,另一方面这种通神、通灵的说法也可看做是极言灵性之高,从而具有跳出神秘主义的意义。佛道空思想乃至空灵思想为艺术空灵提供了基本的哲学基础。可以分为艺术影响及内容影响两方面。就艺术影响说,佛禅要求舍弃徒有虚幻的诸法诸色诸相,"空化"物、事、象、言,一事不著,舍筏登岸,走向化境,要求顿悟直觉。道家原创了有无相生、虚静隐喻乃至言不尽意、得意忘象、大音希声、大象无形。在内容上,佛禅空灵表现出无挂碍、无恼恨、不缘不依、五蕴皆空、与世无争、平和恬淡;道家空灵表现为自然无为、超旷自由、澡雪精神、坐忘无己。道家的最高本原"无"与佛家的最高范畴"空"从内容与艺术两方面同时升华了空灵的最高境界:虚极静笃与寂然无思。空灵最后要抵达一个绝思维、无思虑的静穆明净,那样一片空灵!无可言说的纯净与纯美!那是一种精神与艺术的大道、真如。这也许是精神与艺术的乌托邦,但也可能是一种虽不可企及但永远值得追寻的理想中的"在"。绝对真理虽不可企及,相对真理却真的存在。人们、人们的精神、人们的艺术,可能正需要这种永远不可绝对企及但永远值得追求的目标。

这五个层面的含义特别是前四个含义之间往往有着互为条件的关系。

如写意求神似、想象虚构是空虚化的手法,但并不是只要写意求神似、想象虚构便是空灵。这必须与第一层面的迹象空少、空无,第三层面的自然无质碍,第四层面的静、清、净、淡、疏之类相结合才走向标准的空灵。有的作品虽然写意求神似、想象虚构,但却可能如李贺走向奇诡秾艳而并非标准的空灵。严格地说,前四者兼有才是标准的空灵,仅其中一项或数项可称为有空灵之意或局部空灵。

"空"与"灵"之间除前述并置关系外,还存在深度的内在关系,包括:1. 空视角的灵,通常的理解是空的手法体现出灵,或者有佛道空思想便是灵。此外,还包括"空就是灵",达到空、悟着空本身就是富有灵性、灵气。空才能灵,没有空的解放是做不到灵的,达不到空的境界也称不上最高的灵。2. 灵视角的空。这个视角除在前述五组中所涉之外,还要强调灵的艺术乃至文化、哲学意义。灵从灵魂、灵性、灵犀、灵动一直到灵感、灵妙涵盖了空灵境界的构造过程,从空与灵的关系说,"灵就是空",灵的一种极境就是空。富有生命灵气,灵动自由就必然表现为空。灵才能空,没有灵性高度的灵气、悟性,是做不到空的。3. 空灵交互作用升华为一种被不少人所推崇的至高境界。从整体上观照,这种至高境界是艺术与精神的双重高度解放,是中国自由的艺术精神与精神艺术。是诗学观,艺术观、美学观,也是人生观、世界观,是性心才情,也是智慧哲学,是中国人也是东方人别一样的艺术与精神生存方式,应当说,空灵也应可以给未来人类精神与艺术走向提供若干终极关怀水平的启示。

我们认为,所谓整释,就是把这五元含义列出,然后加一个总观即可,上述五组二十余种状态都可以称做空灵。如果一定要加以进一步简化,那就只有把同类的内容加以归纳合并,如第四条声音迹的无与少(空静)、杂染迹的无与少(空清)等的内容并入第一条迹象的无与少,统称迹象的无与少。将第二条板实等与第三条堆砌、矫作等合并统称为"质碍",将灵的几层含义如精神寄寓、生命生气、悟性才情、自然自由统称为有灵性,这样我们可以试一下下面这样一个定义。这里首先要说明,一旦这样简化就可能失去很多丰富生动的内容,只能是姑妄简之。

所谓空灵,第一层含义就是空化(空无、空少)迹象质碍而具有超于凡常的灵性。迹象包括物迹、象迹、事迹、理迹、文字迹、墨迹、音迹、动作迹等等。灵性包括精神寄寓、生命生气、悟性才情、自由灵动等等。是以无中寓有、即少见多、空白处理、化实为虚、灵动变化、抱朴守真、含蕴、比兴、写意、想象、虚拟等方法抵达的一种常常是简约、超然、虚活、微妙、可以召唤无穷的境界。在佛道意义上,还指向法无所有、四大皆空、与世无争、寂然无思,指向清静无为、超旷坐忘、脱离尘烦、虚极静笃,是一种无思虑、无可言说的大道、真如境界。精神与艺术的双重高度解放、高度自由,中国文化生态孕育的一种极其独特的精神与艺术生存方式。

五、历代论家论"空灵"

（一）先秦两汉魏晋南北朝

"空灵"一词正式出现虽在唐代,但自先秦始,就有类似空灵的思想或者说前空灵思想。空灵可以追溯到远古,灵的繁写"靈"本就是上天降雨感应于巫。巫灵活动想是非常繁多的,有人如沈约《宋书·谢灵运传》就提出了灵在远古的作用:"史臣曰,民禀天地之灵,含五常之德。""虽虞、夏以前,遗文不读,禀气怀灵,理无或异。然则歌咏所兴,宜自生民始也。"这里提到了歌咏所兴与艺术的关系。

人类在对万物的感受、比较中不仅展示了自己生命的本能,而且开启发展了自己的智慧,也不断认识、界定自己以及自己同万物的关系。远古时候有自然崇拜,古人认为自然中的万物尤其是自己部落的图腾是有灵性的,他们带着畏惧感、神秘感,又带着亲和感、祈求感来审视大自然中的生灵。自然崇拜已经预示着人对生命之美最初的选择、评价与追求。这种选择、评价与追求深刻地影响了以后中国人与自然关系的定位和发展,以致影响了中国艺术的方法和观念。巫的产生以及原始巫术更是原始人认为天地有灵性,人和天地可以感应的证明。

老子对于"有"、"无"关系的论述给后来中国人的思想以及中国艺术的发展以极大的影响。老子认为"有"和"无"的来源和本质是相同的,所谓"有无相生","常无,欲观其妙;常有,欲观其徼。此两者同出而异名。"还认为"道"作为万物根源和最高理想是若有若无、朦胧缥缈、不见踪影但又周而复始的:"无状之状,无物之象,是谓惚恍。迎不见其首,随不见其后。执古之道,以语今之有。以知古始,是谓道已。""有物混成,先天地生,寂兮寥兮,独立不改,周行不殆,可以为天下母。吾不知其名,字之曰道,吾强为之名曰大。大曰逝,逝曰远,远曰返。""大方无隅,大器晚成,大音希声,大象无形,道隐无名。"这种有无相反相成、只可意会不可言传、言不达意的思想对后世文学艺术具有深远的影响。老子认为"五色令人目盲;五音令人耳聋;五味令人口爽;驰骋田猎,令人心发狂;难得之货,令人行妨。是以圣人为腹不为目,故去彼取此。"这种对人世的具体欲望的不赞成可以说是中国最早的"空"观。道家思想崇尚的是一种清静、阴柔的美:"大盈若冲,其用不穷。……躁胜塞,静胜热,清静以为天下正。""天之柔弱莫过于水,而攻坚,强莫之能先。其无以易之。故弱胜强,柔胜刚,天下莫能知,莫能行。"这种大无大有、至小至大、至柔至强等相反相成的组合实质都是老子有无观念的表现。在具体的行为方式上,老子主"虚静",并把它归为"根本":"致虚极,守静笃。万物并作,吾以观其复。夫物云云,各归其根。归根曰静,静曰复命,复命曰常,知常曰明。"除了"有无"的观点,老子还经常强调"道"、"大"、"一",把它们看成根源的、终极的概念。

　　庄子的思想和老子一脉相承但有所创新,在《人世间》中提出"气也者,虚而待物者也。唯道集虚,虚者,心斋也","虚室生白",在《大宗师》中讲"堕肢体,黜聪明,离形去智,同于大通,此谓坐忘"等。关于虚实、动静的辩证关系,庄子有更详细的论说:"夫虚静、恬淡、寂漠、无为者,天地之平而道德之至,故帝王圣人休焉。休则虚,虚则实,实者伦矣。虚则静,静则动,动则得矣。静则无为,无为也则任事者责矣。无为则俞俞,俞俞者忧患不能处,年寿长矣。夫虚静、恬淡、寂漠、无为者,万物之本也。"(《天道》)其他还有"阴阳和静,鬼神不扰"(《缮性》)等与这种论说相互补充。庄子还明确提出"至乐无乐,至誉无誉"的思想,追求内心的恬淡无为和精神的超脱。《逍遥游》里展示了庄子广漠无际的时空观念、潇洒超脱的处世方式,也给后世"悟空"观念的形成和强化埋下基因。庄子还提出了时空无限性的问题:"有实而无乎处者,宇也。有长而无本剽者,宙也。"(《庚桑楚》)"计四海之在天地之间也,不似礨空之在大泽乎?计中国之在海内,不似稊米之在大仓乎?"(《秋水》)"彼其物无穷,而人皆以为有终;彼其物无测,而人皆以为有极。"(《在宥》)"吾观之本,其往无穷;吾求之末,其来无止。"(《则阳》）"视乎冥冥,听乎无声。冥冥之中,独见晓焉;无声之中,独闻和焉。故深之又深而能物焉,神之又神而能精焉。"（《天地》）这种对于宇宙、自然的领悟深深地影响着后来人对自身和宇宙关系的认识,启示了后来中国美学、文艺学中对空、静、远一类美感的欣赏。《齐物论》里人与物化的思想对后世中国人观照人与自然的关系、人和自然和谐相处有深刻的影响。另外,庄子比老子更多地谈到了"自然",并在《齐物论》中提出"天籁"之说,几乎给后人树立了最高的艺术标准,并对自然界有了更深的感情。

在儒家思想中,也有很多体现"空"、"大"、"静"等思想的论说。孔子就讲过:"亡而为有,虚而为盈,约而为泰。"（《论语·述而》）。《荀子》里也说:"心未尝不臧也,然而有所谓虚;心未尝不满也,然而有所谓一;心未尝不动也,然而有所谓静。……虚一而静,谓之大清明。万物莫形而不见,莫见而不论,莫论而失位。坐于室而见四海,处于今而论久远,疏观万物而知其情。"《大学》里讲:"知止而后有定,定而后能静,静而后能安,安而后能虑,虑而后能得。"这些追求人的高尚人格的言论体现了古人对个体的超越和对无限的追求,对后来中国文人精神的形成有长远、广泛、深刻的影响。另外,以孔子为代表的儒家思想非常重视高尚的人格美、精神美,讲究从品格的源头上来养护自己的身心,寻求分辨清浊的智慧。"以清比德",讲求人格的自我完善和超越。特别需要指出的是孔子提出的一句被后世广泛称引的话:"知者乐水,仁者乐山;知者动,仁者静;知者乐,仁者寿。"（《论语·雍也》）他把人的精神与山水联系起来,对后来中国文人崇尚山水自然美有重要影响。

孟子也主张一种大美,但与庄子认为"天地有大美而不言"、"淡然无极众美从之"不同。他讲究境界的雄奇与伟大,并达到神化、超越的地步。"充实之谓美,充实而有光辉之谓大,大而化之之谓圣,圣而不可知之之谓神。"这与他提出的"浩然之气","至大至刚,以直养而无害,则塞于天地之间"（《孟子·公孙丑上》）是统一的。除此之外,孟子提出"言近而指远者,善言也"（《孟子·尽心下》）。这种主张"大"、"美"兼备,又"大美而不言"的主张也是后来空灵的表现形式之一。

其他如司马迁在《史记·屈原贾生列传》中评价屈原作品"其文约,其辞微,其志洁,其行廉,其称文小而其指极大,举类迩而见义远",王充《论衡・自纪》中讲"文贵约而指通,言尚省而趋明。辩士之言要而达,文人之辞寡而章",这种"文约"、"贵约"、"尚省趋明"的说法,与空灵的特点是一致的。

汉魏时期,佛教传入我国,佛经中的一些范畴术语极大地影响了我国诗歌理论的发展,特别是"空",对中国文人思想有重要影响,对诗歌空灵美的形成,及空灵理论的发展具有极为重要的意义。

魏晋时期,是古代文论空前繁荣的时期,虽然还没有空灵概念,但对于空与灵的分别论述、引用已较多,类空灵的文艺思想也比较明显,特别是刘勰的《隐秀》篇关于"隐"、"秀"的论说给后世以很大的影响,"文之英蕤,有秀有隐。隐也者,文外之重旨者也;秀也者,篇中之独拔者也","夫隐之为体,义主文外,秘响旁通,伏采潜发,譬爻象之变互体,川渎之韫珠玉也。故互体变爻,而化成四象;珠玉潜水,而澜表方圆。始正而末奇,内明而外润,使玩之者无穷,味之者不厌矣"。《宗经》中讲的"辞约而旨丰,事近而喻远",《神思》篇的"陶钧文思,贵在虚静,疏瀹五藏,澡雪精神",这些虽未直接言"空灵",已接近文论中的空灵,对后来"空灵"论及其他论说具有重要意义。此时曾经有"贵无"和"崇有"的激烈争论,其中何晏、王弼主张"以无为本",对文人的空思想有重要强化作用。

(二)隋唐

在唐代,"空灵"开始作为一个词在文学作品中出现。文论中虽未提及空灵,但有极其丰富的类空灵思想。

空灵最早是滩名或山名,有"空灵峡"、"空灵岸"、"空灵滩"、"空灵山",在今天的湖南省湘潭县以北。在《全唐诗》中有张叔卿的《空灵岸》,戴叔伦的《巡诸州渐次空灵戍》,杜甫的《次空灵岸》,常建的《空灵山应田叟》。

第一个非地名的"空灵"可能是韩愈的《丰陵行》中的"哭声旬天百鸟噪,幽坎昼闭空灵舆",开始指向了人的精神灵魂。

唐代"空灵"一词用得最多的是与佛经有关的文章。一是作为禅师的塔号或者法号,如"追谥真鉴禅师大空灵塔,仍许篆刻,以永终誉","空灵告曰:'受诸恶身,惊白帝释,愿雪前愆。'"二是佛经中开始提倡空灵的心境:"汝水若还清,汝身被水溺。汝柴若还燥,汝身被火燎。燎溺病同途,大梦原未觉。汝能鞭起悬,空灵觉心反。覆看渠非深,奥神光独耀。性真常现成,公案方知道。便能稳坐毗卢,顶上吹清调。"与空灵极为相似的,《艺文类聚》曾记载《灵空诗》一首:"物情异所异,世心同所同。状如薪遇火,亦似草行风。迷惑三界里,颠倒六趣中。五爱性洞远,十相法灵冲。皆从妄所妄,无非空对空。"可以看出"空灵"一词开始受到佛家的关注。

"空灵"在文学理论领域虽然没有被正式提出,但是唐代一些重要诗论家的论述已经几乎接近于"空灵",对人们的审美倾向有极为重要的影响。

唐代重要诗论家皎然在《诗式》中说"采奇于象外",并提出"诗有六至"即"至险而不僻;至奇而不差;至丽而自然;至苦而无迹;至近而意远;至放而不迂",都表现出一种无意而为的"空灵"。

司空图《二十四诗品》探讨各种不同的境界之美时提到了大量的"空"和"灵":"具备万物,横绝太空"(雄浑),"泛彼浩劫,窅然空踪"(高古),"空潭泻春,古镜照神(洗练),"行神如空,行气如虹(劲健),"幽人空山,过雨采蘋"(自然),"悠悠空尘,忽忽海沤"(含蓄),"载瞻载止,空碧悠悠,神出古异,淡不可收"(清奇),"绝伫灵素,少回清真"(形容),"匪神之灵,匪几之微"(超诣),"空灵"虽然没有被专列为一品,但诸品之中却贯穿着空灵的基调。他引用戴叔伦的话:"诗家之景,如蓝田日暖,良玉生烟,可望而不可置于眉睫之前也",提出"象外之象,景外之景"(《与极浦书》)之说,在《与李生论诗书》中推重"王右丞、韦苏州澄淡精致",认为"近而不浮,远而不尽,然后可以言韵外之致耳",并勉励李生追求"味外之旨"。这些论说与"空灵"意义相近并影响了后来空灵风格的形成。

在书法领域,张怀瑾的《书断》中说:"而其(献之)雄武神纵,灵姿秀出,藏武仲之智,卞庄子之勇","及乎意与灵通,笔与冥运,神将化合,变出无方"。《书断》中还记载了"飞白"的形成和特点,在中国书法理论史上有重要意义。"按飞白书者,后汉左中郎蔡邕所作也。王隐、王愔并云:'飞白,变楷制也。本是宫殿题署,势既劲,文字宜轻微不满,名为飞白。'王僧虔云:'飞白,八分之轻者。邕在鸿都门,见匠人施垩帚,遂创意焉。'"张彦远《法书要录》有:"虽迹在尘壤,而志出云霄。灵变无常,务于飞动"。"意与

— 40 —

灵通"、"飞白"等都是中国书法作品空灵特点的构成因素。在绘画方面,王维《山水篇》讲:"凡画山水,意在笔先。丈山尺树,寸马分人。远人无目,远树无枝。远山无石,隐隐如眉,远水无波,高于云齐。"这些论说极大地影响了后来的书画创作和书画家们的空灵追求。

1

湖南无村落,山舍多黄茆。淳朴如太古,其人居鸟巢。牧童唱巴歌,野老亦献嘲。泊舟问溪口,言语皆哑咬。土俗不尚农,岂暇论肥硗。莫徭射禽兽,浮客烹鱼鲛。余亦罢置人,获麛今尚苞。敬君中国来,愿以充其庖。日入闻虎斗,空山满咆哮。怀人虽共安,异域终难交。白水可洗心,采薇可为肴。曳策背落日,江风鸣梢梢。

(唐)常建:《空灵山应田叟》,《全唐诗》卷144,中华书局1975年版,第796页。

2

沄沄逆素浪,落落展清眺。幸有舟楫迟,得尽所历妙。空灵霞石峻,枫栝隐奔峭。青春犹无私,白日亦偏照。可使营吾居,终焉托长啸。毒瘴未足忧,兵戈满边徼。向者留遗恨,耻为达人诮。回帆觊赏延,佳处领其要。

(唐)杜甫:《次空灵岸》,《全唐诗》卷223,延边人民出版社2004年版,第1299页。

3

午辞空灵岑,夕得花石戍。岸疏开辟水,木杂今古树。地蒸南风盛,春热西日暮。四序本平分,气候何回互。茫茫天造间,理乱岂恒数。系舟盘藤轮,策杖占樵路。罢人不在村,野圃泉自注。柴扉虽芜没,农器尚牢固。山东残逆气,吴楚守王度。谁能扣君门,下令减征赋。

(唐)杜甫:《宿花石戍》,《全唐诗》卷223,延边人民出版社2004年版,

泊,非馀子所及也。《评韩柳诗》讲:"所贵乎枯淡者,谓其外枯而中膏,似淡而实美,渊明、子厚之流是也。"在《送寥寥师》中说:"静故了群动,空故纳万境。"

严羽《沧浪诗话·诗辨》有著名的"盛唐诸人惟在兴趣,羚羊挂角,无迹可求。故其妙处,透彻玲珑,不可凑泊,如空中之音、相中之色、水中之月、镜中之象,言有尽而意无穷也",这种"镜花水月"之喻形象地概括出了空灵蕴藉的美学意境,经常被后世作为空灵美境界的代表反复称道和引用。

张炎《词源》明确提出:"词要清空,不要质实。清空则古雅峭拔,质实则凝涩晦昧。姜白石词,如野云孤飞,去留无迹;吴梦窗词,如七宝楼台,眩人眼目,碎拆下来,不成片断。此清空、质实之说。"刘永济解释说:"清空云者,词意浑脱超妙,看似平淡,而义蕴无尽,不可指实。……故往往因小可以见大,即近可以明远。其超妙、其浑脱,皆未易以知识得,尤未易以言语道,是在性灵之领会而已。"

8

这个仪形,丛林饭丁。春山有雪发衰白,秋水无风眼冷青。妙明田地,净洁门庭。万缘不倚活卓卓,一事不著空灵灵。把手与药兮谁寻本草,问津指源兮自得图经。

(宋)释正觉:《禅人并化主写真求赞》,《宏智禅师广录》卷九,《大正藏》本。

9

第九隐元星,则弼星之魂明空灵也。隐元星则隐息华盖之下,潜光曜于空洞之中,围九百九十里,上对弼星之东南门也。

(宋)张君房:《云笈七签》卷二十,《道藏要籍选刊》第一册,上海古籍出版社1989年版,第153页。

10

诸天内铭、九地三十六音,以元始同存空灵,建号结自然之名,表于九玄,演流外国三十六音。如是天地各有三十六分。天则有三十六天王,以应三十六国;地则有三十六土皇,以应三十六天。天王典真,土皇主仙。为学不知天之内音,则天王不领兆名;不知地下之音,土皇则不灭兆迹,闭不得仙。有见其文,受其诀音,天王玄鉴,七圣刻篇,西龟定录,东华书名,土皇灭尸,落迹九阴,保举上清,五灵敬护,十界扶迎,周流六国,平灭群凶,五兵摧伏,天魔束形。九年,乘空飞行上清。真道高妙,不得妄宣。轻泄宝音,七祖充责,已身殒亡;三涂五苦,万劫不原。上真之士,慎科而行。

(宋)张君房:《云笈七签》卷二十二,《道藏要籍选刊》第一册,上海古籍出版社1989年版,第168页。

11

四月八日,同郡朱熹顿首,复书汪君太初茂材足下:熹于足下虽得幸同土壤,而自先世流落闽中,以故少得从故里之贤人君子游,顾其心未尝一日而忘父母之邦也。属随宦牒来官庐阜,同郡诸生间有肯相过者,而足下乃以手书先之,三复诲谕,喜幸无穷。又承示以文编,益钦德学之盛,而恨其未得少奉从容也。然间尝窃病近世学者不知圣门实学之根本次第,而溺于老佛之说,无致知之功,无力行之实,而常妄意天地万物人伦日用之外,别有一物空灵,妙不可测度,其心悬悬然,惟傲幸于一见此物,以为极致,而视天地万物本然之理,人伦日用当然之事,皆以为是非要妙,特可以姑存而无害云尔。盖天下之士不志于学,则泛然无所执持,而徇于物欲,幸而知志于学,则未有不惰于此者也。熹之病此久矣,而未知所以反之。盖尝深为康胡二君言之,而复敢以为左右之献,不识高明,以为然否? 抑尝闻之,学之杂者似博,其约者似陋。惟先博而后约,然后能不流于杂,而不拘于陋也。故《中庸》明善居诚身之前,而《大学》诚意在格物之后,此圣贤之言可考者然。

(宋)朱熹:《答汪太初书》,《朱文公文集》卷四十六,四部丛刊初编本。

字化为半字，……

猩一样，是"空"、"灵"皆命……

　　张丑最早把"空灵"应用在了绘画领域……
至于无中表现出人物精神灵魂、自由灵动，如《真迹曰……
芝图，全仿刘松年，设色空灵，人物奕奕有神。"在《戏为绝句二十首……
田画史笔空灵，天绘新图照古今。未得传家为种子，课儿私淑作门生"，他
对空灵风格的欣赏可见一斑。

　　2. 从空的意义为空虚的角度讲，空灵开始含有化实为虚的含义。李渔
《闲情偶寄》谈到辨识"性之有无"时说"观其说话行文，即知之矣。说话不
迂腐，十句之中，定有一二句超脱，行文不板实，一篇之内，但有一二段空灵，
此即可以填词之人也。不则另寻别计，不当以有用精神，费之无益之地"，

元春直接说"幸从禅理人,文事尚空灵",通"禅理",文章倾向于"空灵"的风格。

12

吟微辞以启悱兮,叹枢栝之精隽。忽不悟其所如兮,僵佪而徯旦宓。闭閟而函光兮,幸韬闻而灭见。散神明于空灵兮,泳皇冲而敖衍。兼万化于芒机兮,统三极于一贯。识天人之燮成兮,假幽明之互赞。

(明)祝允明:《怀星堂集》,四库名人文集丛刊,上海古籍出版社1991年版,第369页。

13

少日游歌伴,惟君实俊英。连飞才岂后,幸会我方丁。望道如瞻华,绅书若泛溟。本期同晚翠,而独借春荣。逐队升金马,联辉傍玉衡。五云环帝宅,列宿拱元精。往事嗟投杼,平生几折肱。全身宁论得,学道敢希名。尺寸时频揣,锱铢亦细称。青云珠履客,沧海雪鸥盟。竹径门初启,桃蹊荫已成。不求元避悔,无爱复谁憎。种玉思分润,栽兰欲藉馨。酒杯通大道,诗律写幽贞。锦绣三千段,空灵一寸扃。晚云低树密,落月到床明。调燮存刀匕,行藏付寝兴。故人无我弃,时诵日新铭。

(明)顾清:《次韵答尤元吉》,《东江家藏集整庵存稿》,四库名人文集丛刊,上海古籍出版社1991年版,第789页。

14

〔前腔〕空灵三寸舌,藻鉴神明显。想吾侪与君夙缔深缘,蒙推休咎,知惩劝,当慎行藏,觊斡旋。

(明)沈鲸:《双珠记》第三出《风鉴通神》,毛晋编《六十种曲》,绣刻东郭记定本。

15

日出雪仍积,林深路不分。行过千涧道,来谒五龙君。仙人余故宅,王简空灵文。对此烟雾窟,徒然惭垢氛。

(明)顾璘:《五龙宫》,《凭几集续编》卷一,文渊阁《四库全书》本。

16

明兴百有余年,文教虽盛而流弊亦浸以滋,先生亦不得已而揭"致良知"一语以示人,所以挽流弊而救正之,无非发明孔门致知之教,而羽翼斯道之传。要其指归,则"良知"即"道心"也,"致"即"精一"也,即周子之所谓"纯心",程子之所谓"定性"也。夫岂外诸儒而别立一门户耶?是故良知皆实理,致知皆实学,固非堕于空灵,一与事物无干涉,如禅家者流也。然"明心见性"与先生"致良知"之说亦略相似,若认错本旨,则高者必以虚寂为务,而离形厌事;卑者则认知觉为性,而自信自便。此则所谓毫厘之差,千里之谬,非先生立教之本旨矣。

(明)胡宗宪:《重刊阳明先生文录叙》,《王阳明集补编》卷十,日本蓬左文库藏《阳明文录》嘉靖三十六年刻本。

17

此学自阳明先生发之,明矣。然先生欲人致其知于事事物物,使不昧其则正与尧舜执中、孔门不踰矩无异,非止欲守其空灵而已。……今乃或重内而轻外,溺妙而遗则,甚者妨人病物,疑阻来学,犹自以为超形器而脱意见之极,其于先生实致之旨不亦远乎?先生之旨远则于尧舜孔子脉路益难言矣,岂不亦大哉?吾丈聪悟绝等,其必豁然于本,无内外之体,若夫舍物则以玩空灵,当不尔也。

(明)胡直:《衡庐精舍藏稿》卷十九,上海古籍出版社1993年影印本。

串，声户……

（明）张丑：《真迹日录》

25

又实甫采芝图,全仿刘松年,设色空灵,人物奕奕有神。

(明)张丑:《真迹日录》卷五,文渊阁四库全书本。

26

春自大酉诸胜,乃返僧舍,先以所作诗呈上仁公览教。春历证诸洞,必推玉华佳,诗中"凿云为地肺,手搏六丁黑","灯光生妙象,龙蜕想空灵",遂为此洞写照。

(明)谭元春:《奏记蔡清宪公前后笺札(其五)》,《谭元春集》,上海古籍出版社 1998 年版,第 761 页。

27

几度换居亭,惟求户反扃。氤尘僧出院,塔响鸟衔铃。子谬推三益,予叨长数龄。幸从禅理人,文事尚空灵。

(明)谭元春:《与吴从闻夜坐》,《谭元春集》,上海古籍出版社 1998 年版,第 148 页。

28

夫金之生也,以土为母,及其成形而效用于世也,母模子肖,亦犹是焉。精粗巨细之间,但见钝者司舂,利者司垦,薄其身以媒合水火而百姓繁,虚其腹以振荡空灵而八音起。

(明)宋应星:《天工开物·冶铸》,中华书局 1959 年影印本。

29

禊泉出城中，水递者日至。臧获到庵借炊，索薪、索菜、索米，后索酒、索肉；无酒肉，辄挥老拳。僧苦之。无计脱此苦，乃罪泉，投之勾秽。不已，乃决沟水败泉，泉大坏。张子知之，至禊井，命长年浚之。及半，见竹管积其下，皆鼋胀作气；竹尽，见勾秽，又作奇臭。张子淘洗数次，俟泉至，泉实不坏，又甘洌。张子去，僧又坏之。不旋踵，至再、至三，卒不能救，禊泉竟坏矣。是时，食之而知其坏者半，食之不知其坏、而仍食之者半，食之知其坏而无泉可食、不得已而仍食之者半。壬申，有称阳和岭玉带泉者，张子试之，空灵不及禊而清洌过之。特以玉带名不雅驯。张子谓：阳和岭实为余家祖墓，诞生我文恭，遗风余烈，与山水俱长。昔孤山泉出，东坡名之"六一"，今此泉名之"阳和"，至当不易。

（明）张岱：《陶庵梦忆》，《琅嬛文集》，长沙岳麓书社 2003 年版，第 99 页。

30

诗以空灵才为妙诗，可以入画之诗，尚是眼中金银屑也。画如小李将军，楼台殿阁，界画写摩，细如毫发，自不若元人之画，点染依稀，烟云灭没，反得奇趣。

（明）张岱：《与包严介》，《琅嬛文集》卷三，长沙岳麓书社 1985 年版，第 152 页。

31

故知世间山川、云物、水火、草木、色声、香味，莫不有冰雪之气，其所以恣人挹取受用之不尽者，莫深于诗文。盖诗文只此数字，出高人之手，遂现空灵；一落凡夫俗字，便成腐臭。此期间真有差之毫厘，失之千里。特恨遇之者不能解，解之者不能说。

（五）清代

清代对"空灵"含义的推衍已相当广泛,有不少论家把"空灵"当做最高境界。

1. 从"空"表示空无、空少看,空灵除了承接明代的意义以外,"灵"的含义表现内容、含义更丰富,角度更多。

蔡嵩云《柯亭词论》有:"词尚空灵,妙在不离不即,若离若即,故赋少而比兴多。令引近然,慢词亦然。曰比曰兴,多从反面侧面着笔。赋者,敷陈其事而直言之,便是从正面说。"主张"赋少",反对"敷陈其事"。

张问陶是清代旗帜鲜明地提倡空灵的一位。他的《论诗十二绝句》之六说:"想到空灵笔有神,每从游戏得大真。笑他正色谈风雅,戍服朝冠对美人。"《论文八首》之八:"文场酸涩可怜伤,训诂艰难考订忙。别有诗人闲肺腑,空灵不属转轮王。""空灵"表现为一种"游戏"、"闲肺腑"的无意而为、无中寓有。同时张问陶的空灵是和他的沉郁结合一起的,他的《题屠琴坞论诗图十首》之八有"也能严重也轻清,九转金丹铸始成。一片神光动魂魄,空灵不是小聪明",指出空灵不是单纯、简单。张问陶的这种"沉郁空灵"的风格在清代备受推崇。李元度在《国朝先正事略·张船山先生事略》对其评价说:"其诗生气涌出,沉郁空灵,于从前诸名家外,又辟一境。"徐世昌《晚晴簃诗汇诗话》讲"船山弱冠工诗,空灵沉郁,独辟奇境,有清二百余年,蜀中诗人无出其右者",更是给他的这种风格以极高的论断。

对"空灵"不是简单,刘熙载也有类似的辩证的观点:"文或结实,或空灵,虽各有所长,皆不免著于一偏。试观韩文,结实处何尝不空灵,空灵处何尝不结实?"

在书画领域,钱杜《松壶画忆》评汪迟云出吴兴《鹊华秋色》长卷"纸本如新,鹊华三峰,霭然天际,以淡青绿烘染。其下渔庄蟹舍,参错于洲渚林麓之间,红叶夕阳,皆渲染而出。芦苇作双钩,而不设色,淡远空灵,洵飞仙笔也",在"不设色"、"淡远"中表现出"空灵"。

2. "空"倾向于虚的意义方面,也有很多论说,有很多是继承前代,如朱庭珍《筱园诗话》说："用虚字者,能庄重精当,使虚字如实字,则运虚为实,句自老成。用实字者,能生动空灵,使实字如虚字,则化实入虚,句自峭拔。"空灵表现出虚动灵活、灵气悟性。但这方面又有所发展:

虚化的手法开始有想象、虚拟的含义。王鹏运《校本梦窗甲乙丙丁稿跋》说："况梦窗以空灵奇幻之笔,运沉博绝丽之才,几如韩文杜诗,无一字无来历,复一误于毛之失校,再误于杜之妄改,庐山真面,虽沉埋云雾中,令人不可复识。"沈德潜评朱彝尊《登五老峰最高顶》说："先生为多口所憎,故尔落职,末路随所感触,借以抒写,空灵变幻,实处皆虚"。这些都是一种化实为虚的空灵,但是又倾向于突出作者的想象、作者的虚幻手法的运用。再如郑文焯撰《大鹤山人词话》说："尝以北宋词之深美,其高健在骨,空灵在神。而意内言外,仍出以幽窈咏叹之情"。王夫之《古诗评选》的潘岳《内顾诗》评语为"质犹不陋,悄犹不迫。'精爽交中路',想象空灵,固有实际,不似杜陵魂来魄去之语,设为混沌,空有虚声而已。""空灵"通过想象虚拟的巧妙,表现诗人充满灵性的精神、灵魂。空灵有时还含有一种神韵的意味,如沈祥龙《论词随笔》:"词宜清空,然须才华,富藻采绸,而能清空一气者为贵。清者不染尘埃之谓,空者不著色相之谓。清则丽,空则灵,如月之曙,如气之秋,表圣品诗,可移之词。"

"空灵"的虚化还开始表现为利用比兴隐曲手法。张英《文端集》有:"瑶园归,而抚一石一树,摩手泽,蹑遗踪,结而为涕泗,发而为诗篇,得七言长句三十首,触景增慨,遇物怆怀,调苦而思深,语悲而气咽,然其空灵敏妙、宛折缠绵,足以写其真挚之情,仁孝之思,则又不求工而自工者也。"蔡嵩云讲的"词尚空灵,妙在不离不即,若离若即,故赋少而比兴多。令引近然,慢词亦然。曰比曰兴,多从反面侧面着笔。赋者,敷陈其事而直言之,便是从正面说",实际上也是一种隐曲式的"空灵"。

在书画领域,梁巘《评书帖》说:"程韦华,名京萼,上元人,著有《处野堂文集》。得执笔法,学山谷,空灵瘦硬,然结体倾斜,亦未成家。""同州圣教看去遒劲,然刻手粗躁,终不及雁塔空灵圆静。或云即一本而两刻之,故结体不爽。用笔须笔头过长的,过短则写字无势,且不耐久。高府君碑无书者姓名,字颇清劲。"空灵用来讲书法作品在运笔之时展现出书作者的精神、灵气,而且选笔也很重要。翁方纲《复初斋文集》有:"今以艺事言之,写字

— 57 —

欲运腕空灵,即神韵之谓也。其不知古人之实得,而欲学其运腕空灵,必致手不能握笔矣。知其所以然,则吾两手写字,其沉郁积力,全用于不执笔之左手,然后其执笔之右手,自然轻灵运转如意矣。以为文之理喻之,则即据上游之谓也。"用"空灵"来讲写字时虚活的执笔、运腕方法。"空灵"风格的形成也得益于虚化因子组合。布颜图《画学心法问答》评价倪瓒的画:"绵绵一脉,虽无层峦叠嶂,茂树丛林,而冰痕雪影,一片空灵,剩水残山,全无烟火,足成一代逸品。我观其画,如见其人。""冰痕雪影"成就了"空灵"的境界。

3. 在"空"表示空率、空朴的角度,清代人更加强调手法的质朴、无碍,作者本身性格、气质的纯朴、自然。《晚晴簃诗汇》卷五十五记载黄梨洲说:"诗之为道,以空灵为主,无事于堆积脂粉。空灵非多读书不可,王禹至言,欧公文章,是含香丸子,空灵之谓也。"空灵与"堆积脂粉"相对,开始表现为一种淳朴无质碍的特点。沈德潜编选《清诗别裁集》:"陋轩诗以性情胜,不需典实,而胸无渣滓,故语语真朴,而越见空灵。""空灵"与"语语真朴"有关。姚鼐《惜抱轩全集》:"鼐于前岁见先生著《西魏书》,博综辩论,可谓富矣!乃今示以诗集,乃空灵骀荡,多具天趣,若初不以学问长者。""空灵"非关"学问",指向"天趣",是来源于一种纯朴的自然天性。陈廷焯《白雨斋词话》:"东坡词寓意高远,运笔空灵,措语忠厚,其独至处,美成、白石亦不能到。"空灵与"忠厚"有关,是作者本身自然的性格气质。赵元礼《藏斋诗话》评东坡《题画雁》诗"野雁见人时,未起意先改。君从何处看,得此无人态"说,"何其空灵超妙乃尔,是画是诗,浑合无迹,后有作者弗能及也矣"。这些表现的都是一种率真、淳朴、天然、自由灵动的特点。吴梅《词学通论》:"玉田词皆雅正,故集中无俚鄙语,且别具忠爱之致;玉田词皆空灵,故集中无拙滞之语,且多婉丽之态。自学之者多效其空灵,而立意不深,即流于空滑之弊。""空灵"要求"无拙滞之语"。徐大镛《挽张船山太守》:"芸馆兰台阅卅春,常留乡梦在峨岷。官居清秘才原称,诗到空灵性最真。"直接点明"性最真"之时是空灵。

在书画领域,布颜图《画学心法问答》:"夫境界曲折,匠心可能,笔墨可取。然情景入妙,必俟天机所到,方能取之。但天机由中而出,非外来者,须待心怀怡悦,神气冲融,入室盘礴,方能取之。悬缣楮于壁上,神会之,默思之,思之思之,鬼神通之,峰峦旋转,云影飞动,斯天机到也。天机若到,笔墨空灵,笔外有笔,墨外有墨,随意采取,无不入妙。此所谓天成也。天成之画与人力所成之画,并壁谛观,其仙凡不啻霄壤矣。子后验之,方知吾言不谬。""笔墨空灵"是因为"天机"到,是"天成",不是刻意所为能达到的。松年《颐园论画》说唐、宋人"画青丝山水,凡楼台殿阁,无一非界画精细,处处合乎情理,纤不伤雅,富丽而不俗恶,山容稳重而空灵,云华变幻而流动,赋色明净,点染葱翠,自立稿以至画局告成,真可谓一笔不苟,一墨不浪费。"山川之"空灵"是纯朴、自然、充满灵性的。

4. 清代"空灵"的应用和论说更加注重空的静、清、淡、净、旷、疏、远的含义。

许印方《诗法萃编》说严羽"实则偏嗜王、孟冲淡空灵一派,故论诗惟在兴趣,于古人通讽喻、尽孝忠、因美刺、寓劝惩之本义全不理会","空灵"与"冲淡"相连。杜文澜《憩园词话》讲黄鞠人大令曾"性爱山水,遍游江浙名胜,复遍燕赵,西涉河汾,故为词多空灵奇峭之音","空灵"风格的形成与作者"遍游江浙名胜,复遍燕赵,西涉河汾"有关,也蕴含一种旷、远的境界。冯煦序《东坡乐府》说东坡"刚亦不吐,柔亦不茹,缠绵芳悱,树秦、柳之前旃;空灵动荡,导姜、张之大辂",空灵表现出一种动静结合的意蕴。梁启超评价"江畔何人初见月,江月何年初照人"、"谁家今夜扁舟子,何处相思明月楼"说,"这类话真是诗家最空灵的境界",评价王介甫的《巫山高》二首说,"这类诗词,从唯美的见地看去,很有价值。他们并无何种寄托,只是要表那一片空灵纯洁的美感",用"空灵"来形容那种清静、旷远、纯洁的境界。吴芳吉在《四论吾人眼中之新旧文学观》中说"神韵之美,在空灵淡远"。钱仲联《梦苕盦诗话》评价诗句"万竹无声方受雪,乱山如梦不离云"说,"空灵淡静,如不食烟火人语"。从这些应用和论说中,我们明显地能读出清代人对空灵风格、境界的欣赏和赞叹。

"空灵"这种静、清、淡、净、旷、疏、远的意境在书画领域的应用更是中国画的一大特点。如俞蛟《读画闲评》有"空灵简远之笔,邮寄兰如",钱杜《松壶画忆》说朴琼作《晚香堂图》"全幅并淡色,空灵超远,逸品也"。布颜图《画学心法问答》评价倪瓒的画"冰痕雪影,一片空灵",也有此意。

5. 巫仙道佛空

"空灵"在巫、仙、道、佛各家的应用更多。如董寿慈《西泠闺咏后序》说绿天仙人"幻文字于空灵",周凯《厦门志》记载池显方"工诗文,喜山水,尝陟武彝、游秦淮、登泰岱,举山川磅礴清华之气,尽缩入毫楮间。故所作,空灵飘忽,不可方物",黄濬《花随人圣庵摭忆》记载魏季渚先生为新乐府序说"蒙塾以《大学》《中庸》课童子之类","使空灵之脑气,壅窒眩惑,终身蠢蠢然,眼前日用之理,一无所觉",都是倾向于一种神、仙乃至超凡出尘的意味。《船子和尚拨棹歌》附录有周霭联的《推篷室初稿序》有"前人每以禅喻诗,盛唐王、孟、韦、柳诸公,皆通禅理,法取乎空灵,钝根人不可以作","空灵"也是与"通禅理"有关。

巫、仙、道、佛互相融合,最后形成一种脱凡出世的空灵。文论中如沈祥龙《论词随笔》说"词得屈子之缠绵悱恻,又须得庄子之超旷空灵",朱庭珍的《筱园诗话》说东坡"文得力庄子,其诗得力太白,虽面目迥不相同,而笔力之空灵超脱,神肖庄、李"。梁启超对《春江花月夜》和《巫山高》的评价实际上也是对这种超凡脱俗的美感的欣赏和赞叹。

随着有关"空灵"的应用和论说越来越多,就有人对这一风格进行描述和总结。马荣祖的《文颂》列"空灵"一格:"池边高柳,影眠水中。游鱼吞影,缘木行空。日气薄射,远抱彩虹。光景穿漏,表里皆通。滕六狡猾,搅碎苍穹。明灯辉映,竟体昭融。"许奉恩的《文品》中把"空灵"单列一品描述道:"剑光跃匣,灯影颤帷。匪黏匪脱,若即若离。霜天高迥,星月交辉。积雪在野,冰柱倒垂。晶屏璀璨,玉山逶迤。佳人靓妆,对镜弄姿。"黄钺《二十四画品》也把"空灵"列为画品之一:"栩栩欲动,落落不群。空兮灵兮,元气细缊。骨疏神密,外合中分。自饶韵致,非关烟云。香销炉中,不火而薰。鸡鸣桑巅,清扬远闻。"

"空灵"在清代基本成形以后,备受后来人的青睐,成为中华民族文学、艺术的重要风格之一。

39

夫积块之间,红尘机巧,菁华销铄,犹且群羊飞鸟,野马磅礴,彼大海空灵,神明邪廓,百色妖露,岂能牢落? 故其轩豁呈露者,穷奇极变而无有龈腭,此固蛟龙之所不得专,天吴□冈像之所不能作,况蜃之为物其微,吐气更薄乎? 南海谓之浮山,东海谓之海市,是乃方言之托也。

(清)黄宗羲:《达蓬山海市赋》,《黄梨洲文集》,中华书局 1959 年版,第306 页。

40

范允锁,字用宾,号愚溪,钱塘人。康熙庚辰进士,历官山东道御史。有《结庐诗钞》。黄梨洲曰:诗之为道,以空灵为主,无事于堆积脂粉。空灵非多读书不可,王禹至言,欧公文章,是含香丸子,空灵之谓也。

(清)徐世昌:《晚晴簃诗汇》卷五十五,中华书局 1990 年版,第2211 页。

41

命题何者为最难?……一曰咏物,不达物之理,即状物之情,物理易明,物情难肖。有唐咏物诸什,少陵外无一可者,惟玉溪差得二三,然少全作。大抵才识浅者,不能刻入正面,取其省力易为,或比拟,或夹写,如是而已。虽雕文镂采,曼声逸韵,恶能切其綮而唽其藏哉? 第正面易于窒碍,窒碍复近乎猜谜,则非空灵不可也。空灵而后物情得。由此推之,卉木也,飞走也,烟云也,山川也,状之无难事也。

(清)黄子云:《野鸿诗的》,《清诗话》,上海古籍出版社 1999 年版,第850 页。

42

风泊中湘,访张永明老将,吊孙、吕二姬烈死,读辛卯以来诸公奖贞之篇,放歌以言情。孙、吕事详故中舍管公记。(乙卯)

昭潭万波叠霜縠,南望漓江暮云绿。惊鸿叫云天不开,秋夕孤飞遥痛哭。

二十六年春蔓长，我与张君四鬓霜。衰颜不死犹前日，湘女空灵郁杳茫。

茫茫峒云结烟草，贞魂不舍苍梧道。哀歌血泪洒青天，管子嗣裘金郎堡。

而我悲吟独待今，二十六年愁埋心。左掖蒙生俱未死，军中弹泪秋阴深。

呜呼乎！往恨迷离无再说，一死人间万事决。君不见张君二妇漓江滨，俄顷千秋如截铁。

（清）王夫之：《王船山诗文集》，中华书局 1962 年版，第 231 页。

43

独悲安所慕，人生若朝露。绵邈寄绝域，眷恋想平素。尔情既来追，我心亦还顾。形体隔不达，精爽交中路。不见山上松，隆冬不易故。不见陵涧柏，岁寒守一度。无谓希见疏，在远分弥固。

质犹不陋，悁犹不迫。"精爽交中路"，想象空灵，固有实际，不似杜陵魂来魄去之语，设为混沌，空有虚声而已。

（清）王夫之：《古诗评选》卷四，北京文艺出版社 1997 年版，第 181 页。

44

瑶园归，而抚一石一树，摩手泽，蹑遗踪，结而为涕泗，发而为诗篇，得七言长句三十首，触景增慨，遇物怆怀，调苦而思深，语悲而气咽，然其空灵敏妙、宛折缠，足以写其真挚之情，仁孝之思，则又不求工而自工者也。

（清）张英：《文端集》卷四十，文渊阁四库全书本。

45

问："不动心是立否？"曰："在立与不惑之间。"

孟子不动之心，是活的，不似告子是死的。告子乃佛之至精者，孟子亦辟佛之至精者。告子谓儒者读书穷理,在言语文字上做工夫,与心不相干。其心不光明,又借忠孝廉节一股气来帮助,如饮酒御寒一样,到底不是本来热气。故曰:"不得于言,勿求于心";"不得于心,勿求于气。"其论乃佛之正脉,不知仁义礼智皆根于心,既要诚,又要明,始能复心之本体。故《中庸》一面言"至诚",一面言"礼仪"、"威仪",两边俱到,心体始能完全。告子所以如此者,病根在不知义根于心,而以义为外故也。精透非常,虽程朱辟佛亦说到此,犹不如孟子单刀直入,言简而尽也。当日苏秦、张仪,孟子绝不屑挂口,就是扬、墨亦粗浅,孟子只将其"无父无君"指破了,人亦容易明白。到告子直在身心性命上辟一邪路,所以孟子费许多苦心,与他反复辩论。

告子"勿求于心",是不穷理,非不持志也。告子之意,以为人不认得心,多把言认作心,而求心于言;把气认作心,而求心于气。故必离二者而后识心,如所谓"语言道断,心行路绝"者云尔。

"不得于心"四句,今人说得告子是个呆汉了。告子是要明心见性的人,欲使此心空空灵灵。所以"不得于言",便以为此是言语边事,何与于心,"勿求于心"则心地空了。"不得于心",便以为此正当于心中用工夫,何与于气,"勿求于气"则心又空了。此正是近世和尚家所谓参禅入定、打坐观心者,岂是冥顽的人? 然究归此心空虚无用,共弊必至是耳。

(清)李光地:《榕村语录·榕村续语录》,中华书局1995年版,第76—77页。

46

吴嘉纪,字宾贤,更字野人,江南泰州布衣。著有《陋轩诗》。野人居泰州之安丰盐场,濒于海,刻苦成诗,人无知者。自周栎园侍郎盛称其诗,人争重之,由是陋轩之名与诸名家相埒。渔洋诗以学问胜,运用典实而胸有炉冶,故多多益善,而不见痕迹。陋轩诗以性情胜,不需典实,而胸无渣滓,故语语真朴,而越见空灵。然终以无名位人,予持此论,而众人不以为然。然其诗俱在,试平心易气读之,近人中有此孤怀高寄者否?

(清)沈德潜编选:《清诗别裁集》,中华书局1975年版,第114页。

47

潘耒《登五老峰最高顶》:我浮鄱湖望五老,万仞秀出天中间。云气朦胧乍开合,恍疑蓬阆难跻攀。岂意今朝策藤杖,逍遥遍踏五峰上。寒空啸裂碧玻璃,大地山河收寸掌。南康军城一叶浮,扬澜左蠡横天流。白沙赤岸错如绮,烟林点点天南州。天公妒我尽远景,故遣飞云夺峰顶。如轮如席掠面来,万象斯须不留影。乘云我欲之帝廷,稍为匡君鸣不平。兹山何者让衡霍,不岳不镇谁使令?一笑颠仙扶我住,世上空名了无据。餐霞吸露快即休,多口无遭帝阍怒。(先生为多口所憎,故尔落职,末路随所感触,借以抒写,空灵变幻,实处皆虚。)

(清)沈德潜编选:《清诗别裁集》,中华书局1975年版,第212页。

48

管抡《匡庐歌》:平明迎日上庐岳,春山涤翠清如濯。攀萝直上三万级,侧身蟠走如飞鹤。云鳞鳞,花冥冥,划然巨灵劈千丈,泻出万派洪涛声。耳目荡漾不能主,恍如坐我于沧瀛。沧瀛风雨不可测,中有一人不相识。回头笑指游空濛,导余绛节双玉童。呼吸帝座随清风,俯视一一金芙蓉。白云如绵满空谷,乘此欲与天庭通。拍肩笑问洪崖生,口吹玉笛银河倾。山中木叶萧萧响,下界疑为鸾凤鸣。襞笺授萧史,供饮白玉醴。长觥倾倒慎莫辞,醉眠石上呼不起。白猿苍鸟莫相猜,前五百年曾住此。(空灵缥缈之气,凝结而成,自是君身有仙骨。)

(清)沈德潜:《清诗别裁集》,中华书局1975年版,第352—353页。

49

士衡亦推大家,然意欲逞博,而胸少慧珠,笔又不足以举之,遂开出排偶一家。西京以来空灵矫健之气,不复存矣。

(清)沈德潜:《古诗源》,吉林人民出版社1999年版,第132页。

50

池边高柳,影眠水中。游鱼吞影,缘木行空。日气薄射,远抱彩虹。
光景穿漏,表里皆通。滕六狡狯,搅碎苍穹。明灯辉映,竟体昭融。

(清)马荣祖:《文颂·空灵》,郭绍虞注《诗品集解·续诗品注》,人民
文学出版社 1998 年版,第 117 页。

51

程韦华,名京荸,上元人,著有《处野堂文集》。得执笔法,学山谷,空灵
瘦硬,然结体倾斜,亦未成家。

(清)梁巘:《评书帖》,《中国书画全书》第 10 册,上海书画出版社 2000
年版,第 538 页。

52

同州圣教看去遒劲,然刻手粗躁,终不及雁塔空灵圆静。或云即一本而
两刻之,故结体不爽。用笔须笔头过长的,过短则写字无势,且不耐久。高
府君碑无书者姓名,字颇清劲。

(清)梁巘:《评书帖》,《中国书画全书》第 10 册,上海书画出版社 2000
年版,第 538 页。

53

方熏,字兰如,家樵李之石门,因自号"御儿乡农"。貌朴野如山僧,性
高逸,狷介自守。工诗、古文,善书,尤长于画。凡人物山水,花鸟草虫,靡不
臻妙。桐乡金云庄西曹有墨林之好,收藏极富。闻兰如名,致简招之,出古
贤名迹以示,真赝优劣,品藻无讹。因属为摹仿,以试鉴赏家目力。脱手无
不乱真。西曹心折,而兰如六法,亦从此益进矣。有巨商馈金数十镒,求作

秘戏图,毅然却之曰:"诲淫坏心术,莫此为甚。余虽贫,不为也。"尝与武进赵味辛中翰暨云庄诸公游吴兴道场山,谒太白山人孙太初祠墓,乘兴作图题咏而返。复同游惠山,有《前后载泉》等图,为近日艺林佳话。皆金阁《折枝花鸟图板》,亦其手笔也。同时,有仁和奚铁生者,名冈,以逸笔作山水,出入于倪、黄、董、巨,而运以己意,名噪遐迩。酷嗜酒,醉则放颠,白眼对座上客,双瞳无侪辈久矣。知不足斋主人鲍绿饮,自石门携兰如画,矜示铁生。铁生谓此君丰于诣力,而啬于天分,因作空灵简远之笔,邮寄兰如。顾绿饮曰:"此云林生老境,非彼梦想所能到。"兰如见之,笑曰:"此子天姿果高,惜少学力耳。然无因至前,足窥其隐。"乃作雄浑沉厚之幅答之,以寓勖之之意。两人既互为轩轾,而时人亦莫能定伯仲。余谓方奚二君,皆脱尽时下肤习蹊径,而元气淋漓高旷,铁生似为少逊欤?

(清)俞蛟:《读画闲评》,《中国书画全书》第 14 册,上海书画出版社 2000 年版,第 734 页。

54

石湖无风水不波,湖上之山碧嵯峨。空灵荡漾争献巧,清宵得月新凉多。山楼瞰湖揽其胜,会心欲说难揣摩。方壶员峤互隐现,龙堂贝阙相腾那。虹气萦回出沧海,珠光的历悬藤萝。呼吸仅堪通帝座,俯仰直恐倾天河。此景可想不可即,尘世偪侧诚么麽。可知汉家博望非凿空,碧落有路逢星娥。乘槎泛月总奇绝,后人不信视北歌。

(清)张顾箂、徐崧、张大纯:《百城烟水》卷一,江苏古籍出版社 1999 年版,第 40 页。

55

田氏击节叹赏道:"我说晴霞压卷,三妹请看,还有谁人比得上来?"湘灵心里也觉这诗做得空灵谛当,因是自己丫鬟,不便称赏,道:"亏是亏他,也与紫函、冰弦相仿罢了。"

(清)夏敬渠:《野叟曝言》,中华书局 2004 年版,第 561 页。

56

敬亭道:"这一些不难!"令武士架起素臣,顷刻复还吴江,遇有路行之人,不论老少男妇,俱用尖刀剜出心来,献与素臣。一连剜有百十颗,俱是一般孔子之像,无一佛、菩萨、天尊、神、鬼之像,素臣见武士取心时,诸人并无痛苦,还心时,绝不烦难,便视为平常:拣着几个相貌凶狠,几个相貌蠢愚之人,命武士取心看,也是一般孔子之像,方信敬亭之言不谬。知人心无邪,邪自永灭,无从复生,欣然而笑。忽见吴江县老民老妇庆水夫人百寿时,所献二千古线香、四千枝蜡烛环列满地,香上占古结篆,烛上枝枝结花,俱成福禄寿名、富贵功德、康强逢吉、昌炽多男字样,随风招扬,缥缈空灵。半空中,至圣礼服高坐,属目素臣,莫逆而笑。四配十哲,两庑诸贤,肃然环侍。昌黎伯韩文公揖让素臣,使居前列,进谒孔子。素臣乍见先圣、先贤起敬起爱,又见昌黎谦恭退逊,心复不安。正在蹦踏,忽见东方推起一轮旭日,直滚入素臣怀内,满心胸热气非常,登时醒转。

(清)夏敬渠:《野叟曝言》,中华书局 2004 年版,第 1457 页。

57

惟南兰张天池家藏一颗石巅,趾仅寸许,面带波痕,光彩空灵,中伏一兔,兔腹下藏银母浆,摇荡有声。

(清)袁枚:《随园诗话》,人民文学出版社 1982 年版,第 453 页。

58

郑燮,字克柔,号板桥,扬州兴化人。乾隆丙辰进士,除山左潍县令,才识放浪,磊落不羁。能诗古文,长短句别有意趣。未遇时,曾谱沁园春书怀一阕云:"花亦无知,月亦无聊,酒亦无灵,把夭桃斫断,煞他风景,鹦哥煮熟,佐我杯羹。焚研烧书,椎琴裂画,毁尽文章抹尽名。荥阳郑,有教歌家世,乞食风情。单寒骨相难更。笑席帽青衫太瘦生。看蓬门秋草,年年破巷,疏窗细雨,夜夜孤灯。难道天公,还箝恨口,不许长吁一两声。颠狂甚,取乌丝百幅,细写凄清。"其风神豪迈,气势空灵,直逼古人。板桥工书,行楷中笔多隶法,意之所之,随笔挥洒,遒劲古拙,另具高致。善画兰竹,不离不接,每见疏淡超脱。画幅间常用一印,曰"七品官耳",又一印曰"康熙秀才雍正举人乾隆进士"。

(清)查礼:《铜鼓书堂词话》,《词话丛编》第二册,中华书局1986年版,第1485—1486页。

59

《聪明累》:机关算尽太聪明,反误了卿卿性命。生前心已碎,死后性空灵。家富人宁,终有个家亡人散各奔腾。

(清)曹雪芹:《红楼梦》第五回,辽宁人民出版社2005年版,第85页。

60

贾瑞一把拉住,连叫"菩萨救我!"那道士叹道:"你这病非药可医。我有个宝贝与你,你天天看时,此命可保矣。"说毕,从褡裢中取出一面镜子来,两面皆可照人,镜把上面錾着"风月宝鉴"四字——递与贾瑞道:"这物出自太虚玄境空灵殿上,警幻仙子所制,专治邪思妄动之症,有济世保生之功。所以带他到世上,单与那些聪明杰俊,风雅王孙等看照。千万不可照正面,只照他的背面,要紧,要紧!三日后吾来收取,管叫你好了。"说毕,佯常而去,众人苦留不住。

(清)曹雪芹:《红楼梦》第十二回,辽宁人民出版社2005年版,第185—186页。

61

说话间,贾环叔侄亦到。贾政命他们看了题目。他两个虽能诗,较腹中之虚实虽也去宝玉不远,但第一件他两个终是别路,若论举业一道,似高过宝玉,若论杂学,则远不能及;第二件,他二人才思滞钝,不及宝玉空灵涓逸,每作诗亦如八股之法,未免拘板庸涩。那宝玉虽不算是个读书人,然亏他天性聪敏,且素喜好些杂书,他自为古人中也有杜撰的,也有误失之处,拘较不得许多;若只管怕前怕后起来,纵堆砌成一篇,也觉得甚无趣味。因心里怀着这个念头,每见一题,不拘难易,他便毫无费力之处,就如世上的流嘴滑舌之人,无风作有,信着伶口俐舌,长篇大论,胡扳乱扯,敷演出一篇话来。虽无稽考,却都说得四座春风。虽有正言厉语之人,亦不得压倒这一种风流去。近日贾政年迈,名利大灰,然起初天性也是个诗酒放诞之人,因在子侄辈中,少不得规以正路。近见宝玉虽不读书,竟颇能解此,细评起来,也还不算十分玷辱了祖宗。就思及祖宗们,各各亦皆如此,虽有深精举业的,也不曾发迹过一个,看来此亦贾门之数。况母亲溺爱,遂也不强以举业逼他了。所以近日是这等待他。又要环兰二人举业之余,怎得亦同宝玉才好,所以每欲作诗,必将三人一齐唤来对作。

(清)曹雪芹:《红楼梦》第七十八回,辽宁人民出版社 2005 年版,第 1385 页。

62

韶光易过,又是一年。吟梅已是十岁,文章诗赋无一不精,挹香甚喜。那年却有岁试,挹香便命吟梅入场考试,县府试俱列前茅。到了院试之期,挹香送他进场。学宪因吟梅幼小,亲自试他作文,吟梅不慌不忙地献艺。学宪见他文字空灵,诗才雄杰,便谓吟梅道:"你抱此奇才,日后必定在我之上。"吟梅躬身谦让了一回,又对答了几句,方才交卷而出。

(清)俞达:《青楼梦》第 58 回,北京大学出版社 1990 年版,第 398 页。

63

忽然不见了爱卿,挹香道:"爱姐到那里去了?"侍儿道:"方才见他一同在这里看玩秋千,为何一霎不见了?"挹香道:"我去寻他。"于是步上迎风阁,绕出媚香居,行过杏花天,穿到绿天深处,几处找寻,一无踪迹。正欲回身,便兜到红花吟社,从窗外经过,忽听得里面姣声轻脆,在那里诵读《一碧草庐词钞》,连忙进内道:"爱姐,你好害人寻得够了!"爱卿道:"方才见你们玩秋千,甚是可怕,所以逃到这里来的。看你的词钞,果然空灵一气,填得十分合拍。怪不得昔日林伯伯晓得是你的心爱著作,要替你带到棺中去殉葬。"说着同挹香重至逸志堂,复斟佳酿。

(清)俞达:《青楼梦》第 59 回,时代文艺出版社 2003 年版,第 397 页。

64

剑光跃匣,灯影颤帷。匪黏匪脱,若即若离。霜天高迥,星月交辉。积雪在野,冰柱倒垂。晶屏璀璨,玉山逶迤。佳人靓妆,对镜弄姿。

(清)许奉恩:《文品·空灵》,郭绍虞注《诗品集解·续诗品注》,人民文学出版社 1998 年版,第 124 页。

65

鼐于前岁见先生著《西魏书》,博综辩论,可谓富矣!乃今示以诗集,乃空灵骀荡,多具天趣,若初不以学问长者。余又以是知先生所蕴之深且远,非如浅学小夫之矜于一得者。然则谓之诗人,固不足以定先生矣。

(清)姚鼐:《惜抱轩全集·文集》,中华书局 1991 年版,第 41 页。

66

今以艺事言之,写字欲运腕空灵,即神韵之谓也。其不知古人之实得,而欲学其运腕空灵,必致手不能握笔矣。知其所以然,则吾两手写字,其沉郁积力,全用于不执笔之左手,然后其执笔之右手,自然轻灵运转如意矣。以为文之理喻之,则即据上游之谓也。

(清)翁方纲:《复初斋文集》卷八,文海出版社 1982 年版,第 343 页。

67

九奥大元帅梅,为布告远人,来同景运事:大星芒起,陨石鲜有完形,华旭影流,死乌多归积气。雷出地而诸山震动,无充耳之蛰虫;月当天则万象空灵,孰吐珠子灵蚌。

(清)磊砢山房主人:《蟫史》卷三十五,人民文学出版社1992年版,第249页。

68

画贵有神韵,有气魄,然皆从虚灵中来,若专于实处求力,虽不失规矩而未知入化之妙。

(清)董棨:《养素居画学钩深》,《中国古代画论类编》,人民美术出版社1998年版,第255页。

69

栩栩欲动,落落不群,空兮灵兮,元气絪缊。骨疏神密,外合中分,自饶韵致,非关烟云,香销炉中,不火而熏。鸡鸣桑巅,清扬远闻。

(清)黄钺:《二十四画品·空灵》,《历代论画名著汇编》,北京文物出版社1982年版,第513页。

70

初学词求空,空则灵气往来。既成格调求实,实则精力弥满。

(清)周济:《介存斋论词杂著》,人民文学出版社1998年版,第4页。

71

汪迟云出吴兴《鹊华秋色》长卷共赏,纸本如新,鹊华三峰,霭然天际,以淡青绿烘染。其下渔庄蟹舍,参错于洲渚林麓之间,红叶夕阳,皆渲染而出。芦苇作双钩,而不设色,淡远空灵,洵飞仙笔也。是日再观黄鹤山樵《菊庄高隐》卷子,卷首作七松,两夹叶树,山石皴法如篆籀,苍古纵逸可爱。中草堂一区,前后皆作窗槛,一人拥书坐榻上,庭下竹篱绕之。篱外秋菊数畦,卷尾作秋林一丛,淡墨大点,杂以红叶,远处溪水作急流势。其后自书两跋,当是此君得心应手之作。

(清)钱杜:《松壶画忆》,《历代论画名著汇编》,文物出版社1982年版,第530页。

72

杜琼作《晚香堂图》,坡上秋林两丛,皆夹叶,枝柯极纠结穿插之妙。林中间以高松三株,写松针极疏秀。树后隐石墙一区,门内复隔以疏篱,绕篱又作秋树一重。篱门内皆菊畦,中为草堂。一红衣人凭几鼓琴,堂中书几、茶瓯,位置楚楚。堂后短墙外,修竹筼筜。全幅并淡色,空灵超远,逸品也。

(清)钱杜:《松壶画忆》,《历代论画名著汇编》,文物出版社1982年版,第537页。

73

画山,或石戴土,或土戴石,须相辅而行。巉岩峻岭,壁立万仞,固须石骨耸拔,然其冈峦逦迤处,仍须用土坡以疏通其气脉。盖有骨必有肉,有实必有虚,否则峥嵘而近于险恶,无缥缈空灵之势矣。

(清)盛大士:《溪山卧游录》,《画史丛书》,俞剑华编《中国画论类编》,人民美术出版社1975年版,第942页。

74

高士倪瓒,师法关仝,绵绵一脉,虽无层峦叠嶂,茂树丛林,而冰痕雪影,一片空灵,剩水残山,全无烟火,足成一代逸品。我观其画,如见其人。

(清)布颜图:《画学心法问答》,《中国画论类编》,人民美术出版社1986年版,第211页。

75

夫境界曲折,匠心可能,笔墨可取。然情景入妙,必俟天机所到,方能取之。但天机由中而出,非外来者,须待心怀怡悦,神气冲融,入室盘礴,方能取之。悬缣楮于壁上,神会之,默思之,思之思之,鬼神通之,峰峦旋转,云影飞动,斯天机到也。天机若到,笔墨空灵,笔外有笔,墨外有墨,随意采取,无不入妙。此所谓天成也。天成之画与人力所成之画,并壁谛观,其仙凡不啻霄壤矣。子后验之,方知吾言不谬。

(清)布颜图:《画学心法问答》,《中国画论类编》,人民美术出版社1986年版,第208页。

76

绿天仙人,得蕉灵气。慧珠乩笔,幻文字于空灵。木渎水神,感冤诬于身世。于以见陈甲之馆果有,阮籍之论非诬矣。若夫墨和泪写须臾含忍之时,凤逐鸦飞。

(清)董寿慈:《西泠闺咏后序》,《香艳丛书》第二十集卷四,人民文学出版社1990年版,第5825页。

77

汪(文端)诗亦缠绵如其人,如:"比翼禽栖连理枝,长教相守不相离。

也知此愿非虚语,未必他生有见时。供养昙花新画本,迷离灯火旧题词。怪他牛女空灵爽,肠断秋河月半规。"

(清)姚元之:《竹叶亭杂记》,中华书局1997年版,第120页。

78

慢向西窗感鬓丝,墨花开到谢家池。羡君生有空灵笔,湖海风涛腕底诗。

(清)俞庆曾:《题阶弟小竹里馆诗后》,《晚晴簃诗汇》,中华书局1990年版,第8804页。

79

大江夜流深,悬岩当我前。何人擘怪石,置兹千尺巅。老龙喘开口,走避秦皇鞭。到此不得阘,吞吐生云烟。帝恐渴欲死,昂头吸百川。神工凿舌底,喷薄华池泉。白日古不到,沉沉通九玄。是时悲风动,波涛暗无边。惝悦百灵集,暝坐惊老禅。陟降已千险,冥搜不敢先。归舟静人语,恐有痴龙眠。怅然此灵境,结想蹑飞仙。

(清)言友恂:《夜登空灵岸》,《晚晴簃诗汇》,中华书局1990年版,第5941页。

80

我思飘渺云中君,乃在十二峰间汉皋路。贻我瑶华双珠佩,流光洒洒空灵遇。

(清)恽格:《山楼曲》,《晚晴簃诗汇》,中华书局1990年版,第1155页。

81

同叔于词,才性最近,出笔便饶秀韵。余初刻绿箫、碧田二卷,同叔一见深嗜。时余方从事南宋,以空灵婉约为主。同叔以余为前,所作亦从碧山玉田入手。

（清）蒋敦复:《芬陀利室词话》卷三,《词话丛编》第四册,中华书局1986年版,第3673页。

82

词以不犯本位为高。东坡《满庭芳》"老去君恩未报,空回首,弹铗悲歌",语诚慷慨,然不若《水调歌头》"我欲乘风归去,又恐琼楼玉宇,高处不胜寒",尤觉空灵蕴藉。

（清）刘熙载:《艺概·词概》,华东师范大学出版社1993年版,第144页。

83

文或结实,或空灵,虽各有所长,皆不免着于一偏。试观韩文,结实处何尝不空灵,空灵处何尝不结实。

（清）刘熙载:《艺概·文概》,华东师范大学出版社1993年版,第68页。

84

《民舍积数石斸为石聿空灵有态日夕后侧与石既习遂得为诗》:阴阳陶乾坤,坚气余作石。孕精全介贞,嶷然标挺特。侧兹掾史庭,正彼太古色。卓尔标磊落,天然著雕饰。妙因刚健姿,作诸林壑式。穴空窥虚明,文耀晰折擘。枯藤缠老梅,时共泻瑶碧。客生几岁华,偶与石扪陟。摩挲属赏心,幽冷契休息。元化泯凋谢,不朽殊动植。郄思泡幻身,朱颜亦易歇。殚虑抒幽光,肆志保潜德。夫惟哲士名,终古仰珪璧。

（清）德宣:《晚晴簃诗汇诗话》,《晚晴簃诗汇》,中华书局1990年版,第5376—5377页。

85

也能严重也轻清,九转金丹铸始成。一片神光动魂魄,空灵不是小聪明。

(清)张问陶:《题屠琴坞论诗图十首(之八)》,《船山诗草》,中华书局1986年版,第543页。

86

想到空灵笔有神,每从游戏得天真。笑他正色谈风雅,戎服朝冠对美人。

(清)张问陶:《论诗十二绝句(之六)》,《船山诗草》卷十一,中华书局1985年版,第262页。

87

文场酸涩可怜伤,训诂艰难考订忙。别有诗人闲肺腑,空灵不属转轮王。

(清)张问陶:《论文八首》之八,《船山诗草》,中华书局1986年版,第230页。

88

其诗生气涌出,沉郁空灵,于从前诸名家外,又辟一境。其《宝鸡题壁》十八首,指陈军事,得老杜《诸将》之遗,传诵殆遍。

(清)李元度:《国朝先正事略·张船山先生事略》,岳麓书社1991年版,第1147页。

89

芸馆兰台阅廿春,常留乡梦在峨岷。官居清秘才原称,诗到空灵性最真。出领三山仍旧籍,归辞五马亦前因。神仙不惯风尘住,东海难回勇退身。

(清)徐大镛:《挽张船山太守》,《晚晴簃诗汇》,中华书局1990年版,第5635页。

90

黄鞠人大令曾,钱塘人。道光壬辰举人,官直隶知县。性爱山水,遍游江浙名胜,复遍燕赵,西涉河汾,故为词多空灵奇峭之音。

(清)杜文澜:《憩园词话》卷三,《词话丛编》第三册,中华书局1986年版,第2907页。

91

张松溪茂才泰初,一字安甫,钱塘人。少年英俊,于学无所不窥。……所著《横经堂诗馀》,一名《花影吹笙谱》,先刊于杭,兵燹失去,廉访为之重刻。空灵婉约,一往情深。所用四声,校宋词不差累黍,百馀篇皆可传之作。所微不足者,长调似欠凝重,或为玉楼早赴之征耶。

(清)杜文澜:《憩园词话》卷三,《词话丛编》第三册,中华书局1986年版,第2909页。

92

船山诗生气涌出,生趣飞来,古体中时有叫嚣剽滑之病。当时随园名盛,以游戏为诗,船山亦未免染其习气。至近体则极空灵,亦沉郁,能刻入,亦能清超,大含名理,细阐物情。或论古激昂,或言情婉曲,或声大如钟镛,或味爽如松韭,几欲于从前诸名家外又辟一境。

（清）张维屏:《国朝诗人征略·听松庐文钞》,中山大学出版社2004年版,第731页。

93

北宋词,用密亦疏,用隐亦亮,用沈亦快,用细亦润,用精亦浑,南宋只是掉归来。戈顺卿云:"词以空灵为主,而不入于粗豪。以婉约为宗,而不流于柔曼。意旨绵邈,章节和谐,乐府之正轨也。不善学之,则循其声调,袭其皮毛,笔不能转,则意浅,浅则薄。笔不能炼,则意卑,卑则靡。"

（清）江顺诒:《词学集成》卷五,《词话丛编》第四册,中华书局1986年版,第3265页。

94

盖世之词家,动曰能学玉田,此易视乎玉田而云然者,不知玉田易学而实难学。玉田以空灵为主,但学其空灵而笔不转深,则其甚浅,非入于滑,即入于粗矣。玉田以婉丽为宗,但学其婉丽而句不精练,则其音卑,非近于弱,即近于靡矣。

（清）戈载:《张叔夏词选跋》,《宋七家词选》,清光绪十一年曼陀罗华阁刊本。

95

月仙忍着笑又吟道:"镜里愁容鬓欲苍。"双琼笑道:"还吟这句,已被韵丫头接去了!"湘君、秀兰道:"你们不是联句,直是抢命,等你们去抢罢,我们乐得不费心。"这时佩缥也无从插嘴,珩坚道:"我再来推开一句,须空空灵灵,把局势转一转。"

（清）邹弢:《海上尘天影》第三册,珠江百年电子音像出版社2006年版,第72页。

96

韵兰笑道:"这个一段总说尤觉缥缈空灵,倒不可少的,你原稿上没得这一段。"秋鹤道:"你叫我改,我加进去的。恐怕不妥,你还得改改。"韵兰道;"好极了! 不用改。"

(清)邹弢:《海上尘天影》第三册,珠江百年电子音像出版社 2006 年版,第 331 页。

97

到了幽贞馆,韵兰坐着,正在灯下看拟的花神庙碑文呢。见秋鹤来了,说道:"这个还须斟酌斟酌,不必把花名嵌在里头,一则小样,二则吃力不讨好。就是后一段也要空灵些,况且我们现在都是未死的人,与神道设教者不同。那个感应灵贶话头皆用不着,只好说上苍钟毓,人秉清灵,若把这个有求必应的意思说到我们身上来,就不配了。

(清)邹弢:《海上尘天影》第三册,珠江百年电子音像出版社 2006 年版,第 326 页。

98

与叔子(周誉芬)夜谈少陵诗,悟入微至,有非语言所能尽者,今者,略举一二。《哀王孙》起四语云:"长安城头头白乌,夜飞延秋门上呼,又向人家啄大屋,屋底达官走避胡。"上两语皆知为乐府语也,不知其下二语之妙,乃真乐府滴髓,看似笨拙可省,然正是质实独到处。"又向人家啄大屋"七字,真千钧笔力,上两语人尽能之,此两语不可到也。《丹青引》云:"将军魏武之子孙,于今为庶为清门"。真是古文叙记笔法,而却渊源《雅》、《骚》,而非昌黎之以文为诗者比。"为庶为清门"两"为"字,朴老绝伦。《舞剑器行》,此题若入作家手,无不用排场起步,而直起云"昔有佳人公孙氏",便觉有百尺无枝气象。《北征》中"山果多琐细,罗生杂橡栗,或红如丹砂,或黑如点漆。"此两语忽赋一小物景状,极似无谓,而下即接云:"雨露之所濡,甘苦齐结实",乃觉数语真有无数关系,全篇血脉俱动,此所谓神笔也。即其他累句,如《古柏行》云:"万牛回首邱山重";又云:"异时剪伐谁能送";《洗兵马》云:"尚书气与秋天杳";又云:"奇祥异瑞争来送";《诸将》云:"曾闪朱旗北斗殷"等语,语意虽拙,然不能累其气力。惟如《饮中八仙歌》、《前后苦寒行》,皆下劣之作,虽脍炙人口,不值一哂。《同谷七歌》及《八哀诗》亦非高唱。《秋兴》八首,瑕多于瑜,内惟"闻道长安似弈棋"及"蓬莱宫阙对南山"两首,可称完美。"昆明池水汉时功"上半首格韵俱高,下半未免不称,且此诗命意,亦绝不可解。其余若"丛菊"一联,"信宿"一联,及"请看石上藤萝月,已映洲前芦荻花",皆轻滑不似大家语。"香稻"一联,浅识者以为语妙,实则毫无意境,徒见其丑拙耳。《咏怀古迹》第五首,"诸葛大名垂宇宙"一律,字字笨滞,中四语尤入魔障。《万丈潭》云:"孤云到来深,飞鸟不在外";《题画枫》起语云:"堂上不合生枫树",皆此老心思极拙处也。至何大复谓古诗亡于杜,此真大而无当之言。人徒见杜诗之浑厚雄直,刻挚沉着,而不知其精深华妙,空灵高远,多上追三百,下包六代。如《丽人行》乃深得乐府艳歌之遗,《新安吏》、《石壕吏》、《新婚别》、《垂老别》诸诗,何减十九首? 其律诗如"花妥莺捎蝶,溪喧獭趁鱼";"飞星遇水白,落月动沙虚";"细雨鱼儿出,微风燕子斜";"远鸥浮水静,轻燕受风斜等语",何尝不细腻独步耶? 予于杜诗,虽瓣香所在,顾仅得其大意,不求甚解,故鲜全首能背诵者。举其命脉气息,即觉了了目前,奥窔深微,暗合无间,少陵复起,亦不以为妄语耳。

（清）李慈铭:《越缦堂读书记》,辽宁教育出版社 2000 年版,第 1190 页。

99

严氏虽知以识为主,犹病识量不足,辟见未化;名为学盛唐,准李、杜,实则偏嗜王、孟冲淡空灵一派,故论诗惟在兴趣,于古人通讽喻、尽孝忠、因美刺、寓劝惩之本义全不理会。

（清）许印方:《〈沧浪诗话〉跋》,《诗法萃编》卷七,云南丛书本。

100

犹诵清风赠,果得连城美。蠲疾代萱苏,投分深桃李。秀杰湞阳峡,空灵清远水。绝壁云寂寂,悬萝烟靡靡。

(清)王闿运:《别广州寄赠徐子远灏　徐在总督幕府前赠余诗》,《湘绮楼诗文集·诗集》卷六,岳麓书社 1996 年版,第 1334 页。

101

烟岫濛濛白,秋枫瑟瑟清。归帆开雾雨,细浪响空灵。水驿双鬓报,滩声一枕听。霜鳊不易得,随处问渔汀。

(清)王闿运:《雨过空灵滩》,《湘绮楼诗文集·诗集》卷八,岳麓书社 1996 年版,第 1386 页。

102

名山洞壑,皆地穴潜通。余所经游,唯历城龙洞出于山半。辛巳仲冬归,舟至青石洞,从上游望巫山,见一孔在千仞之上,曲屈逗漏,背复见天。登眺绝迹,竟莫测其体状。然从下望穿处,前后相对,岖嵚参差,如云压花叶,光影斜距,知非石体穿也。凡山内秀,嵌孔玲珑,而峡内诸山,千重纯石,峭峻嵬嶬,下临江湍,既阻登探,莫穷其变。至于蔽曦亏月,素瀑哀猿,未足云奇,虚劳昔赞。前余过瞻,谓其无异凡山。暨泊南浦,乃梦神巇,翠峭空灵,岫壑万态。既觉喟然。岂帝姬之示悟欤?又考宋玉赋,知高唐齐地,神女忠规,乃作山祠铭,陈先楚开国,主山氏巫之义,云雨朝暮,谬解克正焉。夔守巫长,为刻石新庙。再过寻访,始得青石洞旧祠所在,十二连峰,果异群崿。又赋诗一篇,以告津途。今此眺瞩,弥睹瑰玮。所谓径路绝,风云通,三峡万山皆成云气,固非一丘一壑留连赏心者矣。巫山所在,距县治辽远,游宦过者莫知寻访。既至阻绝,又惧风波,自古诗词徒夸高险,灵山隐迹,不亦宜乎? 余楚人也,国君糜熊,亲为文师,先正屈原,自夔迁湘,开今湘蜀舟行之路。江湖阻深,芳菲灵异,遗言闳义,具在楚词。津途四宿,颇又弥习,冥搜仙契,事岂偶然。夫帝女主山,大邦之望,今古瞻礼,不异崇隆,既不闻渎词受谴,岂遂示灵于一颂? 然山川出云,实通志气,惟申及甫,且荷降神,眇焉一尘,讵忘禀润? 辄述所经见,兼制其山名曰"天岫峰",以待游览者改旧峰之名云。

(清)王闿运:《巫山天岫峰诗序》、《湘绮楼诗文集·文集》,岳麓书社1996年版,第99页。

103

《雪坞》云:"尘垢河山净,琉璃世界平。"《淮上》云:"旧日英雄里,残阳野草花。"并称佳句。《淮上》二句,对句尤空灵得妙。

(清)延君寿:《老生常谈》,《清诗话续编》,上海古籍出版社1983年版,第1827页。

104

今试举放翁一二琐屑小题以例之,彼必缩手自谢,然后信古人卓然成家,皆有断断不能及处,未可以轻心掉之也。七律一首,题云《病足累日不出庵门折花自娱》:"频报园花照眼明,蹒跚正废下床行。拥衾又听五更雨,屈指元无三日晴。不奈病何抛酒盏,粗如春在赖莺声。一枝自浸铜瓶水,喜与年光未隔生。"语语空灵,语语沉着,他人已难,第六句尤妙。

(清)延君寿:《老生常谈》,《清诗话续编》,上海古籍出版社1983年版,第1837页。

105

奇石嶙峋挺坚白,云是鸥波亭上物。空灵绉透皎雪姿,凿来疑出仇池穴。当时错立两云根,沁尽千山万山雪。一朝流落到海虞,欲问垂云渺无迹。孤峰独自倚风霜,映雪斋头忆畴昔。琴堂位置当丈呼,细认吴兴旧题笔。

（清）姚承绪：《沁雪石》，《吴趋访古录》卷五，江苏古籍出版社 1999 年版，第 100 页。

106

况梦窗以空灵奇幻之笔，运沉博绝丽之才，几如韩文杜诗，无一字无来历。复一误于毛之失校，再误于杜之妄改，庐山真面，遂沉埋云雾中，令人不可复识。

（清）王鹏运：《校本梦窗甲乙丙丁稿跋》，《词籍序跋萃编》，中国社会科学出版社 1994 年版，第 355 页。

107

这首诗读起来令人飘飘有出尘之想。"江畔何人初见月，江月何年初照人。""谁家今夜扁舟子，何处相思明月楼。"这类话真是诗家最空灵的境界。全首读来，固然回肠荡气；但那音节既不是哀丝豪竹一路，也不是急管促板一路，专用和平中声，出以摇曳，确是三百篇正脉。

（清）梁启超：《梁启超集》文集之三十七，中国社会科学出版社 1995 年版，第 112 页。

108

我最爱者为王介甫的《巫山高》二首。

巫山高，十二峰。上有往来飘忽之猿猱，下有出没瀺灂之蛟龙，中有倚薄缥缈之神宫。神人处子冰雪容，吸风饮露虚无中；千岁寂寞无人逢，邂逅乃与襄王通。丹崖碧嶂深重重，白月如日明房栊；象床玉几来自从，锦屏翠幔金芙蓉。阳台美人多楚语，只有纤腰能楚舞，争吹风管鸣鼍鼓。那知襄王梦时事，但见朝朝暮暮长云雨。

巫山高，偃薄江水之滔滔；水于天下实至险，山亦起伏为波涛。其巅冥冥不可见,崖岸斗绝悲猿猱;赤枫青栎生满谷,山鬼白日樵人遭。窈窕阳台彼神女,朝朝暮暮能云雨;以云为衣月为裙,乘光服暗无留阻。昆仑曾城道可取,方丈蓬莱多伴侣;块独守此嗟何求,况乃低徊梦中语。

这类诗词,从唯美的见地看去,很有价值。他们并无何种寄托,只是要表那一片空灵纯洁的美感。太白、介甫一流人,胸次高旷,所以能有这类作品。像杜工部虽然是情圣,他却不会作此等语。

(清)梁启超:《梁启超集》文集之三十七,中国社会科学出版社1995年版,第132页。

109

使事运典,最宜细心。第一须有取义,或反或正,用来贵与题旨相浃洽,则文生于情,非强为比附,味同嚼蜡也。次则贵有剪裁融化,使旧者翻新,平者出奇,板重化为空灵,陈闷裁为巧妙。如是则笔势玲珑,兴象活泼,用典征书,悉具天工,有神无迹,如镜花水月矣。

(清)朱庭珍:《筱园诗话》,《清诗话续编》,上海古籍出版社1983年版,第2381页。

110

"东坡一代天才,其文得力庄子,其诗得力太白,虽面目迥不相同,而笔力之空灵超脱,神肖庄、李。如鲁男子之学柳下,九方皋之相马,其性情契合,在笔墨形色之外,盖以神契、以天合也。故能自开生面,为一朝大作手。后人效法前人,当师坡公,方免效颦袭迹之病。如西昆杨、刘诸公之学李玉溪,明前后七子之文学秦、汉,诗学少陵、东川,肖形象声,摹仿字句音调,直是双钩填廓而已。呜呼愚哉!"

(清)朱庭珍:《筱园诗话》,《清诗话续编》,上海古籍出版社1983年版,第2412页。

111

宋人七律句中好用虚字,每流滑弱,南渡后尤甚。赵松雪力矫其失,谓七律须有健句压纸,为通篇警策处,以树诗骨。此言极是。又谓七律中二联,以用实字无一虚字为妙,则矫枉过正,未免偏矣。诗之工拙,句之软健,在笔力气势,不在用字虚实也。用虚字者,能庄重精当,使虚字如实字,则运虚为实,句自老成。用实字者,能生动空灵,使实字如虚字,则化实入虚,句自峭拔。是在平日体贴之功,临文运用之妙耳。用笔果超妙,运气果雄浑,则勿论用虚用实,皆可成妙句也,何必定忌虚字耶?

（清）朱庭珍:《筱园诗话》,《清诗话续编》,上海古籍出版社 1983 年版,第 2375 页。

112

苏辛并称,然两人绝不相似。魄力之大,苏不如辛;气体之高,辛不逮苏远矣。东坡词寓意高远,运笔空灵,措语忠厚,其独至处,美成、白石亦不能到。昔人谓东坡词非正声,此特拘于音调言之,而不究本原之所在。眼光如豆,不足与之辩也。

（清）陈廷焯:《白雨斋词话》卷一,《词话丛编》第四册,中华书局 1986年版,第 3783 页。

113

稼轩求胜于东坡,豪壮或过之,而逊其清超,逊其忠厚。玉田追踪于白石,格调亦近之,而逊其空灵,逊其浑雅。故知东坡、白石具有天授,非人力所可到。

（清）陈廷焯:《白雨斋词话》卷一,《词话丛编》第四册,中华书局 1986年版,第 3969 页。

114

《水龙吟》:小舟横截春江,卧看翠壁红楼起。云间笑语,使君高会,佳人半醉。危柱哀弦,艳歌余响,绕云萦水。念故人老大,风流未减,空回首,烟波里。推枕惘然不见,但空江、月明千里。五湖闻道,扁舟归去,仍携西子。云梦南州,武昌东岸,昔游应记。料多情梦里,端来见我,也参差是。)上阕全写梦境,空灵中杂以凄丽,过片始言情,有沧波浩渺之致,真高格也。

(清)郑文焯撰、龙沐勋辑:《大鹤山人词话》,《词话丛编》,中华书局1986年版,第4322页。

115

《江城子》:梦中了了醉中醒。只渊明,是前生。走遍人间,依旧却躬耕。昨夜东坡春雨足,乌鹊喜,报新晴。雪堂西畔暗泉鸣。北山倾,小溪横。南望亭丘,孤秀耸曾城。都是斜川当日境,吾老矣,寄余龄。

读东坡先生词,于气韵格律,并有悟到空灵妙境,匪可以词家目之,亦不得不目为词家,世每谓其以诗入词,岂知言哉。

(清)郑文焯撰、龙沐勋辑:《大鹤山人词话》,《词话丛编》,中华书局1986年版,第4323页。

116

尝以北宋词之深美,其高健在骨,空灵在神。而意内言外,仍出以幽窈咏叹之情。

(清)郑文焯撰、龙沐勋辑:《大鹤山人词话》,《词话丛编》,中华书局1986年版,第4342页。

117

师云:桐城派文,苦束于其所谓义法,直如伊川之理学。惜抱则空灵骀荡,在诗似常建、刘眘虚。梅格言则力量当在惜抱上。张廉卿、吴挚父文嫌太枯。伯言则非独文佳,诗亦甚佳。

(清)陈衍:《陈石遗先生谈艺录》,《民国诗话丛编》,上海书店出版社2002年版,第707页。

118

做诗文要有真实怀抱,真实道理,真实本领,非靠着一二灵活虚实字,可此可彼者,斡旋其间,便自诧能事也。……《明史》论钟谭诗云:自袁宏道矫王、李之弊,倡以清真,惺复矫其弊,变为幽深孤峭;与谭元春评选唐人诗,为《唐诗归》;又评隋以前诗,为《古诗归》;钟、谭之名满天下,谓之竟陵体。沈春泽撰《钟诗序》云:自先生以诗文名世,后进学之者,大江以南更甚。然而得其形貌,遗其神情,以寂寥言精练,以寡约言清远,以俚浅言冲淡,以生涩言新裁,篇章字句之间,每多重复。下一二助语,辄以号于人曰,吾诗空灵已极。余以为空则有之,灵则未也。

(清)陈衍:《石遗室诗话》,人民文学出版社2004年版,第119页。

119

晏几道《阮郎归·天边金掌露成霜》:天边金掌露成霜。云随雁字长。绿杯红袖趁重阳。人情似故乡。兰佩紫,菊簪黄。殷勤理旧狂。欲将沈醉换悲凉。清歌莫断肠。

"绿杯"二句,意已厚矣。"殷勤理旧狂"五字三层意。狂者,所谓"一肚皮不合时宜",发见于外者也。狂已旧矣,而理之,而殷勤理之,其狂若有甚不得已者。"欲将沈醉换悲凉。"是上句注脚。"清歌莫断肠",仍含不尽之意。此词沉着厚重,得此结句,便觉竟体空灵。

（清）况周颐：《蕙风词话》，人民文学出版社 1998 年版，第 25 页。

120

《纤余琐述》：宋洪文惠盘洲词，余最喜其《生查子》歇拍云："春色似行人，无意花间住。"

《渔家傲引》后段云："半夜系舟桥北岸。三杯睡着无人唤。睡觉只疑桥不见。风已变。缆绳吹断船头转。"意境亦空灵可喜。

（清）况周颐：《蕙风词话》，人民文学出版社 1998 年版，第 34 页。

121

弇州山人《临江仙》后段云："我笑残花花笑我，此时憔悴休争。来年春到便分明。五原无限绿，难染鬓千茎。"意足而笔能达，出语不涉尖。《春云怨》歇拍云："未举尊前，乍停杯后，半晌尽堪白首。"极空灵沉着之妙。茂俗以纤丽之笔作情语，视此何止上下床之别。

（清）况周颐：《蕙风词话》，人民文学出版社 1998 年版，第 114 页。

122

师曰："文字亦须有个悟头，方是超卓。如东坡是五祖戒后身，故下笔清空灵妙。但转过头来，却于己事生疏，然亦暂时歧路。"

（清）徐珂：《清稗类钞》第十册，中华书局 1984 年版，第 4817 页。

123

一日，坐蒲团，假寐，梦大士以杨枝水灌其顶，遂觉五内空灵，一览成诵。

（清）徐珂：《清稗类钞》第十册，中华书局 1986 年版，第 4831 页。

124

神乎其技,若楮叶之夺真;妙极自然,似兰亭之恰好。或当危急存亡之际,群已束手,智穷能尽于潜移默运之间,益见巧心妙用。空灵变化,出死入生,试披对局之图,尽是惊人之作,可谓得未曾有。

(清)黄俊:《弈人传》,岳麓书社 1988 年版,第 201 页。

125

尝观唐、宋人画青丝山水,凡楼台殿阁,无一非界画精细,处处合乎情理,纤不伤雅,富丽而不俗恶,山容稳重而空灵,云华变幻而流动,赋色明净,点染葱翠,自立稿以至画局告成,真可谓一笔不苟,一墨不浪费。

(清)松年:《颐园论画》,俞剑华编著《中国画论类编》,人民美术出版社 1975 年版,第 1013 页。

126

宛平钱玉瑷女士瑷有《小玲珑舫词》一卷。《清平乐春日》云:"柳摇花颤,吹遍东风软。好梦惊回莺百啭,天远何如人远。乍寒乍暖无凭,一宵几遍阴晴。猜着天公情性,算他真个聪明。"舟行和璞含弟云:"离人酒醒。摇梦波无定。"笔致颇空灵。

(清)李佳:《左庵词话》,《词话丛编》,中华书局 1986 年版,第 3149 页。

127

词得屈子之缠绵悱恻,又须得庄子之超旷空灵。盖庄子之文,纯是寄言,言司能寄言,则如镜中花,如水中月,有神无迹,色相俱空,此惟在妙悟而已。严沧浪云:惟悟乃为当行,乃为本色。

(清)沈祥龙:《论词随笔》,《词话丛编》,中华书局 1986 年版,第

4048 页。

128

词宜清空,然须才华,富藻采缛,而能清空一气者为贵。清者不染尘埃之谓,空者不着色相之谓。清则丽,空则灵,如月之曙,如气之秋,表圣品诗,可移之词。

(清)沈祥龙:《论词随笔》,《词话丛编》,中华书局 1986 年版,第4054 页。

129

作词十六字诀:清、轻、新、雅、灵、脆、婉、转、留、托、澹、空、皱、韵、超、浑。

惟灵能变,惟灵能通,反是则笨、则木,故贵灵。

天以空而高,水以空而明,性以空而悟。空则超,实则滞。

(清)孙麟趾:《词径》,《词话丛编》,中华书局 1986 年版,第 2555—2556 页。

130

林天龄词

余于钟仲山家识林君锡三(天龄),知其工为诗,时困诸生,方为仲山权记室。岁己未,始与余婿胡(鉴)同举乡试,次年同捷南宫,旋入词林,乞假归。知余辑补王氏词综,徒步见访,出其友刘芑川孝廉、黄肖岩茂才、黄笛楼上舍词,嘱为选录,尚未知其亦工倚声也。近于《聚红榭唱和集》中读其词,深愧相识十年,知之未尽,特录数阕以志欣瞩。《盘香醉春风》云:"宛转青烟吐。细向风前度。不消心字博山炉,炷。炷。炷。一点灰飞,半星红逗,悄无人处。谁掩寒灯去。漫放秋天曙。醒来微火隔熏笼。觑。觑。觑。漏短偏长,漏长渐短,宵分暗数。"《藕丝百字令》云:"莲房红落,情并刀重把,寒冰轻翦。毕竟空灵心性好,馀绪牵来如线。弱不胜挼、柔偏易折,有恨何人见。含情个里,绿波曾照深浅。闻道绮席佳人,晚凉细雪,恰映纤纤腕。怅望茜衫颜色故,密缕凭谁细浣。柳絮黏来,菱丝挂处,一样愁肠绾。缠绵无那,休论春梦长短。"《半臂安公子》云:"愁典春衣尽。春归还做春寒紧。耸断双肩,勤护惜、一番瘦损。偏是今年,天气无凭准。搜尽箧、半幅馀香蕴。累个人扶臂,熨帖几番未稳。宜称。何须问。怜卿怜我心心印。较短量长,恰好着、罗衫轻衬。不碍深宵,揎袖移灯近。放四围、微透春风信。只子京佳话,寒夜教人忍俊。"

(清)丁绍仪:《听秋声馆词话》,《词话丛编》,中华书局 1986 年版,第2781 页。

131

他学诗不久,心地空灵,却句法清丽,往往有出蓝之意。

(清)嬛嬛山樵:《补红楼梦》,北京大学出版社 1988 年版,第 238 页。

132

常建诗一片空灵境界,然或根柢未深,学之恐堕魔道。

(清)牟愿相:《小澥草堂杂论诗》,《清诗话续编》,上海古籍出版社1983 年版,第 919 页。

133

东坡刚亦不吐,柔亦不茹,缠绵芳悱,树秦、柳之前旐;空灵动荡,导姜、张之大辂。

(清)冯煦:《朱校东坡乐府序》,《彊村丛书》,广陵书社 2005 年版,第210 页。

134

宿雨初收夜气妍,空灵色相妙难诠。澄来止水壶中月,洗净浮云水底天。鲛女静开霜匣照,骊龙冷抱宝珠眠。冰心彻底谁怜取?留得清光在海边。

(清)钱琦:《鲫潭霁日》,《续修台湾县志》卷八,台湾文献丛刊,第586页。

135

李纨又念妙香的道:"帐冷芙蓉欲睡迟,洞庭春色恼人时。黄金络索亭亭影,碧玉花钿浅浅眉。葱指挥弦鸣绿绮,纤腰捣药倚琼枝。曜龙游戏梳新髻,耀首乌云对镜持。"宝钗说:"这首却句句隐藏得空灵,要算第一了。"岫烟道:"做限体诗,原无他谬巧,只能不犯实便是好手。"李绮笑道:"这'捣药'、'龙游'、'首乌',可谓想入非非。"李纹道:"诸位别太夸了他,他就要自满起来了。"

(清)兰皋主人:《绮楼重梦》,大众文艺出版社2002年版,第146页。

136

一字褒讥寓劝惩,贤愚从古不相能。情如骚雅文如史,怪底传钞纸价增。

骂尽人间谗诡辈,浑如禹鼎铸神奸。怪他一只空灵笔,又写妖魔又写仙。

闺阁风流迥出群,美人名士斗诗文。从前争说《红楼》艳,更比《红楼》艳十分。

(清)卧云轩老人:《品花宝鉴题词》,《品花宝鉴》,齐鲁书社1993年版,第4页。

137

池显方,字直夫,号玉屏子;中左所人,浴德子(浴德传在《宦绩》)。初,受知于抚军南居益。天启二年甲子,举应天试,工诗文,喜山水,尝陟武彝,游秦淮,登泰岱,举山川磅礴清华之气,尽缩入毫楮间。故所作,空灵飘忽,不可方物。以母老,不赴春官。参禅乐道,结庐玉屏端山,延陈止止说法其中,六时与香炉、经卷为缘。时与锺谭唱和,海内名辈如董其昌、黄道周、何乔远、曹学佺皆折节乐与交;尤与同邑蔡复一称莫逆。复一经略滇、黔,一字未安,邮筒往返相讨论。著有《晃岩集》、《南参集》、《玉屏集》、《澹远诗集》、《李杜诗选》。林孕昌序其集云:"直夫璞枯骨,畔幅坊身;学绍青箱,韵高白雪:卓乎不可一世云"(《府、县志》、《清白堂稿》、《林素庵集》、曹荃序文、《晃岩集》合纂)。

周凯:《厦门志》卷十三,道光十九年刊本。

138

余读机缘集,船子有拨棹歌三十九首,其前三作七言小诗,馀皆渔歌子词。世但知船子为佛祖,不知为唐诗人,为唐词人也。夫我儒之学,通明广达,讲求精微,去利欲,明死生,然后心地清而语圆澈。前人每以禅喻诗,盛唐王、孟、韦、柳诸公,皆通禅理,法取乎空灵,钝根人可以不作。我邑漪云上人,俗出华亭沈氏,先世以儒术显,父兄皆名诸生。上人读儒书,明儒理,得度于法忍寺,进具戒律,历参达尊、树莲二师。重建推篷室,高栖浩然,道风远布,延主东林师席。手辑《续机缘集》行世,船子拨棹歌有嗣音矣。暇则往来峰泖间,与诸名人酬和,艺益进,名益高,著作益富。录近时所作若干首附于机缘,请余为序。余曰:世之工诗者,竟体稳惬,往往多俗情俗调,有乖风雅。惟一二空山老衲,矢口成吟,别有一种清气流溢于行间。唐之禅人,如皎然、齐已辈三十馀人,逸韵高情,传唱千古,始知心地清明者,一无所有而无所不有,为可传。今读漪云诗,既能歌船子之歌,又能作皎然齐已之诗,其出入三唐,深得理趣,益叹禅可以喻诗。漪云之为禅人,漪云之为诗人也。

虽然《皎然集》于頔序之,齐已《白莲集》孙光宪序之,余非两公比重,违其义,而勉应之。从此云月之夜,江枫沙鹭之间,夜唱高吟,与拨棹声相上下,船子乎? 抑皎公已公乎? 漪云自此远矣。肖廉周霭联拜。

(清)周霭联:《推篷室初稿序》,《船子和尚拨棹歌》附录,华东师范大学出版社 1987 年版,第 77 页。

139

评张问陶诗:"船山弱冠工诗,空灵沉郁,独辟奇境,有清二百余年,蜀中诗人无出其右者。"

(清)徐世昌:《清诗汇·诗话》,《晚晴簃诗汇》,中华书局 1990 年版,第 4593 页。

(六)近现代

140

光绪戊子顺天乡试,粤西人陈某于试前梦人示以一诗云:"清香飞过小桥东,半在垂杨隐约中。问遍渔家三十六,无人知是藕花风。"空灵婉约,似中晚唐高作。

赵元礼:《藏斋诗话》卷上,《民国诗话丛编》第二册,上海书店出版社 2002 年版,第 244 页。

141

经生家诗多苦涩,惟阮芸台先生为诗空灵秀倩,无格格不吐之谈。其《春尽日阻风和张子白原韵》云:"又放瓯江黄篾船,余寒料峭透轻棉。山来一一重相见,春去堂堂不受怜。括岭清流千百转,秣陵秋雨十三年。今宵凉话应无梦,泊近西堂对榻眠。恐是芙蓉海上城,仙都坐见月初生。宵来料有胎仙过,春去应无杜宇声。屐齿溪山闲后想,灯花诗句客中情。请听一夜船头浪,已觉东风暗里更。"先生研精覃思,可谓梦见孔、郭、贾、许,而又不失颜、谢山水怀抱也。

　　赵元礼:《藏斋诗话》卷上,《民国诗话丛编》第二册,上海书店出版社2002年版,第228页。

142

　　东坡诗:"岁晏风日暖,人牛相对闲。"真写出乡村冬日闲适之景。又"猿吟鹤唳本无意,不知下有行人行。""空阶夜雨自清绝,谁使掩抑啼孤怀。"何其清冷幽渺也。又:"秋月堕城角,春风摇酒杯。迟君为座客,新诗出琼瑰。楼成君已去,人事固多乖。他年君倦游,白首赋《归来》。登楼一长啸,使君安在哉。"开阖动荡,清豁如话,一种空灵喷薄之气,尤为人所不及。

　　赵元礼:《藏斋诗话》卷上,《民国诗话丛编》第二册,上海书店出版社2002年版,第231页。

143

　　东坡《题文与可画竹》诗起句云:"与可画竹时,见竹不见人。岂独不见人,嗒然遗其身。其身与竹化,无穷出清新。"《题画雁》诗云:"野雁见人时,未起意先改。君从何处看,得此无人态。"何其空灵超妙乃尔,是画是诗,浑合无迹,后有作者弗能及也矣。

　　赵元礼:《藏斋诗话》卷上,《民国诗话丛编》第二册,上海书店出版社2002年版,第832页。

144

　　冯延巳《鹊踏枝》:几日行云何处去。忘了归来,不道春将暮。百草千花寒食路。香车系在谁家树。泪眼倚楼频独语。双燕来时,陌上相逢否。撩乱春愁如柳絮。依依梦里无寻处。

起笔托想空灵,欲问伊人踪迹,如行云之在天际。春光已暮,而留滞忘归,况当寒食佳辰,柳天花草,香车所驻,从何处追寻!前半首专写离人,后半首乃言己之情思,孤客凭阑,无由通讯,陌上归来燕子,或曾见芳踪。永叔《洛阳春》词"看花拭泪向归鸿,问来处、逢郎否",与此词皆无聊之托思。结句言赢得愁绪满怀,乱如柳絮,而入梦依依,茫无寻处,是絮是身,是愁是梦,一片迷离,词家妙境。

俞陛云:《唐五代两宋词选释》,上海古籍出版社 1985 年版,第 164 页。

145

"残花"二句喻无限离怀,只堪独喻。下阕"楼前"五句写临江望远之神,寄情绵远,笔复空灵。词有以真气为尚者,如明镜中不着尘沙一点也。

俞陛云:《唐五代两宋词选释》,上海古籍出版社 1985 年版,第 328 页。

146

冯延巳对中主语,极推重"小楼"七字,谓胜于己作。今就词境论,"小楼"句,固极绮思清愁,而冯之"风乍起,吹皱一池春水"托思空灵,胜于中主。冯语殆媚兹一人耶?

俞陛云:《唐五代两宋词选释》,上海古籍出版社 1985 年版,第 115 页。

147

此在客吴兴时感遇而作。首四句叙往事,"春渐远"三句叙别后光阴,写愁中闻见,以疏秀之笔出之。下阕感节序而伤离,榆钱柳絮,皆借物怀人,便无滞相,其佳处在空灵也。

俞陛云:《唐五代两宋词选释》,上海古籍出版社 1985 年版,第 416 页。

148

曩时至沪辄为阅肆之游,曾得《元氏长庆集》,携归,阁庋之几三十年。中间虽时一翻阅,然屡读屡废。至去岁,乃始卒业。为学之疏,一至于此。世所传元白诗名相埒,然乐府歌行等作,元不逮白远甚,惟近体格律略相似耳。大抵白条直,元奥涩;白剗净,元繁碎;白诗空灵,元诗平钝,天分不同也。书为万历间松江马氏所刻,凡为诗二十六卷、文三十四卷,全书墨笔评点,去取多不当,且句读多误,不知出谁何手笔。

沈其光:《瓶粟斋诗话》续编卷三,《民国诗话丛编》第五册,上海书店出版社 2002 年版,第 603 页。

149

杭县袁文薮毓麐……《拟屯田少年游》云:"高阳狂客醉登楼。天气肃清秋。乡关不见,江山如此,莽莽使人愁。垂杨涧尽黄金缕,好梦付东流。画角听残,曲阑敲遍,无计办归舟。"词境空灵,上拟稼轩,得其细腻。

山阴俞恪士提学明霁,有《觚斋诗集》。伯严吏部称其托体简斋,句法间追钱仲文。感物造端,摄兴象于空灵杳霭之域。所论极当。

夏敬观:《忍古楼词话》,《词话丛编》,中华书局 1986 年版,第 4821 页。

150

前记新乐府,因及魏季渚先生。季渚,名瀚,为船政第一期学生,与严几道同赴西洋,事在光绪初年,盖船政之先辈也。

先生所为《新乐府序》,令节录如下:"夫行道未有不自近始者,圣人之道,人知其至微至远也,乃欲童子一蹴及,如蒙塾以《大学》、《中庸》课童子之类,于古人小学之理,是否有合,姑勿深辨,但学庸之理,塾师尚弗能悟,而欲童子熟读而自会之,使空灵之脑气,壅窒眩惑,终身蠢蠢然,眼前日用之理,一无所觉,迨乎内训,而又教之以崇神鬼,信谶纬,庸俗拘忌之事,动息皆足制胁，天下至理，愈膜隔而不相符，复日督坚坐，凝滞其气，必尽磨其棱角，然后名为成材，则华人之训蒙，直戕贼其子弟耳。

黄浚：《花随人圣庵摭忆》，上海书店出版社1998年版，第264页。

151

玉田词皆雅正，故集中无俚鄙语，且别具忠爱之致；玉田词皆空灵，故集中无拙滞之语，且多婉丽之态。自学之者多效其空灵，而立意不深，即流于空滑之弊。岂知玉田用笔，各极其致。而琢句之工，尤能使意笔俱显。人仅赏其精警，而作者诣力之深，曾未知其甘苦也。又云：玉田用韵致杂，往往真文、青庚、侵寻同用，亦有寒删间杂覃监者，此等处实不足法。惟在入声韵，则又谨严。屋沃不混觉药，质陌不混月屑，亦不杂他韵。学者当从其谨严处。

吴梅：《词学通论》，《吴梅全集》，河北教育出版社1998年版，第464页。

152

陈石遗曾称兰史罗浮记游诗，（附《罗浮游记》后者。）以为清响可听。余尝取其全稿读之，状山水空灵处，自亦有致。惟有意学青莲，强为奇警语，青莲又何可轻学耶？尝谓岭南近人诗，自以黄公度、康长素、邱仙根为有名。公度最能卓然自立，康则故为雄奇，邱亦泥沙并下，皆不及稍前之李绣子、朱九江二家。

汪国垣：《光宣以来诗坛旁记》，辽宁教育出版社1998年版，第103页。

153

调甫弱冠读书北京大学时，那喜为侧艳之诗。恩施樊增祥，偶于报端见之，颇以为奇。嗣调甫以书抵樊，并以所为诗四十篇来，攀为大异。且称其奇艳在骨，骪骳从心，生翠刻肌，冷红沁髓，食烟火人一字不能道，亦一字不能解也。又劝其不足效长吉、飞卿、蕊渊、卿谋之诗,专作闺帷语。此亦老辈提奖后进之常谈,不过言之大过耳。……其他有好句却无好篇,尤喜于文从字顺中必运以一二空灵奇僻语,使人读之,以为可味,按实以求,则每每不相连属。其病则在不能稍加以理,如牧之之论长吉也。昔吾友王恩斋初学长吉乐府,甚可观。后改辙以宗黄陈,自谓奇崛奇丽,兼而有之。及细玩所作,亦复蹈此病。及欧游归来,差有理数,方期大进,不意年才二十九而殂谢矣。刊有《恩斋诗》二卷。

汪国垣《光宣以来诗坛旁记》,《汪辟疆文集》,上海古籍出版社 1988 年版,第 530—531 页。

154

余尝谓近五十年中,诗家多尚元祐而薄三唐。至陈散原、郑夜起二家出,世之言诗者,又不肯诵法苏、黄、王、陈,而群奉散原、海藏二集为安身立命之地。其人既少亲书卷,徒恃其一二空灵字句、生硬句法,可彼可此者,钩棘成文,已为宋派末路矣。并世诗人,子言终不失为卓然自立家数。盖子言之诗,植体中晚,益以深思,造语古澹,韵格凄清,故能拔戟自成一队。

汪国垣:《光宣以来诗坛旁记·陈子言》,《汪辟疆文集》,上海古籍出版社 1988 年版,第 565 页。

155

古今咏梅诗多矣,然超远得神之作,正复不能多觏。艺苑传诵者,若老之"疏影暗香"一联,虽体僾入微,然未离色相。要是下乘僇语,至若高季迪之"雪满山中"、"月明林下"二语,伧俚之气,直不可耐,吠声聒耳,夫何为哉!惟逋老"雪后园林"二语及东坡"竹外一枝"七字,庶足称传神妙品。余尤赏者,则老杜之"幸不折来伤岁暮,若为看去乱乡愁"二语,空灵窈澹,又出林、苏之右,信乎诗能吐属之不凡也。然后人亦有迥出者,明宋其武(之绳)云:"于人疏落似无意,写尔高空正自难。"近时林谷暾(旭)云:"芳波照影知谁见,斜日攀条却独来。"吾友应叔申(启墀)云:"失喜横波一枝见,萧然照眼数花明。"皆所谓神出古异,澹不可收者,亦安见古今人之果不相及邪?

蒋抱玄辑:《民权素诗话》,《民国诗话丛编》,上海书店出版社 2002 年版,第 209 页。

156

史达祖《双双燕》(咏燕):

过春社了,度帘幕中间,去年尘冷。差池欲住,试入旧巢相并。还相雕梁藻井,又软语、商量不定。飘然快拂花梢,翠尾分开红影。芳径。芹泥雨润。爱贴地争飞,竞夸轻俊。红楼归晚,看足柳昏花暝。应自栖香正稳。便忘了、天涯芳信。愁损翠黛双蛾,日日画栏独凭。

此邦卿咏燕之作,古今词家所盛称者。其词曲尽燕子之情状,然非纯咏燕,乃托燕以写闺情,写闺情又即自抒情也。但观其"红楼归晚,看足柳昏花暝"之句,言外盖有所指。考邦卿为韩侂胄中书省堂吏,凡韩有所作为,邦卿无不知者,其间不少昏暝之事,皆邦卿所"看足"也。又邦卿"看足"此种昏暝之事,乃不早自引去,卒与同败,实由"归晚"。观此语,则邦卿亦非全无感觉者,但意志不坚耳。此等处是否作者无意流露心事,虽不可知,然证以作者另一首《满江红·书怀》词"一钱不值"之句,则其悔悟之心亦甚深刻。此词前半阕全描画燕子初来定巢之情状。后半阕直至"柳昏花暝"句,始将题中燕子写毕。"应自"以下,乃盼望燕子之词。"愁损"二句,始出盼望燕子归来之人。细味此词结尾各句,实闺人想望心中人,托燕以抒情也。"栖香正稳","忘了天涯芳讯",谓之指社燕可,谓之指游人亦可。且从此二句体会,则以上所写之燕,乃此闺人所设想之燕,燕实未归来也。全词运思非常空灵,笔势亦如燕子之"轻俊",至尾句始出闺情,真有画龙点睛之妙,故此词为古今传诵不绝。

刘永济:《梅溪词序》,《唐五代两宋词简析》,上海古籍出版社 1981 年版,第 75 页。

157

太炎先生尝推寻我国史诗不昌之故，谓虞夏二代，散文记述之功已著，故诗歌退处抒情。此亦就其大较言之耳。究之三百篇中，早著赋体。古代乐府，率多记人。《孔雀东南飞》无论矣，他如《陌上桑》、《秋胡行》、《艳歌行》、《东门行》，以及木兰、子夜等曲，其间称述语言，敷陈事迹，纡余妍美，大有可观。是则当时歌诗，要以记事为其宗主。至于正始明道，诗杂仙心。风气为之一变。而元嘉诸贤，志乐山水，笔穷造化。而后诗家门户，乃始大开。亦如汉画多图绘古贤列女，迨唐之摩诘，始开山水之宗。艺事变迁，大氐造端质实，而渐入空灵。托始致用，而归宗怡志。虽其时限，不必齐同，而先后相规，如出一辙。此中消息，盖有非人力所致，亦时会使然耳。

刘永济：《旧诗话》，《学衡》第 56 期，1926 年 8 月。

158

冯煦叙东坡乐府，指陈四端：一曰独往独来，一空羁勒，如列子御风，如藐姑仙人，吸风饮露。二曰刚亦不茹，柔亦不吐，缠绵悱恻，空灵动荡。三曰忠爱幽忧，时一流露，若有意若无意，若可知若不可知。四曰涉乐必笑，言哀已叹，虽属寓言，无惭大雅。盖空灵变幻，不可捉摸，以东坡为至极。

陈匪石：《声执》卷下，《词话丛编》，中华书局 1986 年版，第 4967 页。

159

词尚空灵，妙在不离不即，若离若即，故赋少而比兴多。令引近然，慢词亦然。曰比曰兴，多从反面侧面着笔。赋者，敷陈其事而直言之，便是从正面说。

蔡嵩云：《柯亭词论》，《词话丛编》，中华书局 1986 年版，第 4905 页。

160

德清俞荫甫先生,经学家也。五年前得阅其诗稿,读至终篇,殊少惬意处。惟记有《咏西瓜灯》四律,典雅贴切,且有寄托,洵为此题杰作,特追录之。诗曰:"一场瓜战夜初停,幻出团圞满月形。圣火养成千岁绿,仙丹铼就十分青。擎来何减琉璃椀,望去偏疑翡翠屏。不是金刀能割膜,痴皮那得化空灵。""剥尽层层皮与肤,此中原自费工夫。光明岂减燃脐董,空洞真成割腹胡。笑尔烛奴无位置,比他云母略模糊。世间何物堪相拟,只有回回青亚姑。""宵深移近读书堂,伴我青灯兴更长。要使腹中无磊块,自然顶上有圆光。莫嫌焰焰膏将灭,只觉荧荧火亦凉。不解朱门歌舞地,高烧红烛照红妆。""漫说光华竟夕增,居然清似一轮冰。也同天上青藜火,不比人间黑漆灯。我辈生涯原淡淡,个中消息自腾腾。玉堂不少青莲炬,让与西清旧友朋。"此题不难于刻画,而难于寄托。先生四诗,于刻画之中,仿寓深远之意,故称佳构。

秋梦:《绮霞轩诗话》,蒋抱玄辑《民权素诗话》,《民国诗话丛编》,上海书店出版社 2002 年版,第 245 页。

161

惟咏怀堂诗,始时能窥自然之秘藏,为绝诣之冥赏。……非泛泛模范山水,啸傲风月之诗人所能作也。甚且非寻常山林隐逸所能作也,必爱好自然,崇拜自然如宗教者,始克为之。且不能日日为之,必幽探有日,神悟偶会,"形释"、"神愉"、"百情有触"时,始能间作此等超世之语也。即在《咏怀堂全集》中,亦不多见。他人可知。至于写景之佳句,几于美不胜收,而要能以闲淡之笔,写空灵之境。如"花叶沐已荐,晴鸟纷我园。伫立始有悟,任运良可尊。""辨叶敛旁眺,因香纵恬步。湖风弄微寒,果光夜来雨。萧萧春竹鸣,高馆更成趣。"

胡先骕:《读郑子尹〈巢经巢诗集〉》,《学衡》第 6 期,1922 年 6 月。

162

至其描写叙述极平易庸俗之事,而生动空灵,尤征作者想象力之强,初不待雕琢堆砌以炫人耳目也。

胡先骕:《读郑子尹〈巢经巢诗集〉》,《学衡》第 7 期,1922 年 7 月。

163

《钮康氏家传》一书类《石头记》,而坦白少年则似《西游记》。前者代表写实派小说,后者代表写意派小说。斯乃小说中之二大分野也。写实派小说主于叙事,以精密详赡为尚。写意派小说主于说理,以空灵跳脱为尚。前者为小说中之正宗,后者则其别派。凡小说中最大之杰作类皆属于写实派,然写意派小说亦自有其长。

陈钧译:《钮康氏家传》,《学衡》第 28 期,1924 年 4 月。

164

然余今日之诗,未足言也。国家当旷古未有之大变,思想生活,既以时代精神,咸与维新。则自时代所产之诗,要亦不能自外。譬之乘火车者,既已在车,无问其人之欲行不行,要当载之前趋,欲罢不止。故处今日之势,欲变亦变,不变亦变,虽欲故步自封而势有不许。况有二力焉以驱之,使不得不变者。己身之衰老,不能禁其倾颓。他人之娇逸,不能止吾歆慕也。大抵体制之始也清新,其末也陈腐;格调之始也空灵,其末也濡滞;意境之始也浑融,其末也巑巧;辞章之始也天真,其末也繁饰。迨其积弊日滋,取用不足,必有人焉,起而除旧布新,披榛辟路,于是由常转变,变又转常。常者规律,变者解放,互为消长。而诗之演进无穷。余于此乃有说焉。旧诗体制不能谓其非佳。今之新人、以其规律过严,视若累楷重囚,余以为过。盖自不解诗者言之,虽无规律,未必竟能成诗。而伟大作家,每有游艺规律之中,焕彩常情之外。规律愈严,愈若不受其限制者。故余于历代体制,不轻弃之,不重视之，但因我便而利用之。然以今世事变之繁，人情之异，必非简单之体所能尽纳。此体制之不能不变者也。前辈之言诗者，曰宋，曰唐，曰汉与魏，无非悬此以为准则，便于初学师仿。然此学诗之过程，非可以为终极也。久假不归，从人忘己，古今一律。乃若印版文字，浦起龙所谓古董器物，肖古便是赝品。惟命世豪杰，卓然乃成。余以民国之诗当有民国之风味，以异于汉魏唐宋者，此格调之不能不变者也。吾国之诗，虽包罗宏富，然自少数人外，颇病累同。贪生怕死，叹老嗟卑，一也。吟风弄月，使酒狎倡，二也。疏懒兀傲，遁世逃禅，三也。赠人咏物，考据应酬，四也。夫嗜好所在、文章所生，如此类诗，非不可为，但不可广。处今之世，应有高尚优美之行，适于开明活泼之际者，此意境之不能不变者也。诗贵有学，不贵有才。所谓学者，学以高尚其志气，学以开拓其心胸，学以仁民爱物，学以明体达用而已。然今之学为诗者，以故事为典雅，以僻奥为渊博，以出处为高古，以堆砌为缜密。上者无异书摊，下焉直等明器。性情之道，茫焉乎息，此辞章之不能不变者也。昔叶燮原诗，取譬精妙，以为三百篇者根也，苏李之世芽也，建安拱把也，六朝枝叶也，唐则绿荫成也，宋则落英粲也。自宋以后，开而谢，谢而开也。自今观之，其硕果仅存，散处海内外者，苟统计其人才之数、与乎造述之力，由既往以推将来，其能转移运会否耶？其将转移于运会也耶？系辞有言，穷则变，变则通，通则久。余恋旧强烈之人，然而不得不变者，非变不通，非通无以救诗亡也。

林学衡：《白门舟中》，《学衡》第 38 期，1925 年 2 月。

165

神韵之用，因近以及远，言有尽而意无穷也。气象之用，自外以知中，望之俨而即之温也。神韵之美，在空灵淡远。气象之美，为真实浑成。神韵如羚羊挂角，气象如凤凰来仪。尚神韵者多返自然，尚气象者多富工力。尚神韵者多得于天，尚气象者多肖于人。尚神韵者宜处江湖，尚气象者好入廊庙。尚神韵者皎如美人，尚气象者庄如君子。尚神韵者常生乱世，尚气象者每际盛朝。是以晋当南渡，神韵之俊逸可风。汉斥百家，气象之峥嵘无比。然则神韵气象之分，直老子孔子之分矣。何以明之，龙乘风云而上天，不知其所止者,神韵之至也。高山仰止,景行行止,瞻之在前,忽焉在后者,气象之至也。

吴芳吉:《四论吾人眼中之新旧文学观》,《学衡》第42期,1925年6月。

166

近代人的心里,尤其有一种说不出的幽忧哀怨。要传达出这种隐微的消息,势不能不用神秘象征的笔法。先把读者拉到空灵缥缈的境界,使他们在沉醉战栗的片刻之内,得到极深切之感应。而且把所有习惯权威理想信仰一切破坏,进于虚无之境。喧嚣的议论,切实的行为,早已没有最后归着的地方。就是梅德林克(Materlinck)所谓"沉默",只剩下一种幽忧哀怨的情调罢了。

此其所谓沉默,非真能宁静致远,如高僧之入定,明心见性,大彻大悟也。不过神思恍惚,幻影憧憧,感情刺激过甚后,一刹那之疲乏状态而已。彼新浪漫派作者,感情紧张,思想混乱,对于人生,不能为精深绵密之探讨,徒托辞神秘,故意作怪。一极平常之理想,一极粗浅之事实,彼则闪烁其辞,吞吞吐吐,玄之又玄,令人如读谜语,莫名所以。昔苏轼斥扬雄,以艰深文其浅陋。今新浪漫派,以神秘文其浅陋。其技只此,亦何足贵。国人思想,素患笼统,重以好奇矜异之心理,故于西方神秘作者梅德林克及印度神秘色彩甚重之泰戈尔,非常称道。青年受其影响,思想糊涂,发为诗歌小说,似通非通,似可解,实不可解。他人诘之,则曰此神秘主义之文学也,非尔所知也。此亦提倡浪漫文学者之过也。

郭斌:《新文学之痼疾》,《学衡》第55期,1925年7月。

167

圣苏菲亚寺最初显示吾人以亚拉伯之特色,若日进于空灵(immaterial)之亚拉伯图案(Ara-besque)用为斗拱或拱门之装饰者,若磨琢精细之斑红石柱,若合成一体之拱门与旁柱,若以金为底之嵌工(Mosaic),若与古典精神相反之圆屋顶,若圆顶内面之装饰,皆亚拉伯之特色也。凡此诸特色,与埃及偏盛之建筑性质(表现于庙宇及石坟者)、希腊之建筑雕刻及雕刻式之绘画、欧洲之绘画及音乐相应。至亚拉伯之十九世纪开始,而创造时代告终。时当纪元一一○○年。

(美)葛达德、吉朋斯合撰:《斯宾格勒之文化论》,《学衡》第 66 期,1928年 11 月。

168

荀子曰:"辨生于末学。"朱、陆本不同,又况后学之哓哓乎? 但门户既分,则欲攻朱者,必窃陆、王之形似;欲攻陆、王,必窃朱子之形似。朱之形似必繁密,陆、王形似必空灵,一定之理也。而自来门户之交攻,俱是专己守残,束书不观,而高谈性天之流也。则自命陆、王以攻朱者,固伪陆、王;即自命朱氏以攻陆、王者,亦伪陆、王,不得号为伪朱也。同一门户,而陆、王有伪,朱无伪者,空言易,而实学难也。黄、蔡、真、魏,皆承朱子而务为实学,则自无暇及于门户异同之见,亦自不致随于消长盛衰之风气也。是则朱子之流别,优于陆、王也。然而伪陆、王之冒于朱学者,犹且引以为同道焉,吾恐朱氏之徒,叱而不受矣。

章学诚:《文史通义》,中华书局 1994 年版,第 263 页。

169

温庭筠《梦江南》:梳洗罢,独倚望江楼。过尽千帆皆不是,斜晖脉脉水悠悠。肠断白苹洲。

此首记倚楼望归舟,极尽惆怅之情。起两句,记午睡起倚楼。"过尽"两句,寓情于景。千帆过尽,不见归舟,可见凝望之久、凝恨之深。眼前但有脉脉斜晖、悠悠绿水,江天极目,情何能已。末句,揭出肠断之意,余味隽永。温词大抵绮丽浓郁,而此两首则空灵疏荡,别具丰神。

唐圭璋:《唐宋词简释》,上海古籍出版社 1981 年版,第 9 页。

170

周邦彦《瑞龙吟》:章台路。还见褪粉梅梢,试花桃树。愔愔坊陌人家,定巢燕子,归来旧处。黯凝伫。因念个人痴小,乍窥门户。侵晨浅约宫黄,障风映袖,盈盈笑语。前度刘郎重到,访邻寻里,同时歌舞。惟有旧家秋娘,声价如故。吟笺赋笔,犹记燕台句。知谁伴、名园露饮,东城闲步。事与孤鸿去。探春尽是,伤离意绪。官柳低金缕。归骑晚、纤纤池塘飞雨。断肠院落,一廉风絮。

此首为归院后追述游踪之作,与《瑞鹤仙》、《夜飞鹊》追述送客之作作法相同。第一片记地,"章台路"三字,笼罩全篇。"还见"二字,贯下五句,写梅桃景物依稀,燕子归来,而人则不知何往,但徘徊于章台故路、愔愔坊陌,其怅惘之情为何如耶!第二片记人"黯凝伫"三字,承上启下。"因念"二字,贯下五句,写当年人之服饰情态,细切生动。第三片写今昔之感,层层深入,极沉郁顿挫缠绵婉转之致。"前度"四句,不明言人不在,但以侧笔衬托。"吟笺"二句,仍不明言人不在,但以"犹记"二字,深致想念之意。"知谁伴"二句,乃叹人去。"事与孤鸿去"一句,顿然咽住,盖前路尽力盘旋,至此乃归结,既以束上三层,且起下意。所谓事者,即歌舞、赋诗、露饮、闲步之事也。"探春"二句,揭出作意,唤醒全篇。前言所至之处,所见之景,所念之人,所记之事,无非伤离意绪;"尽是"二字,收拾无遗。"官柳"二句,写归途之景,回应篇首"章台路"。"断肠"二句,仍寓情于景,以风絮之悠扬,触起人情思之悠扬,亦觉空灵,耐人寻味。

唐圭璋:《唐宋词简释》,上海古籍出版社 1981 年版,124 页。

171

晏几道《鹧鸪天》:彩袖殷勤捧玉锺。当年拚却醉颜红。舞低杨柳楼心月,歌尽桃花扇底风。从别后,忆相逢。几回魂梦与君同。今宵剩把银釭照,犹恐相逢是梦中。

此首为别后相逢之词。上片,追溯当年之乐。"彩袖"一句,可见当年之浓情蜜意。"拚醉"一句,可见当年之豪情。换头,"从别后"三句,言别后相忆之深,常萦魂梦。"今宵"两句,始归到今日相逢。老杜云:"夜阑更秉烛,相对如梦寐",小晏用之,然有"剩把"与"犹恐"四字呼应,则惊喜俨然,变质直为婉转空灵矣。上言梦似真,今言真似梦,文心曲折微妙。

唐圭璋:《唐宋词简释》,上海古籍出版社 1981 年版,第 83 页。

172

韩元吉《好事近》:凝碧旧池头,一听管弦凄切。多少梨园声在,总不堪华发。杏花无处避春愁,也傍野烟发。惟有御沟声断,似知人呜咽。

此首在汴京作。公使金贺万春节,金人汴京赐宴,遂感赋此词。起言地,继言人;地是旧地,人是旧人,故一听管弦,即怀想当年,凄动于中。下片,不言人之悲哀,但以杏花生愁、御沟呜咽,反衬人之悲哀。用笔空灵,意亦沉痛。

唐圭璋:《唐宋词简释》,上海古籍出版社 1981 年版,第 164 页。

173

晏殊《踏莎行》:小径红稀,芳郊绿遍。高台树色阴阴见。春风不解禁杨花,蒙蒙乱扑行人面。翠叶藏莺,珠帘隔燕。炉香静逐游丝转。一场愁梦酒醒时,斜阳却照深深院。

此首通体写景,但于景中见情。上片写出游时郊外之景,下片写归来后院落之景。心绪不宁,故出入都无兴致。起句,写郊景红稀绿遍,已是春事阑珊光景。"春风"句,似怨似嘲,将物做人看,最空灵有味。"翠叶"三句,写院落之寂寞。"炉香"句,写物态细极静极。"一场"两句,写到酒醒以后景象,浑如梦寐,妙不着实字,而闲愁可思。

唐圭璋:《唐宋词简释》,上海古籍出版社 1981 年版,第 59 页。

174

苏轼《水龙吟·次韵章质夫杨花词》：似花还似非花，也无人惜从教坠。抛家傍路，思量却是，无情有思。萦损柔肠，因酣娇眼，欲开还闭。　梦随风万里，寻郎去处，又还被、莺呼起。不恨此花飞尽，恨西园、落缸难缀。晓来雨过，遗踪何在，一池萍碎。春色三分，二分尘土，一分流水。细看来不是杨花，点点是离人泪。

此首咏杨花，遗貌取神，压倒古今。起处，"似花还似非花"两句，咏杨花确切，不得移咏他花。人皆惜花，谁复惜杨花者？全篇皆从一"惜"字生发。"抛家"三句，承"坠"字，写杨花之态，惜其飘落无归也。"萦损"三句，摹写杨花之神，惜其忽飞忽坠也。"梦随风"三句，摄出杨花之魂，其忽往忽还也。以上写杨花飞舞之正面已毕。下片，更申言杨花之归宿，"惜"意愈深。"不恨"两句，从"飞尽"说起，惜春事已了也。"晓来"二句，惜杨花之经雨也。"春色"三句，惜杨花之沾泥落水也。"细看来"两句，更点出杨花是泪来，将全篇提醒。郑叔问所谓"画龙点睛"者是也。又自"晓来"以下，一气连贯，文笔空灵。先迁甫称为"化工神品"者，亦非虚誉。

唐圭璋：《唐宋词简释》，上海古籍出版社1981年版，第90页。

175

秦观《望海潮》：梅英疏淡，冰澌溶泄泄，东风暗换年华。金谷俊游，铜驼巷陌，新晴细履平沙。长记误随车。正絮翻蝶舞，芳思交加。柳下桃蹊，乱分春色到人家。　西园夜饮鸣笳。有华灯碍月，飞盖妨花。兰苑未空，行人渐老，重来是事堪嗟。烟暝酒旗斜。但倚楼极目，时见栖鸦。无奈归心，暗随流水到天涯。

此首述游踪，情韵极胜。起三句，点明时令景物。初言梅落，继言冰泮。"东风"一句，略束。"暗换"二字，已有惊叹之意。"金谷"三句，叙出游。"新晴细履平沙"，可见天气之佳，与人之闲适。"长记"一句，触景陡忆。自此至"飞盖妨花"，皆回忆当日之盛况。"正絮翻"四句总束，设想奇绝。"西园"三句,写当日夜饮之乐。"华灯碍月",是灯光如昼也;"飞盖妨花",是嘉宾如云也;"夜饮鸣笳",是鼓吹沸天也,练字琢句,精美绝伦。信乎谭复堂称其似"陈、隋小赋"也。"笺苑"以下,转笔伤今,化密为疏,又觉空灵荡漾,余韵不尽。今者名园犹昔,而人来已老,追想当日风流,能无嗟叹。"烟暝"三句,是目前冷落景象,正与当日西园盛况对照。所见酒旗、栖鸦、流水,皆在在堪嗟之事。末以思归之意作结,颇有四顾苍茫之感。读此词令人怅惘无家。盖少游纯以温婉和平之音,荡人心魄。与屯田、东坡之使气者又不同也。

唐圭璋:《唐宋词简释》,上海古籍出版社 1981 年版,第 100—107 页。

176

贺铸《浣溪沙》:楼角初消一缕霞。淡黄杨柳暗栖鸦。玉人和月摘梅花。笑捻粉香归洞户,更垂帘幕护窗纱。东风寒似夜来些。

此首全篇写景,无句不美。"楼角"一句,写残霞当楼,是黄昏入晚时之景。"淡黄"一句写新柳栖鸦,于余红初消之中,有淡黄杨柳相映,而淡黄杨柳之中,更有栖鸦相映,境地极美。"玉人"一句,写新月,月下玉人,月下梅花,皆是美境,以境衬人,故月美花美,而人更美。下片,因外间寒生,乃捻花入户,记事生动活泼,如闻如见。"更垂"一句,显出人之华贵矜宠。收句,露出寒意,文笔空灵。此与少游"漠漠轻寒"一首,同为美妙小品。惟少游写人情沈郁悲凉,而此则有潇洒出尘之致耳。

唐圭璋:《唐宋词简释》,上海古籍出版社 1981 年版,第 118 页。

177

范仲淹《苏幕遮》:碧云天,黄叶地。秋色连波,波上寒烟翠。山映斜阳天接水。芳草无情,更在斜阳外。黯乡魂,追旅思。夜夜除非,好梦留人睡。明月楼高休独倚。酒入愁肠,化作相思泪。

此首,上片写景,下片抒情。上片,写天连水,水连山,山连芳草;天带碧云,水带寒烟,山带斜阳。自上及下,自近及远,纯是一片空灵境界,即画亦难到。下片,触景生情。"黯乡魂"四句,写在外淹滞之久与乡思之深。"明月"一句陡提,"酒入"两句拍合。"楼高"点明上片之景为楼上所见。酒入肠化泪亦新。谭复堂评此首为"大笔振迅"之作。予谓此及《御街行》、《渔家傲》诸作皆然也。又此首曰:"化作相思泪";《御街行》曰:"酒未到,先成泪";《渔家傲》曰:"将军白发征夫泪",三首皆有"泪",亦足见公之真情流露也。

唐圭璋:《唐宋词简释》,上海古籍出版社1981年版,第48—49页。

178

姜夔《疏影》:苔枝缀玉。有翠禽小小,枝上同宿。客里相逢,篱角黄昏,无言自倚修竹。昭君不惯胡沙远,但暗忆、江南江北。想佩环、月夜归来,化作此花幽独。犹记深宫旧事,那人正睡里,飞近蛾绿。莫似春风,不管盈盈,早与安排金屋。还教一片随波去,又却怨、玉龙哀曲。等恁时、重觅幽香,已入小窗横幅。

此首咏梅,寄托亦深。起写梅花之貌,次写梅花之神;梅之美,梅之孤高,并于六句中写足。"昭君"两句,用王建咏梅诗意,抒寄怀二帝之情。"想佩环"两句,用杜诗意,拍到梅花,更见想望二帝之切,此玉田所谓"用事不为事所使"也。换头,用寿阳公主事,以喻昔时太平沈酣之状。"莫似"三句,申护花之情,即以申爱君之情。"还教"两句,言空劳爱护终于随波漂流,但闻笛里梅花,吹出千里关山之怨来,又令人抱恨无限。"等恁时"两句,用崔橹诗,言幽香难觅,惟余幻影在横幅之上,语更沉痛。篇中虽隶事,然运气空灵,笔墨飞舞。下片虚字,如"犹记"、"莫似"、"早兴"、"还教"、"又却怨"、"等恁时"、"已入"之类,皆能曲折传神。

唐圭璋:《唐宋词简释》,上海古籍出版社1981年版,第194—195页。

179

山阴俞恪士(明震)《觚庵诗》,于海藏、散原二派外,独出机杼,自成一宗。其诗初学钱仲文,后由简斋以规杜,淡远幽深,清神独往。惟变态无多,出笔不广,是其病耳。全集中写景之作称最工,……空灵高秀,自苦吟中得之,与貌为平淡者不同。

钱仲联:《梦苕庵诗话》,齐鲁书社 1986 年版,第 24 页。

180

乙丑春始与瑗仲订交于锡山,商榷文字,益我者良多。是夏在家,有作必寄君,往返书札颇频。有一书批导利病,精极不刊,且可以药世之学西江派诗者。书云:"尊作伉爽有奇气,渐脱清味,如能于豪放中求深沉,空灵中求密致,则更加人一等。古人未有不从密致中作功夫也。"

钱仲联:《梦苕庵诗话》,齐鲁书社 1986 年版,第 114 页。

181

吴野人陋轩诗,前人多盛称之。沈归愚曰:陋轩诗以性情胜,不须典实,而胸无渣滓,故语语真朴,而越见空灵。潘四农曰:其诗字字入人心腑,殆天地元气所结。予专选一百余首,朝夕讽玩,以为陶、杜之真衣钵。余按陋轩诗,言皆布菽,功在风化,三百年中与郑子尹《巢经巢诗》,并为大家。而吴似不及郑者,郑才大学博,无所不能,无所不敢,纵肆变化处多耳。

钱仲联:《梦苕庵诗话》,齐鲁书社 1986 年版,第 180 页。

182

俞恪士《觚庵诗》,于闽、赣二派外,独出机杼,自成一宗。其诗淡远精微,清神独往。散原序之,以为"感物造端,摄兴象空灵杳蔼之域。托体简斋,句法追钱仲文"云云。……《独游灵峰寺》句云:"野寺泉无源,名山僧必俗。不寻山外山,转受烟霞梏。"又云:"独游取空象,人境两无触。偶然意所是,云山徒碌碌。"《韬光寺》句云:"含霜众壑阴,冲风一雁举。欲穷沧海观,惟见颓阳俯。"其情景交融之作,固属风格高骞,即专写景者,亦复空灵秀夐,无复人间烟火气矣。

钱仲联:《梦苕庵诗话》,齐鲁书社1986年版,第247—250页。

183

读姚梅伯《复庄诗问》,雕肝镂肾,戛戛生新,体格与二樵山人相似,而局度广于二樵。……陈云伯曰:其博大昌明,如摩诘之王;其出神入化,如少陵之圣;其枯寂空灵,如阆仙之佛;其飘忽绵邈,如太白之仙;其幽艳崛奇,如昌谷之鬼。君才诚不可斗石量也。后有论者,当目为诗中之神。推许如此,亦云至矣。

钱仲联:《梦苕庵诗话》,齐鲁书社1986年版,第268页。

184

癸叔写景语有绝佳者,如"天流云气吞孤日,谷应雷声撼别峰",雄秀有魄力。"万竹无声方受雪,乱山如梦不离云。"则又空灵淡静,如不食烟火人语。其他往来途次写景即事之绝句,信手拈来,莫非妙境,亦古人所未有。佳者至伙,不遑悉举。

钱仲联:《梦苕庵诗话》,齐鲁书社1986年版,第288页。

185

画事之布置,极重疏、密、虚、实四字。能疏密,能虚实,即能得空灵变化于景外矣。

潘公凯编:《潘天寿谈艺录》,浙江人民美术出版1985年版,第131页。

186

实,有画处也,须实而不闷,乃见空灵,即世人"实者虚之"之谓也。虚,空白也,须虚中有物,才不空洞,即世人"虚者实之"之谓也。画事能知以实求虚,以虚求实,即得虚实变化之道矣。

潘公凯编:《潘天寿谈艺录》,浙江人民美术出版1985年版,第128页。

187

温庭筠《荷叶杯》:

一点露珠凝冷,波影,满池塘。绿茎红艳两相乱,肠断,水风凉。

全词实写处多,而以"肠断"二字融景入情,是以俱化空灵。

栩庄:《栩庄漫记》,《花间集评注》,河北教育出版社1999年版,第39页。

188

韦庄《河传》:

何处,烟雨,隋堤春暮。柳色葱茏,画桡金缕,翠旗高飐香风,水光融。青娥殿脚春妆媚,轻云里,绰约司花伎。江都宫阙,清淮月映迷楼,古今愁。

全词以"何处"领起中段,词藻极其富丽,而以"古今愁"三字结之,化实为空,以盛映衰,笔极宕动空灵。

栩庄:《栩庄漫记》,《花间集评注》,河北教育出版社1999年版,第63页。

下篇 天籁整释

　　"天籁"是我国古代诗学乃至文艺学、美学中一个非常被推崇的范畴，自《庄子》中首次提出后历代都有许多使用。随着时代的推移，也有越来越多的诠释。"天籁"常常被当做一个至高的可以代表民族性格乃至中华文化的命题。但对于究竟什么是"天籁"却一直未有人做过真正系统的研究，"五四"以来的论者也大抵只是凭所猎涉的少量资料作大致的揣摸。据我们所搜集，最多的只引用了7条资料，而其实自先秦至清末涉及"天籁"的资料我们搜集就有513条。因此迄今释"天籁"者每每只是把握住了其中的部分含义（其实对中国诗学、文艺学、美学乃至哲学、史学的所有范畴的把握，过去都存在这个问题）。

　　如何才能完整、系统地把握天籁，从中归纳出一个切中肯綮能被普遍接受的释义？我们这里按照前面所述的整释的方法，进行多元集合式的系统把握（这种方法也可推衍为对文史哲所有领域的范畴的把握）。

一、"天籁"的词本义分析及
发生发展历史线索

（一）"天"的词本义

1. 颠，人头、人的额部、至高无上。《说文解字》谓"天，颠也。至高无上，从一大。"《通训定声》："大犹人也，天在上，人上仰看见之。"《山海经·海外西经》："刑天与帝争神，帝断其首，葬之常羊之山，乃以乳为目，以脐为口，操干戚以舞。"又，章炳麟《小学答问》："天即颠耳，颠为顶，亦为额。"

2. 自然，指日月星辰运行、四时寒暑交替，万物受其覆育的自然之体。《庄子·大宗师》："知天之所为者，知人之所为者，至矣。"成玄英疏："天者，自然之谓……天之所为者，谓三景晦明，四时生杀，风云舒卷，雷雨寒温也。"

3. 人或物的自然形质、天性、生命。《吕氏春秋·本生》："故圣人之制万物也，以全其天也"、"天子之动也，以全天为故者也。"高诱注："天，性也。"

4. 天然，天成，原生，凡非人力所为者。《庄子·秋水》："牛马四足，是谓天。"《隋书·五行志下》："长江天堑，古以为限隔南北。"常用语：天灾。

5. 赖以生存不可或缺的事物，是依存的对象。如管仲曰："王者以百姓为天。"《汉书·郦食其传》："王者以民为天，而民以食为天。"

6. 世界本原、形上的终极存在。《孟子·尽心上》："尽其心者，知其性也；知其性，则知天矣。"朱熹注："心者，人之神明，所以具众理而应万事者也；性则心之所具之理；而天又理之所从以出者也。"

7. 旧时以"天次之序"比附伦常关系,以天为至高的尊称。如:称君、父、夫为天。《左传·宣公四年》:"君,天也。天可逃乎?"《诗经·鄘风·柏舟》:"母也天只。"传:"天谓父也。"《仪礼·丧服传》:"夫者,妻之天也。"

8. 天气、气候等。《礼记·月令》:"行秋令,则天多沈阴。"《孙子·计》:"天者,阴阳、寒暑、时制也。"杜甫《佳人》诗:"天寒翠袖薄,日暮倚修竹。"

9. 天时、节令。一昼夜的时间,一日为一天。三伏天、黄梅天、一更天。

10. 天体、天象。《史记·太史公自序》:"昔在颛顼,命南正重以司天。"

11. 天空。《庄子·逍遥游》:"天之苍苍,其正色邪?"《诗·唐风·绸缪》:"绸缪束薪,三星在天。"

12. 特指某一空间。《汉书·西域传》:"吾家嫁我兮天一方",岑参《白雪歌送武判官归京》:"胡天八月即飞雪"。

13. 神,统理万物,主宰群生者。《书·泰誓上》:"天佑下民,作之君,作之师。"《论语·八佾》:"获罪于天,无所祷也。"《鹖冠子·度万》:"天者,神也。"

14. 神仙生活的世界。仙家之仙界,道家之洞天,佛家之天堂,基督之天国。陈鸿《长恨歌传》:"由此一念,又不得居此,复堕下界,且结后缘,或为天,或为人。"

15. 命运,天意。《孟子·梁惠王下》:"吾之不遇鲁侯,天也。"《史记·项羽本纪》:"此天亡我,非战之罪也。"

16. 位置在顶部的、凌空架设的。如天棚、天桥、天线。

17. 在头上进行的刑罚。《易暌》:"其人天且劓。"释文:"天,剠也。马融云:'剠凿其额曰天。'"剠,同"黥"。《宋史·程颐传》:"天,髡首也。"

18. 显。《释名释天》:"豫、司、兖、冀以舌腹言之。天,显也,在上高显也。"

19. 坦。《释名释天》:"青徐以舌头言之。天,坦也,坦然高而远也。"

20. 镇。《春秋说题辞》:"天之为言镇也。居高理下,为人经纬。故其字一大以镇之也。"

21. 珍。《贺述礼统》:"天之为言珍也。施生为本,运转精神,功效陈列,其道可珍重也。"

22. 文。《鹖冠子·夜行》:"天,文也。"

23. 极、最。老舍《茶馆》:"画得天好,当不了饭吃啊。"

24. 大。《广雅释诂》:"天大。"

25. 养。《庄子·马蹄》:"命曰天放。"

26. 姓。汉长社令天高。

（二）"籁"的词本义

1. 古代的竹制管乐器。

一为三孔的管乐器。《说文解字·竹部》释"籁"为三孔龠。大者谓之笙,中者谓之籁,小者谓之箹。从竹,赖声。《淮南子·说山》:"物莫不因其所有,而用其所无,以为不信,视籁与竽。"高诱注:"籁,三孔龠也。"

二为箫。《广雅·释乐》:"籁,谓之箫。"《史记·司马相如列传》:"搉金鼓,吹鸣籁。"裴骃集解引《汉书音义》:"籁,箫也。"

2. 孔窍。《康熙字典》:"凡孔窍机括皆曰籁。"①

3. 从孔穴中发出的声音。《庄子·齐物论》:"夫大块噫气,其名为风。是唯无作,作则万窍怒呺。"

4. 泛指自然的声响乃至所有声响。李白《赠僧崖公》:"一风鼓群有,万籁各自鸣。"常建《题破山寺后禅院》:"万籁此都寂,但馀钟磬音。"

5. 谓完全自发自鸣,不依赖任何外力而天然形成的声音,引申为万物自生独化。《庄子·齐物论》"吹万不同,而使其自己也。咸其自取,怒者其谁邪?"郭象注:"块然而自生……自己而然,则谓之天然。"

6. 自然万物的内在性质,道的一种体现方式,超感官的存在。王昌龄《诗格》:"天籁万物性,地籁万物声。"②吕惠卿《庄子义》:"言地籁之作者,汝之所尝闻见,而心之起灭,汝之所尝未闻见,以真所闻见而究其所未尝闻

---

① 张觉:《"籁"在古代指声音吗?》,《咬文嚼字》2001 年第 2 期。
② 王昌龄:《全唐五代诗格汇考》,江苏古籍出版社 2002 年版,第 167 页。

见,则天籁可知矣。"①

(三)"天籁"的词本义

"天籁"连用的词本义在理论上可有28乘6共168种,其中有些是明显不会连用或不能用于艺术范畴的。如果对与艺术挂点边的含义进行考察,大致可以梳理和概括为:"天"的含义主要有:1. 自然及自然形质;2. 人的天性;3. 天然、天成、原生;4. 本原、形上的终极存在;5. 至高无上;6. 天空、空间。"籁"的含义主要有:1. 孔穴——孔穴发出的声音;2 泛指一切自然声响乃至一切声响;3. 乐器——乐音;4. 万物自生独化。

"天"的六组含义与"籁"的四组含义相遇,可以组成至少6乘4共24组词含义。但是从古人实际使用情况来看,有不少含义并没有派上用场,或者说只是被"模糊"地使用了。我们在定性定量分析中将一一进行对应考察。这里首先看一下"天籁"最早是怎样被引入艺术,经历了何种发生发展过程。

(四)"天籁"的历史生成

"天籁"一词最早出现于《庄子·齐物论》,最主要是这一段:"子游曰:'地籁则众窍是已,人籁则比竹是已,敢问天籁?'子綦曰:'夫(天籁者)吹万不同,而使其自己也。咸其自取,怒者其谁邪?'"天籁是风吹万而号,自然自已而然。

庄子提出天籁之后,郭象首先做了注,特别突出了"自己而然":"夫天籁者,岂复另有一物哉? 即众窍比竹之属,接乎有生之类,会而共成一天耳。""我既不能生物,物亦不能生我,则我自然矣。自己而然,则谓之天然。"从庄子到郭象,已经为天籁的初始含义奠定了基础:天籁是自然万物

---

① 吕惠卿:《庄子义》,《庄子集成初编》,台北艺文印书馆1972年版,第17页。

自己的声音。

同时,在文学创作与文学理论中也出现了天籁,有:庾僧渊"融飚冲天籁,逸响互相因"(《又答张君祖诗》);"乐均天籁,蹈武在庭"(《文武舞歌》);谢灵运"任此天籁,人既遇矣"(《答谢谘议诗》);陆云"挥天籁以兴音,假乐之于神造,咏幽人于鸣琴。"①

《全唐诗》中有 37 首诗采用了"天籁"一词。如李白"邈仙山之峻极兮,闻天籁之嘈嘈"(《鸣皋歌,送岑征君(时梁园三尺雪,在清泠池作)》);白居易"神旗张鸟兽,天籁动笙竽"(《东南行一百韵寄通州元九侍御澧州李十一舍人窦七校书》);杜甫"鼓角凌天籁,关山信月轮"(《寄张十二山人彪三十韵》)。此外尚有李颀、权德舆、齐己、赵冬曦、高适、刘禹锡、陆龟蒙、杨巨源、吴筠等。值得注意的是唐人不仅广泛使用天籁一词,还创作了许多天籁式的作品,且已有人在文艺评论领域使用天籁,如薛用弱"妙乐竞奏,流铃间发。天籁虚徐,风箫冷澈。凤歌谐律,鹤舞会节。"②杜光庭"得此道者,九凤齐唱,天籁骇虚,竦身御节"③,王昌龄"天籁万物性,地籁万物声"④。

宋金元时期是天籁在诗词中使用最为频繁的一个时期,约上百首诗中出现了"天籁",十多首词中使用了"天籁"。在理论上,天籁范畴由自然之声的初义得到很大的推衍,包括:1. 天籁是声韵的源泉,如郑樵:"天籁之本,自成经纬,纵有四声以成经,横有七音以成纬。皇颉制字,深达此机"⑤;2. 天籁由自然之声推衍到人的率真的"志",直己而发,如袁燮:"古人之作诗,犹天籁之自鸣尔。志之所之,诗亦至焉。直己而发,不知其所以然"⑥;3. 推衍到人的灵感乃至创作的天籁自鸣,如包恢:"有穷智极力之所不能到者,犹造化自然之声也。盖天机自动,天籁自鸣,鼓以雷霆,豫顺以动,发自中节,声自成文,此诗之至也"⑦;4. 推衍到自然宫商——自然的音乐,如苏

---

① 欧阳询:《艺文类聚》卷三十六,文渊阁《四库全书》本。
② 薛用弱:《集异记》,桃源居士编《唐人小说》,上海文艺出版社 1992 年版,第 83 页。
③ 杜光庭:《墉城集仙录》卷五,商务印书馆 1926 年版。
④ 王昌龄:《全唐五代诗格汇考》,江苏古籍出版社 2002 年版,第 167 页。
⑤ 郑樵:《通志略·通志总序》,文渊阁《四库全书》本。
⑥ 袁燮:《题魏丞相诗》,《絜斋集》卷八,文渊阁《四库全书》本。
⑦ 包恢:《答曾子华论诗》,《敝帚稿略》卷二,文渊阁《四库全书》本,第 494 页。

轼："钱唐、东阳皆有水乐洞,泉流空岩中,自然宫商。又自灵隐下天竺而上至上天竺,溪行两山间,巨石磊磊如牛羊,其声空磬然,真若钟声,乃知庄生所谓天籁者,盖无所不在也。"①元好问:"悠然而风鸣,泛然而谷应。……是按天籁以宫商,而责浑沌之鲜丹青也。"②此时期,论家尚有罗璧、魏庆之、王应麟、杨维桢、李道纯等。

明代对天籁含义也有许多推进,主要有:1. 最大的莫过于将天籁推进到指谓民间的自发的原生态创作,如杨慎云:"谚语云:'三九二十七,篱头吹觱栗。'言冬至后寒风吹篱落,有声如觱栗也。合于《庄子》'万窍怒号'之说,而可以为《豳风》'一之日觱发'之解矣。贾人之铎,可以谐黄钟。田夫之谚,而契周公之诗。信乎六律之音出于天籁,五性之文发于天章。"③2. 提出天籁自鸣应与后天学习积累相结合,如吴立夫有云:"胸中无十万卷书,目中无天下奇山水,必不能文,纵文亦儿女语耳。"④3. 提出"情之所至"、"肆笔成章"也是天籁,如王祎云:"情之所至,肆笔成章,譬犹天机自动,天籁自鸣,有不可遏者。"⑤4. 性灵的因素被引入天籁,如屠隆云:"灵运才高,不入白莲之社;裴休诗好,何关黄檗之宗。故子昂、杜甫韵语,骋意气于枕林;寒山、船子吟哦,写性灵于天籁。"⑥5. 曲的"天籁地籁人籁"三籁标准将天籁引向自然、本色、真率。凌濛初《南音三籁》所列天籁为"古质自然、行家本色"⑦。6. 进一步阐述了天籁为"音之发、情之源",有随机触露、自动自鸣等特征,如"诗者,人籁也,而穷于天"、"天者,真也。故真者,音之发,而情之原。从原而触情,从情而发音"。⑧

清代天籁论者空前众多,有一百多家,涉及了天籁含义的主要方面,主要推进有:1. 被明确推进到指谓人的天性,如福格:"按十二字母之声,以汉字对音书之,为阿、额、伊、倭、乌、渥、那、讷、呢、诺、呮、娜,皆作平声读。凡

---

① 苏东坡:《跋石钟山记后》,《苏轼文集》,中华书局1992年版,第2074页。
② 陈垣:《金石略》,文物出版社1988年版,第464页。
③ 杨慎:《升庵诗话·谚语有文理》,《历代诗话续编》,中华书局1983年版,第970页。
④ 陈继儒:《题南游稿序》,《陈眉公全集》,上海中央书店1936年版。
⑤ 王祎:《少微倡和集序》,《王忠文公集》卷七,文渊阁《四库全书》本。
⑥ 屠隆:《婆罗馆清言》卷下,宝颜堂秘笈本。
⑦ 凌濛初:《南音三籁凡例》,王秋桂《善本戏曲丛刊》,台北学生书局1987年版影印本。
⑧ 邓云霄:《空同子集》卷首,明万历三十年刻本。

婴儿堕地学语,莫不由此数声而先,是天籁也。"①2. 被推衍到表现原生态的生活,如管世铭评:"读崔颢《长干曲》,宛如舣舟江上,听儿女子问答,此之谓天籁。"②3. 被进一步推进到专门家作品中保有的原生态特征,如屈大均谓:"盖涵之天衷,触之天和,鸣之天籁,油油然与天地皆春,非有所作而自不容已者矣。"③4. 进一步强调初始的自发的民间的创作,如黄遵宪谓:"十五国风妙绝古今,正以妇人女子矢口而成,使学士大夫操笔为之,反不能尔,以人籁易为,天籁难学也。"④5. 深入讨论了天籁与人力、天籁与合律的关系,得出"天与人各主其半"、"诗中天籁,仍本人力"⑤等结论。

近代以来包括"五四"及新中国成立以来天籁研究反而不如清代多,而且含义上也鲜有拓展,总体上有这样几个特征:第一是对天籁推崇备至,如梁启超认为"韵文之兴,当以民间歌谣为最先。歌谣是不会做诗的人(最少也不是专门诗家的人)将自己一瞬间的情感,用极简短极自然的章节表现出来,并无意要他流传。因为这种天籁与人类好美性最相契合,所以好的歌谣,能令人人传诵历几千年不废,其感人之深,有时还驾专门诗家的诗上之"⑥。鲁迅谓"故心弦之动,自与天籁合调,发为抒情之什,品悉至神,莫可方物"⑦。第二是在史、原理、范畴等系统著作中每有简单涉及,如李泽厚、刘纲纪的《中国美学史》、敏泽的《中国美学思想史》、曾祖荫的《中国古代美学范畴》、赵则诚、张连弟的《中国古代文学理论辞典》、修海林、罗小平的《音乐美学通论》等。第三,专门研究天籁的论著却很少,更没有系统的专门研究。我们搜寻到的仅有专文《"籁"在古代指声音吗?》、《从"天籁"之喻看中国诗学创作美学观》⑧、《道心与道言:对"天籁"基本内涵

---

① 福格:《听雨丛谈》卷十一,中华书局 1997 年版,第 217 页。
② 管世铭:《读雪山房唐诗序例》,《清诗话续编》,上海古籍出版社 1999 年版,第 1560 页。
③ 屈大均:《广东新语·诗语》,《屈大均全集》,人民文学出版社 1996 年版,第 314 页。
④ 黄遵宪:《山歌题记》,钱仲联笺注《人境庐诗草笺注》卷一,中国青年出版社 2000 年版,第 42 页。
⑤ 朱庭珍:《筱园诗话》,《清诗话续编》,上海古籍出版社 1999 年版,第 2327—2331 页。
⑥ 梁启超:《中国之美文及其历史·绪论》,东方出版社 1996 年版,第 1 页。
⑦ 鲁迅:《摩罗诗力说》,《鲁迅全集》,人民文学出版社 1982 年版,第 86 页。
⑧ 孙学堂:《从"天籁"之喻看中国诗学创作美学观》,《人文杂志》1998 年第 3 期。

之辨析》①、《说"天籁"》等不到十篇。

综观先秦至今,大致可以得到这样的印象,庄子首倡、郭象首注即对天籁的初始含义基本界定。历代多有应用且不断有所推衍,已经具有非常繁富庞杂的内容。天籁究竟有多少种诠释、理解与使用角度,我们在下面定性分析中探究。

---

① 魏冬:《道心与道言:对"天籁"基本内涵之辨析》,《西藏民族学院学报》2004 年第 4 期。

二、"天籁"含义的定性分析及多元界释

我们接着来看看历来对于天籁含义都有哪些诠释、理解与使用角度,进行定性分析。前面说过,我们采取尽可能竭泽而渔的方法对全部中文古籍作了搜寻,得到涉天籁资料513条。我们对513条资料进行逐一分析,发现古人对于天籁的释义(包括理解、使用角度)主要有以下七种:

(一)自然本身——自然而然的声音

此处天是自然的代称,万物的总称。籁是自然本身的声音。

《庄子》中关于"天籁"的内容可以分为三大段:

南郭子綦隐机而坐,仰天而嘘,苔焉似丧其耦。颜成子游立侍乎前,曰:"何居乎? 形固可使如槁木,而心固可使如死灰乎? 今之隐机者,非昔之隐机者也?"子綦曰:"偃,不亦善乎而问之也! 今者吾丧我,汝知之乎? 女闻人籁而未闻地籁,女闻地籁而未闻天籁夫!"

子游曰:"敢问其方。"子綦曰:"夫大块噫气,其名为风。是唯无作,作则万窍怒呺。而独不闻之翏翏乎? 山林之畏佳,大木百围之窍穴,似鼻,似口,似耳,似枅,似圈,似臼,似洼者,似污者,激者、謞者、叱者、吸者、叫者、譹者、宎者、咬者,前者唱于而随者唱喁,泠风则小和,飘风则大和,厉风济则众窍为虚。而独不见之调调之刁刁乎?"

子游曰:"地籁则众窍是已,人籁则比竹是已,敢问天籁。"子綦曰:"夫吹万不同,而使其自己也。咸其自取,怒者其谁邪?"

对于此三段话中所说"天籁",可以有三种理解:

一种是自然本身——自然的声音——自然自己而然的声音。地籁是众窍,要靠风吹才有声音,不能自己、自取,而天籁是自己、自取的,没有另外的怒其者,所以是风本身。宣颖即说:"待风而鸣者,地籁也,而风之使窍自鸣者,即天籁也"①,即从待风而鸣的角度来看,众窍发出的声音是"地籁",但从风自吹、窍自鸣的角度来看,它又是"天籁"。风窍自然凑泊,以天合天,便是"天籁"。这里值得注意的还有一个"万",一般仅理解为"万窍",其实庄子"夫吹万不同"的"万"并没有说是万窍,也可以是万物。即使上段"万窍怒号"的"万"也不都是窍,其中也有高低不平(畏佳)的山陵,方木(枡)、河塘(洼、污),乃至大摇(调调)、小晃(刁刁)的树叶。因此,"万"完全可以是自然万物,包括地窍、树洞,也包括山陵、池塘、花草树木乃至泉瀑江海、风雨雷电、飞鸟走兽、落叶蛩虫等等,这些东西都可以发声。值得注意的还有"大块噫气"的"气"与"风"(风是用以名气的),按现代物理学来说,声音是空气震动发出的(真空中的震动物没有声音),气(风)是一切声音之源。如此,则"吹万"可以是万物震动发出的声音(当然庄子未必懂现代物理学,但暗合现代物理学原理)。天籁是自然万物自己发出的声音,郭象所谓"块然而自生","自己而然,则谓之天然"。而地籁限于风吹地上的窍发出的声音,而且是被动的、靠外力的。为什么叫天籁? 郭象说:"以天言之,所以名其自然也","天者,万物之总名也"。天是用以名自然的,是万物的总名;籁的概念则由比竹乐器延伸到众窍再延伸到自然万物的声音。因此,天籁的第一义当是自然本身——自然万物的声音,是自然万物自己而然的声音。

天籁的第二层含义可以从形上、抽象一途考虑。如按旧说"风吹万窍而号"的"窍"与"吹万不同的""万"都仅是指"窍",那么第三段"地籁则众窍是已,人籁则比竹是已,敢问天籁",已把窍发出的声音排斥在天籁之外。天籁成为听不见、看不着,无声、无形的东西。那就只能理解为形上的、抽象的东西,比如道,比如无声无形无言的天乐、大美,天籁是来自道的无声之声。王昌龄便说"天籁万物性,地籁万物声"②,天籁是形上、抽象的性,不发声,发声便是地籁。

---

①　宣颖:《南华经解》,清宝旭斋刻本。
②　王昌龄:《全唐五代诗格汇考》,江苏古籍出版社 2002 年版,第 167 页。

第三种理解可以把一、二种加起来考虑。形上的道、天乐、大美,借助气、风、万窍、万物具体体现出来。或者说,从具体的气、风、万窍、万物入手体悟到形上的无声无形无言的道、天乐、大美。吕惠卿所谓:"以其所尝闻见而究其所未尝闻见,则天籁可知矣。"

不管如何,天籁的第一义当是自然本身——自然的声音——自然自己而然的声音是没有问题的。

对这第一义历来的认同很多。郭象在谈"以名其自然"、"万物之总名"时又明确指出"夫天籁者,岂复另有一物哉?"天籁不是在"自然万物"之外另有一物,而是自然、万物本身。欧阳修《游石子涧》诗云"席间风起闻天籁,雨后山光入酒杯"①,天籁因风而起,犹庄子"吹万不同"之天籁。郑樵:"凡雁鹜之类,其喙褊者,则其声关关;鸡雉之类,其喙锐者,则其声鷕鷕,此天籁也。……凡牛羊之属,有角无齿者,则其声呦呦;驼马之属,有齿无角者,则其声萧萧,此亦天籁也。"②以雁鹜、鸡雉、牛羊、驼马之声为天籁,当是自然之声。沈德潜在评及"忽听一声行不得,鹧鸪塘外鹧鸪啼"时用了"天籁"二字③,此天籁当是指鹧鸪啼声,亦是自然之声。杨香池说"美妙之诗,天籁也;鸟蛮之音,亦天籁也。各适其适,曲尽其妙。诗人之徒竞事摹唐拟宋,学杜法李,天籁已失,决无佳品"。④ 胡仔亦谓"以江山吐吞,草木俯仰,众窍呼吸,鸟兽鸣号为天籁"⑤,皆强调鸟蛮之音、江山吐吞等来自自然的因素。李渔《闲情偶寄》在论及鹦鹉的叫声时说:"鸟声之可听者,以其异于人声也。鸟声异于人声之可听者,以出于人者为人籁,出于鸟者为天籁也"⑥,此处天籁为未尝"人化"的鸟声。

也有一些,把自然万物的声音继续往前推,指向自然的乐音——音乐。籁本义就是三孔龠,或箫,是一种竹制乐器。天籁应与乐器与音乐有关。其

---

① 欧阳修:《游石子涧》,《欧阳修全集》,中国书店 1986 年版,第 107 页。
② 郑樵:《昆虫草木略第一》,《通志略》,文渊阁《四库全书》本。
③ 金志章:《鹧鸪塘》,沈德潜《清诗别裁集》,中华书局 1981 年版,第 479 页。
④ 杨香池:《偷闲庐诗话》,张寅彭《民国诗话丛编》,上海书店出版社 2002 年版,第 691 页。
⑤ 胡仔:《苕溪渔隐丛话后集》,吴文治《宋诗话全编》,江苏古籍出版社 1998 年版,第 3966 页。
⑥ 李渔:《闲情偶寄·颐养部》,浙江古籍出版社 1985 年版,第 302 页。

中之一义就是说自然的声音如音乐一般。

苏轼《跋石钟山记后》谓："钱唐、东阳皆有水乐洞,泉流空岩中,自然宫商。又自灵隐下天竺而上至上天竺,溪行两山间,巨石磊磊如牛羊,其声空磬然,真若钟声,乃知庄生所谓天籁者,盖无所不在也。"①自然宫商当为自然音乐。苏轼又有云:"使耳闻天籁,则凡有形有声者,皆吾羽旄干戚管磬匏弦。……览观江山之吐吞,草木之俯仰,鸟兽之鸣号,众族之呼吸,往来唱和,非有度数而均节自成者,非韶之大全乎!"②大自然中凡有形有声者,都成了音乐。李白《庐山东林寺夜怀》诗有:"霜清东林钟,水白虎溪月。天香生虚空,天乐鸣不歇。"魏庆之论及此诗时说:"思静胜境中,当有自然清气,名曰天香,自流清音,名曰天乐。予故以闻灵响自为天簧,亦取天籁之义。"③罗璧谓"文字之奇,推《庄子》大木异窍穴之风声,天籁变为八声之妙,至厉风济则众窍为虚一语,又自有声入无声,乃古人状物之妙"④,虽是讲状物之妙,谈及了天籁变为八声之妙。黄宗羲说"乐之道圆而神,其妙全在散声。散声多者不可损,少者不可益,自然之为天籁也"⑤,直接从乐之道视角谈论天籁。

(二)来自道的无声之声

这是一种超越耳目感官之上的无声无形无言的天乐、大美,至高的自然全美境界,形上的终极存在。

前面说过,天籁有可能排除在"风吹万窍而号"的有声有形世界之外之上,走向形上、抽象境界。如果联系庄子的其他言论及老子的"大音希声",可能就比较容易理解。庄子《天运》篇提到天乐:"无言而心说(悦),此之谓天乐"。庄子并引神农氏的话说:"听之不闻其声,视之不见其形,充满天

① 苏东坡:《跋石钟山记后》,《苏轼文集》,中华书局1992年版,第2074页。
② 苏东坡:《九成台铭》,《苏轼文集》,中华书局1992年版,第567页。
③ 魏庆之:《诗人玉屑》,吴文治《宋诗话全编》,上海古籍出版社1998年版,第9135页。
④ 罗璧:《罗氏识遗》卷二,学海类编本。
⑤ 黄宗羲:《乐府广序》,《黄宗羲全集》,浙江古籍出版社2005年版,第23—24页。

地,包裹六极","汝欲听之而无接",想听见也没有办法。并说:"乐也者,始于惧,惧故祟;吾又次之以怠,怠故遁;卒之以惑,惑故愚;愚故道,道可载而与之俱也。"迷惑达到了愚即淳和无识,淳和无识便合于道,道便与这种"乐"俱,被这种乐所载。与此相类似,庄子还有"天地有大美而不言",有自然全美思想,都可与此互相印证。这也使人想起老子的"大音希声","希"也可以解释成没有,也可以解释成稀少。王弼说:"象而形者,非大象也,音而声者,非大音也。"①大音是无形无声的至音,与庄子的无形无声的天乐相类似。如果说老子的大音即是道,那么这种大音即道就是超感官的终极存在。

对于天籁是形上的、抽象的、"来自道的无声之声",这个观点历来也多有涉及。例如王元泽与吕惠卿从"坐忘"、"心斋"的角度谈到了这个意思。王元泽《南华真经新解》便以"天籁"释"坐忘":"风不能鸣无窍,而化不能役无物,能脱形骸之累而忘妄想之情,了然明达而吾非我有,则人于神妙,而造化不能拘矣。"②吕惠卿《庄子义》则以"心斋"释"天籁":"万窍怒号,何异有我而役其心形时邪?众窍为虚,何异丧我而槁木死灰之时邪?而曰独不闻独不见者,言地籁之作止,汝之所尝闻见,而心之起灭,汝之所未尝闻见也。以其所闻见而究其所未尝闻见,则天籁可知矣。"③于可封更直接谈到了无声之乐,有所谓:"听无声之乐,和天籁之音。"④

当然历来也一直有人认为道、天乐、大美这些无声无形的东西要借助有声有形的东西来具体体现。天籁即使被理解为道之无声之声,也仍然要通过气、风、窍、自然万物来具体体现。前引王元泽便已讲到"风不能鸣无窍,而化不能役无物",吕惠卿讲到要"以其所尝闻见而究其所未尝闻见,则天籁可知矣"。这也类似于王弼释"大音希声":"四象不形,则大象无以畅,五音不声,则大音无以至。"⑤这就给我们完整把握庄子天籁说的方方面面提

① 王弼:《老子指略》,《王弼集校释》,中华书局1980年版,第195页。
② 王雱:《南华真经新传》,转引自屠友祥《齐物论集释》,上海人民出版社1998年版,第201页。
③ 吕惠卿:《庄子义》,《庄子集成初编》,台北艺文印书馆1972年版,第17页。
④ 于可封:《至人心镜赋》,董诰《全唐文》,上海古籍出版社1990年版,第2777页。
⑤ 王弼:《老子指略》,《王弼集校释》,中华书局1980年版,第195页。

供了可能,在几种自相矛盾的说法中找到统一的可能。

天籁作为道的无声之声,作为自然全美的至高境界也每每延伸到艺术领域:一是被当做至高的有时带些神秘色彩的境界;二是被当做难以确切解释的天生天然的禀赋、才能——天才乃至无法之法的自由境界、来去无踪的灵感显现。朱庭珍谓:"超超玄著,耿耿元精,独探真际于个中,遥流清音于弦外,空诸所有,妙合天籁。放翁云:'文章本天成,妙手偶得之。'亦即此种境诣。"①《方孝孺集》载:"观之乐在乎目,所乐者浅。休乎斯,危坐而听,目忘乎视,口忘乎味,四肢忘其所宜为,而耳亦忘其为听也,孰知此声之非天籁乎? 孰知吾之非天民乎? 而子何惑乎!"②杨发《大音希声赋》:"静胜永合于人心,元同远符于天籁。大道冲漠,至音希微。叩于寂而音远,求于躁而道违。三年之鸟不鸣,惊人可异;五弦之琴载绝,知音盖稀。"③至如释文珦说:"言忘见道真,静极闻天籁"(《闲门》);王鸣盛说:"静听恍有会,天籁非人间"④;丘处机说:"手握灵珠常奋笔,心开天籁不吹箫"⑤,都指向"忘言"、"非人间"、"灵珠"一途。

(三)自己、自取、自生、自发、自鸣的
过程——自生独化

天籁是自己发生、演化、展示、表现,没有另外的外在推力,此一义也可引申为创作"自动"发生,不假力构强作,"不知所以然而然",乃至瓜熟蒂落、水到渠成。

庄子说:"夫吹万不同,而使其自己也,咸其自取,怒者其谁耶?"风吹万物,发出不同的声音,完全是自己、自取,没有什么另外的"怒其者"。郭象谓:"块然而自生……我既不能生物,物亦不能生我,则我自然矣。自己而

---

① 朱庭珍:《筱园诗话》,《清诗话续编》,上海古籍出版社 1999 年版,第 2342 页。
② 方孝孺:《方孝孺集》卷十三,四部丛刊本。
③ 杨发:《大音希声赋》,董诰《全唐文》,上海古籍出版社 1990 年版,第 3495 页。
④ 王鸣盛:《鸟石滩》,《晚晴簃诗汇》,中华书局 1990 年版,第 3452 页。
⑤ 丘处机:《赞丹阳长真悟道》,《全金诗》,南开大学出版社 1995 年版,第 149 页。

然,则谓之天然。"则天籁是自然万物自生独化。此一义引申到文艺创作,常被称做天籁自鸣,如包恢云:"有穷智极力之所不能到者,犹造化自然之声也。盖天机自动,天籁自鸣,鼓以雷霆,豫顺以动,发自中节,声自成文,此诗之至也。"①这里天籁自鸣是一个"声自成文"、水到渠成的过程。袁枚谓:"老来不肯落言筌,一月诗才一两篇。我不觅诗诗觅我,始知天籁本天然。"②袁燮谓:"古人之作诗,犹天籁之自鸣尔。志之所之,诗亦至焉。直己而发,不知其所以然,又何暇求夫语言之工哉?"③王祎云:"情之所至,肆笔成章,譬犹天机自动,天籁自鸣,有不可遏者。"④诗歌创作是"志之所之"、"情之所至"的天籁自鸣过程,也就是说天籁乃是自然生成而且不得不生的瓜熟蒂落过程。刘熙载谓:"本只是常语,一经道出,便成独得。词得此意,则极炼如不炼,出色而本色,人籁悉归天籁矣。"⑤这里"不炼"而"归天籁"也是一个自然天成过程。

当然天籁也不是排斥后天学习,应是经过后天学习之后达到高度纯熟。李渔便说:"欲令女子学诗,必先使之多读,多读而能口不离诗,以之作话,则其诗意诗情,自能随机触露,而为天籁自鸣矣。"⑥彊村先生亦提醒:"勿以词为天籁,自恃天资,不尽人力,可乎哉?"⑦朱庭珍也认为"诗中天籁,仍本人力,未尝教人废学也"⑧。尽管天籁也需经过后天学习积累,但是还是有侧重自成与侧重力构之分。陈继儒谓:"夫诗以天籁鸣,其亦有山川之助也夫。吴立夫有云:'胸中无十万卷书,目中无天下奇山水,必不能文。'"⑨袁枚把诗概括为两种,其中有一种"须其自来,不以力构",此即陆放翁所谓"文章本天然,妙手偶得之"者;但也有苦思冥想、追求"语不惊人死不休"

---

① 包恢:《答曾子化论诗》,《敝帚精略》卷二,文渊阁《四库全书》本,第494页。
② 袁枚:《老来》,《袁枚全集·小仓山房诗集》,江苏古籍出版社1997年版,第541页。
③ 袁燮:《题魏丞相诗》,《絜斋集》卷八,文渊阁《四库全书》本。
④ 王祎:《少微倡和集序》,《王忠文公集》卷七,文渊阁《四库全书》本。
⑤ 刘熙载:《艺概·词曲概》,《刘熙载集》,华东师范大学出版社1993年版,第145页。
⑥ 李渔:《闲情偶寄·声容部》,浙江古籍出版社1985年版,第134页。
⑦ 陈匪石:《声执·切戒自恃天资》,唐圭璋《词话丛编》,中华书局1986年版,第4943页。
⑧ 朱庭珍:《筱园诗话》,《清诗话续编》,上海古籍出版社1999年版,第2327—2328页。
⑨ 陈继儒:《题南游稿序》,《陈眉公全集》,上海中央书店1936年版。

者,他的结论是:"诗有从天籁来者,有从人巧得者,不可执一以求。"①管世铭所见略同:"青莲绝句纯乎天籁,非人力之所能为,少伯则字字百炼而出之,两家蹊径各别,犹画家之有南北二宗也。"②冯煦则直接要求"天籁人力,两臻绝顶"③。

(四)人的天性乃至天生能力——天才的表现

人也是自然的一部分,把人的天性率直地表现出来同样是"天籁"。

福格《听雨丛谈》谓"按十二字母之声,以汉字对音书之,为阿、额、伊、倭、乌、渥、那、讷、呢、诺、哎、娜,皆作平声读。凡婴儿堕地学语,莫不由此数声而先,是天籁也。"④此处天籁是人的与生俱来的天性本能。吴芳吉言:"人少小时,未有不好歌舞者,盖天籁之发、天机之动。"⑤人少小时便有好歌舞的天籁本性。有人认为后世的乐理诗律之类,也是从人的天性本能中的自然趋向开始的。胡先骕在《评尝试集》中谈到"即在上古之诗,其平仄亦按诸天籁,自相参错。"⑥阎若璩在论《五子之歌》时说:"古无所谓韵,韵即音之相应者。圣主贤臣声出为律,儿童妇女触物成讴,要皆有天籁以行乎其间。"⑦朱庭珍谓"古诗音节,须从神骨片段间,体会其抑扬轻重,伸缩缓急,开阖顿挫之妙,得其自然合拍。……以人声合天籁,故曰诗为天地元音也。"⑧李渔在《乔复生王再来二姬合传》中提到:"自观场以后,歌兴勃然。每至无人之地,辄作天籁自鸣。见人即止,恐贻笑也。未几,则情不自

---

① 袁枚:《随园诗话》,人民文学出版社 1982 年版,第 126 页。
② 管世铭:《读雪山房唐诗序例》,《清诗话续编》,上海古籍出版社 1999 年版,第 1564 页。
③ 冯煦:《蒿庵论词·论姜夔词》,《词话丛编》本,第 3594 页。
④ 福格:《听雨丛谈》卷十一,中华书局 1997 年版,第 217 页。
⑤ 吴芳吉:《三论吾人眼中之新旧文学观》,《学衡》第 31 期,1924 年。
⑥ 胡先骕:《评尝试集》,《学衡》第 1 期,1922 年。
⑦ 阎若璩:《尚书古文疏证》,上海古籍出版社 1987 年版,第 472—475 页。
⑧ 朱庭珍:《筱园诗话》,《清诗话续编》,上海古籍出版社 1999 年版,第 2350 页。

禁。"①人歌唱之情不自禁也是天性的一种。李岳瑞在论及秦腔时谓"无问生旦净末,开口即黄钟大吕之中声,无一字溷入商徵,盖出于天籁之自然,非人力所强为"②,也是天性的一种。

除音律外,从内容的角度,也有人强调表现天性,如钱泳在论及熊澹仙夫人所作诗话时说:"诗本性情,如松间之风,石上之泉,触之成声,自然天籁。"③李桑所谓:"真机舒性灵,淡然天籁发。"④屠隆所谓:"寒山、船子吟哦,写性灵于天籁。"⑤天籁是诗人性情、性灵的自然流露。天性再往前推衍,还包括高水平的天性——天生具有的能力——天才、灵性乃至灵感。如白玉蟾诗曰:"怀古兴三叹,凭高眺八方。归归天籁起,一我正诗狂"(《皇初平故隐》);陈宓诗曰:"人如玉兮水如镜,雨如珠兮山如屏,我为此歌兮不知谁为之声。抑天籁之自鸣,抑性情之自生。风卷其纸,陶然忘形"(《西湖歌》);陆龟蒙诗:"高秋能叩触,天籁忽成文"⑥,这都与第二种含义互相会合。

(五)真率的情志、原生态的生活,不假
雕饰地直接表现出来

由人的天性的表现扩展到真率的情志、原生态的生活,这些内容被不假雕饰地直接表现出来,也常常被称做天籁。

袁燮说:"古人之作诗,犹天籁之自鸣尔。志之所之,诗亦至焉。直己而发,不知其所以然。"⑦王祎谓:"情之所至,肆笔成章,譬犹天机自动,天籁

---

① 李渔:《乔复生王再来二姬合传》,《香艳丛书》,人民文学出版社1992年版,第2339页。

② 李岳瑞:《悔逸斋笔乘》,北京古籍出版社1999年版,第68页。

③ 钱泳:《杂记》,《履园丛话》,中华书局1979年版,第657—658页。

④ 李桑:《读韦左司诗》,徐世昌编《晚晴簃诗汇》,中华书局1990年版,第4000页。

⑤ 屠隆:《婆罗馆清言》卷下,宝颜堂秘笈本。

⑥ 陆龟蒙:《和张广文贲旅泊吴门次韵》,《全唐诗》卷六二二第55首,中华书局1985年版。

⑦ 袁燮:《题魏丞相诗》,《絜斋集》卷八,文渊阁《四库全书》本。

自鸣,有不可遏者。"①这里"志""情"的直己而发,肆笔成章都被称做天籁,恰如赵尊岳所谓"天籁以传其至情"②。陈锐谓"夫词,真声吾情中之声,乃适,如所闻之声,则佛氏所谓声闻。非是则天籁,地籁,人籁,万窍蒿然,静者无闻也。……情乎!情乎!情语情籁。"③直接提出了一个情籁的命题。沈德潜在评及"忽听乡音唤阿蒙,月明桥畔此浮踪。乘君下水归帆便,寄我平安第一封"(陆宗潍《维扬舟次遇乡人南归》)时说"与'复恐匆匆说不尽,行人临发又开封'(张籍《秋思》)同一天籁"④,此处天籁当是指思想、感情、生活的自然本色。王之春《椒生随笔》评乞食道人游一瓢诗(原诗为:磨快锄头挖苦参,不知山下白云深。多年寂寞无烟火,细嚼梅花当点心。游食多年不害羞,也来城市看妆楼。东风不管人贫贱,一样飞花到白头)谓"天籁也,而道味盎然,转觉摹唐规宋之同嚼蜡矣。"⑤就诗而言,此处天籁主要是指非常贴近生活,天真自然无修饰。蒲松龄在《聊斋志异自序》中提到"自鸣天籁,不择好音,有由然矣。"⑥《聊斋志异》的创作是由然表现生活故事的,亦称天籁自鸣。管世铭云:"读崔颢《长干曲》,宛如舣舟江上,听儿女子问答,此之谓天籁"⑦,听儿女子问答直接取自生活。沈德潜在评及"节近传柑花映扉,山园且莫恋芳菲。迟君一叶樵风便,流过春江燕子矶(张廷璐《送杨升闻归里》)"时说"诗中天籁,亦以不雕琢得之。"⑧这是讲直接表现。蒋兆兰认为词之用语应"务使清虚骚雅,不染一尘,方为笔妙。至如本色俊语,则水到渠成,纯乎天籁,固不容以寻常轨辙求也。"⑨这是讲语言本色无雕琢。

---

① 王祎:《少微倡和集序》,《王忠文公集》卷七,文渊阁《四库全书》本。
② 朱孝臧:《彊村校词图序》,《彊村丛书》,朱古微辑刻本。
③ 陈锐:《褒碧斋诗话》,张寅彭《民国诗话丛编》第二册,上海书店出版社 2002 年版,第82 页。
④ 沈德潜:《清诗别裁集》卷六,中华书局 1981 年版,第 112 页。
⑤ 王之春:《椒生随笔》卷七,清光绪七年刻本。
⑥ 蒲松龄:《聊斋志异自序》,铸雪斋抄本《聊斋志异》,上海人民出版社影印本 1975 年版,第 49 页。
⑦ 管世铭:《读雪山房唐诗序例》,《清诗话续编》,上海古籍出版社 1996 年版,第 1560页。
⑧ 沈德潜:《清诗别裁集》卷二四,中华书局 1981 年版,第 419 页。
⑨ 蒋兆兰:《词说·词体贵洁》,《词话丛编》本,第 4630 页。

（六）初始的自发的常常是民间的
音乐乃至诗歌等作品

天籁用于音乐,不独有天乐与自然乐音的意思,也常常被用来形容初始的自发的音乐乃至诗歌等文艺作品,尤其是民间作品。拿今天的话说,就是原生态作品,有如陕北民歌的原生态唱法。

胡先骕有云:"上古之诗,其平仄亦按诸天籁,自相参错。"[1]这是讲上古之诗已有"自相参错"的平仄,是按诸天籁的。刘半农谓"音声本为天籁,古人歌咏出于自然,虽不言韵而韵转确"[2],比胡先骕讲得更明确。王易《词曲史》有云:"天籁所发,初无定谱,低昂合节,而错落不齐。"[3]这种合节的作品是初始的自发的无定谱的原生态的。杨慎谓:"贾人之铎,可以谐黄钟。田夫之谚,而契周公之诗。信乎六律之音出于天籁,五性之文发于天章。"[4]商人田夫的作品是为天籁。刘衍文在分析无名氏《桂技儿》(原词为:要分离,除非天做了地;要分离,除非东做了西! 要分离,除非是官做了吏! 你要分时分不得我,我要离时离不得你! 就死在黄泉也,做不得分离鬼!)时说"除'官做了吏'一句似有文人修饰痕迹外,皆是天籁所得"[5],此天籁即强调民间作品而非文人作品。李佳云:"词有发于天籁,自然佳妙,不假工力强为。如说部中载有樵夫哭母词云:'哭一声。叫一声。儿的声音娘惯听。如何娘不应。'所谓文章本天成,妙手偶得之。"[6]此亦为民间原生态作品。《武七兴学》中记载武七办学时"人有乐施,无多寡,必叩头谢,口喃喃为祝

---

① 胡先骕:《评尝试集》,《学衡》第 1 期,1922 年。
② 刘半农:《我之文学改良观》,《新青年》,1917 年第 3 卷 3 号。
③ 王易:《词曲史》,《学衡》第 57 期,1926 年。
④ 杨慎:《升庵诗话·谚语有文理》,《历代诗话续编》,中华书局 1983 年版,第 970 页。
⑤ 刘衍文:《雕虫诗话》,张寅彭《民国诗话丛编》第六册,上海书店出版社 2002 年版,第 465 页。
⑥ 王廷绍:《霓裳续谱跋》,《明清民歌时调集》第二册,上海古籍出版社 1987 年版,第 451 页。

词,俚而有韵,盖天籁也。"①谢章铤谈到"古人词不尽皆可歌,然当其兴至,敲案击缶,未尝不成天籁。"②讲的是即兴原发即为天籁。王廷绍称《明清民歌时调集》作品为"恍如天籁之百鸣而自正"③,讲民歌时调都恍如天籁。黄遵宪说:"十五国风妙绝古今,正以妇人女子矢口而成,使学士大夫操笔为之,反不能尔,以人籁易为,天籁难学也。"④讲的是初始自发的民间的十五国风,认为有过学士大夫之处。王叔武则直云"真诗在民间"⑤。赵尊岳并且认为这种原生态作品可能留传更久:"不必求工之作,有天籁以传其至情,有风会以范其文字,适以行俗之便,遂极行远之长。"⑥梁启超的意见更加具体:"韵文之兴,当以民间歌谣为最先。歌谣是不会做诗的人(最少也不是专门诗家的人)将自己一瞬间的情感,用极简短极自然的章节表现出来,并无意要他流传。因为这种天籁与人类好美性最相契合,所以好的歌谣,能令人人传诵历几千年不废,其感人之深,有时还驾专门诗家的诗而上之。"⑦

(七)专门家的音乐及诗歌等作品中
表现出的原生态特征

周密云:"风之吹万物不同,天籁也。禽鸟啁啍,亦天地自然之声,作乐者当于此取则焉。所谓'听风听水作霓裳',近之矣。以箫韶九成,凤凰来仪,击石拊石,百兽率舞,盖以我自然之声,感彼自然之应,所谓同声相应者也。"⑧作乐者应当从自然的音乐中"取则",求得同声相应,保持来自原生

---

① 徐珂:《清稗类钞》,中华书局 2003 年版,第 563—564 页。
② 谢章铤:《赌棋山庄词话·刘存仁词》,《词话丛编》本,第 3387 页。
③ 邓云霄:《空同子集》卷首,明万历重刻本,第 59 页。
④ 黄遵宪:《山歌题记》,钱仲联笺注《人境庐诗草笺注》卷一,中国青年出版社 2000 年版,第 137 页。
⑤ 邓云霄:《空同子集》卷首,明万历重刻本,第 59 页。
⑥ 引自朱孝臧:《疆村校词图序》,《疆村丛书》,朱古微辑刻本。
⑦ 梁启超:《中国之美文及其历史·绪论》,东方出版社 1996 年版,第 1 页。
⑧ 周密:《癸辛杂识别集》下,上海古籍出版社 1991 年版,第 137 页。

的要素。江顺诒说词写出来后真正要歌唱,"必成词后,先歌以审之,复管笛以参之,不合者改字以协之"①,这种改协要"以天籁得之"。又谓:"词者,天籁也。……好词自合宫商,若刻意求之,恐所合者仅宫商耳。"②词要于宫商之外有天籁要求,而不能仅合宫商而已。刘大勤谓:"王、孟诗假天籁为宫商,寄至味于平淡,格调谐畅,意兴自然,具有无迹可寻之妙。"③王、孟假天籁为宫商,保有谐畅、自然。归懋仪《拟古》诗曰"文章亦一艺,功因载道起。天籁发自然,名言醴至理。謦欬寄一时,违应占千里。我读上古书,其文浑浑尔。吁嗟三代还,日夸雕绘美。"④一些专门家的作品"日夸雕绘美",应从上古学其浑浑,保持"天籁发自然"。刘衍文评其师用杜甫《闻官军收河南河北》韵所写诗为"脱口而出,一气直下,意切情真,妙有天籁,竟不似用前人之韵者"⑤,以脱口而出,意切情真、自然流畅为保有天籁。郑樵所谓"非心乐洞融天籁,通乎造化者,不能造其阃"⑥。杨慎所谓"六律之音出于天籁,五性之文发于天章,有不待思索勉强者,此非自然之诗乎?"⑦贺贻孙说:"风之感物,莫如天籁。天籁之发,非风非窍,无意而感,自然而乌可已者,天也。诗人之天亦如是已矣。……任天而发,吹万不同,听其自取,而真诗存焉",指出"诗人要得'诗人之天'"⑧。

专门家作品中的天籁有时也指能根据内容的需要任自然行进,自由发挥,不惜突破格律及文法的限制。杜文澜提出要"不为律缚",姚梅伯序其词曰:"绳尺之中,自有天籁。羽宫所在,能移我情。"⑨谢章铤云:"古人词不尽皆可歌,然当其兴至,敲案击缶,未尝不成天籁。东坡铁板铜琶,即是此

① 江顺诒:《词学集成·古人未言以喉舌唇齿配宫商》,《词话丛编》本,中华书局1986年版,第3247页。
② 江顺诒:《词学集成·宫商从天籁出》,《词话丛编》,中华书局1986年版,第3250页。
③ 王士祯:《带经堂诗话》,人民文学出版社1998年版,第839页。
④ 归懋仪:《拟古》,《晚晴簃诗汇》,中华书局1990年版,第8431页。
⑤ 刘衍文:《雕虫诗话》,《民国诗话丛编》第六册,上海书店出版社2002年版,第643—644页。
⑥ 郑樵:《七音略》第一,《通志略》,文渊阁《四库全书》本。
⑦ 杨慎:《升庵诗话·谚语有文理》,《历代诗话续编》,中华书局1983年版,第970页。
⑧ 贺贻孙:《陶郡陈三先生诗选序》,《水田居诗文集》卷三,道光至同治间赐书楼刻。
⑨ 杜文澜:《憩园词话·潘星斋侍郎词》,《词话丛编》,中华书局1986年版,第2880—2881页。

境。作者不与古人共性情,徒与伶人竞工尺,遂令长短句一道,畏难若登天,不知皆自画之为病也。且夫既能词又能知工尺,岂不更善? 然怀其精工尺而少性情,不若得性情而未精工尺。"①要求任天籁、性情所至,为此不惜冲破工尺。元好问引张内翰言提出要"按天籁以宫商",而不区区计较于"以律度求我"②。张德瀛提出"当发言之始,期合天籁,非拘牵于声韵者"③。燕南尚生则对死板的文法提出了批评,谓"文也者,自然之天籁也"④,意指要冲破文法。当然了,容许冲破格律、文法,也并非可以完全不要律缚,不要文法。梁章钜指出"后世韵书既行,则自应有犯韵出韵之禁,又岂得藉口古人之天籁,而尽弃韵书不观乎?"⑤还有人认为音律一类本身也是合天籁的,是对天籁的提炼,如施绍莘说:"平上去人,随声自叶,乃天籁之自然。"⑥梁章钜云:"古诗纯乎天籁,虽不拘平仄,而音节未有不谐者。"⑦赵翼提出:"即如近体诗,古人所未识,抑扬抗坠间,妙有自然节,古人纵复生,不能变此格。是知本天籁,岂钻牛角僻。"⑧

(八)其 他

在七种之外,尚有一些其他的意思,因为专论者不多或者与释义关系不大,归为其他。如天籁有时还含有若干空间意识,谓来自、溢于天空或空间。天之一义为天空,天籁有时也指向空中之音,有时也指向某些细微性、微妙性。庄子所谓籁本为窍中出,窍也是空。加上中国早期诗歌多面对自然的

---

① 谢章铤:《赌棋山庄词话·刘存仁词》,《词话丛编》本,第3387页。
② 元好问《紫虚大师于公墓碑》,《元好问集》卷三十一,山西人民出版社1990年版,第709页。
③ 张德瀛:《词微》,《词话丛编》本,第4117页。
④ 燕南尚生:《新或问》,《新评水浒传》第一册,齐鲁书社1990年版。
⑤ 梁章钜:《退庵随笔》,《清诗话续编》,上海古籍出版社1999年版,第1965—1969页。
⑥ 施绍莘:《瑶台片玉》,《香艳丛书》,人民文学出版社1992年版,第1065页。
⑦ 梁章钜:《退庵随笔》,《清诗话续编》,上海古籍出版社1999年版,第1965—1969页。
⑧ 赵翼:《题周松霭杜诗双声叠韵谱括略》,《瓯北集》,上海古籍出版社1997年版,第958页。

空间之境,不同于西方早期诗歌多叙事的时间历程,因而空间因素也是可考虑之一。如李重华谓:“诗有三要,曰:发窍于音,征色于象,运神于意。何谓音？曰:诗本空中出间,即庆生所云‘天籁’是已。籁有大有细,总各有自然之节,故作诗曰吟曰哦,贵在叩寂寞而求之也。求之果得,则此中或悲或喜,或激或平,一一随其音以出焉。”①吕温言:“和而出者乐之情,虚而应者物之声。或洞尔以形受,乃泠然而韵生。……是则垂其仁,有其实,乐因之祖述;究其形,实其质,声因之洞出。理在无二,情归得一。塞云谷而响绝,疏天籁而音逸。”②声因之洞出,塞云谷,充溢于空间。至如“万石铿锽天籁发,千艘奔放大江横”③、“斯须好风来,天籁空中闻”④、“直上造云族,凭虚纳天籁”(高适《登广陵栖灵寺塔》)、“阴晴一日肯四时,天籁壑深虚自响”(邓谏从《题巫山瞻华亭》)、“夜永地只出,谷虚天籁闻”(陈杰《宿东林寺》),这些都涉及了空间性,但空间性与释义关系不大,因而放在其他一类中。

---

① 李重华:《贞一斋诗说》,《清诗话》,上海古籍出版社1999年版,第921页。

② 吕温:《乐出虚赋》,《全唐文》,上海古籍出版社1990年版,第2794页。

③ 吴隆骘:《石钟山》,《晚晴簃诗汇》卷六九,中华书局1990年版,第2871页。

④ 谢振定:《万松寺》,《晚晴簃诗汇》卷一零二,中华书局1990年版,第4303页。

三、天籁含义的定量分析

现在我们来看看对于前述八类意见历代的持有者各有多少,进行定量分析。因为前人的论述与使用往往是模糊的,一条往往跨好几种意思,我们按从宽的原则尽量多列,以尽可能做到基本的覆盖。

序号	论家	条数	自然声音	道之无声之声	自生自鸣	直示人的天性	直示情志生活	原生态作品	专门家作品中的原生态特征	其他		单纯应用
										空间意识	微妙性细微性	
1	庄子	1	1	1	1				1	1	1	
2	康僧渊	1	1									
3	《文舞辞》	1	1									
4	谢灵运	1		1								
5	郭象	1	1	1	1							
6	陆云	1	1									
7	王昌龄	1	1	1								
8	遍照金刚	1	1		1							
9	蔡少霞	1		1								
10	李白	3	2	1	1					1		
11	高适	1	1							1		
12	杜甫	1	1									
13	顾况	1	1	1								
14	赵冬曦	1	1									
15	李颀	1	1									
16	储光羲	2	2									
17	权德舆	4	2	1								1
18	杨巨源	1	1									

续表

序号	论家	条数	自然声音	道之无声之声	自生自鸣	直示人的天性	直示情志生活	原生态作品	专门家作品中的原生态特征	其他		单纯应用
										空间意识	微妙性细微性	
19	欧阳詹	1	1									
20	刘禹锡	8	6	2			1					1
21	吕温	1		1								
22	元稹	1	1	1								
23	白居易	1	1									
24	李涉	1	1									
25	徐坚	1	1	1	1							
26	李群玉	1	1							1		
27	皮日休	1	1									
28	阙名	1	1									
29	陆龟蒙	3	2		1		1		1			
30	吴融	1	1									
31	和凝	1	1									
32	徐铉	2	2	1	1							
33	廖融	1	1	1								
34	神颖	1		1								
35	齐己	3	2	2								
36	吴筠	1		1								
37	支乔	1	1									
38	李虞仲	1	1	1								
39	杨发	1		1							1	
40	钱珝	1				1						
41	《轩辕集》	1		1								
42	戴叔伦	1	1	1	1							
43	段文昌	1	1									
44	李商隐	1						1	1			
45	山元卿	1	1									
46	于可封	1		1								
47	夏方庆	1		1								
48	陈乔	1	1									

续表

序号	论家	条数	自然声音	道之无声之声	自生自鸣	直示人的天性	直示情志生活	原生态作品	专门家作品中的原生态特征	其他 空间意识	其他 微妙性细微性	单纯应用
49	李德裕	1	1				1					
50	张时敏	1	1									
51	薛文美	1	1									
52	乔琳	1		1		1						
53	张友正	1	1									
54	吕温	1	1							1		
55	王师简	1	1									
56	杨知新	1	1									
57	谢偃	1	1									
58	僧空海	1	1									
59	杜光庭	2	2	2								
60	欧阳修	3	3									
61	王安石	1	1	1					1			
62	周密	2	2						1			
63	朱熹	1	1		1	1						
64	郑樵	4	2	1				2	1			
65	苏轼	4	3	2	3							1
66	苏辙	1	1	1								
67	王应麟	1	1	1	1							
68	魏庆之	1	1	1								
69	罗璧	1	1	1	1							
70	胡仔	1	1	1	1							
71	包恢	1	1		1							
72	袁燮	1			1							
73	叶梦得	1					1		1			
74	吕惠卿	1	1	1								
75	王雱	1		1	1							
76	马子严	1	1									
77	吕胜己	1	1									
78	张炎	1	1	1								1

序号	论家	条数	自然声音	道之无声之声	自生自鸣	直示人的天性	直示情志生活	原生态作品	专门家作品中的原生态特征	其他		单纯应用
										空间意识	微妙性细微性	
79	高观国	1	1									
80	黄机	1	1									
81	陈朴	1	1		1							
82	辛弃疾	1	1									
83	葛长庚	2	2									
84	周邦彦	1	1									
85	孙吴会	1	1						1			
86	汪晫	1					1					
87	陈三聘	1	1									
88	陈造	3	3		1				1			1
89	廖融	1										
90	苏舜钦	2	1						1			1
91	白玉蟾	5	2			1			1			2
92	鲍寿孙	1	1									
93	曹勋	2	1	2			1					
94	陈棣	1	1		1							
95	陈杰	1	1	1								
96	陈宓	1		1	1	1	1					
97	陈襄	1		1								
98	陈尧佐	1	1									
99	陈舜俞	1								1		
100	陈韡	1	1									
101	程公许	2	2		1							
102	邓谏从	1								1		
103	邓肃	3	2	1	1		1		1		1	
104	董嗣杲	1	1									
105	度正	1	1				1					
106	谢翱	1	1	1	1					1		
107	范仲淹	3	2									
108	高斯得	1	1							1		

143

续表

序号	论家	条数	自然声音	道之无声之声	自生自鸣	直示人的天性	直示情志生活	原生态作品	专门家作品中的原生态特征	其他		单纯应用
										空间意识	微妙性细微性	
109	巩丰	1	1		1							
110	韩维	1	1									
111	韩元吉	1	1	1							1	
112	黄庭坚	3	2	1								1
113	胡仲弓	1	1	1								
114	寇准	1	1									
115	李新	1	1	1								
116	李廌	1	1						1			
117	李曾伯	1	1	1								
118	刘黻	1	1	1				1				
119	林宪	1	1									
120	楼钥	1	1									
121	陆文圭	1	1									
122	任希夷	1	1		1							
123	释文珦	2		2								
124	释昙华	1	1			1						
125	释智圆	1	1									
126	释智愚	1	1	1								
127	释祖先	1	1	1								
128	释重显	1	1									
129	宋孝宗	1	1									
130	苏颂	1				1	1					
131	苏籀	1	1	1								
132	孙抗	1	1									1
133	孙应时	1	1									
134	王谌	1	1									
135	王洋	1	1									
136	卫宗武	1	1									
137	卫博	1	1									
138	魏了翁	1	1	1								

序号	论家	条数	自然声音	道之无声之声	自生自鸣	直示人的天性	直示情志生活	原生态作品	专门家作品中的原生态特征	其他		单纯应用
										空间意识	微妙性细微性	
139	文同	1	1									
140	吴玙	1	1								1	
141	徐集孙	1	1									
142	徐铉	1	1									
143	徐自明	1		1								
144	许月卿	1			1	1						
145	薛师董	1	1									
146	薛绍彭	1	1		1							
147	杨冠卿	1	1									
148	杨怡	1	1									
149	俞桂	1	1		1							
150	余靖	1	1									
151	游次公	1			1	1						
152	尤袤	1	1		1							
153	虞俦	1	1									
154	袁说友	1	1									
155	岳珂	1		1			1			1		
156	曾巩	1	1									
157	张栻	1	1									
158	张镃	1							1			
159	赵蕃	1		1					1			
160	赵孟坚	1	1									
161	赵希迈	1	1									
162	赵兴缙	1	1									
163	赵瞻	1	1									
164	周必大	1	1									
165	周端臣	1	1	1								
166	元好问	3	2	1				1	1			
167	王若虚	1	1		1				1			
168	党怀英	1	1	1	1							

145

续表

序号	论家	条数	自然声音	道之无声之声	自生自鸣	直示人的天性	直示情态生活	原生态作品	专门家作品中的原生态特征	空间意识	微妙性细微性	单纯应用
169	赵秉文	1	1	1	1							
170	于道显	2	1	1	1					1		
171	路铎	1		1								
172	杨维桢	2						1	1			
173	李道纯	1		1								1
174	吴师道	1	1									
175	熊梦祥	1	1									
176	卫立中	1		1								1
177	丘处机	3	1	2	1							2
178	姬志真	2	1									1
179	李俊民	1	1									
180	洪希文	1										1
181	贾仲明	2	2	1	1						1	1
182	刘弇	1		1						1	1	
183	崔与之	1	1									
184	偰逊	1	1									
185	邓云霄	1				1		1	1			
186	陈霆	1	1	1					1			
187	许继	1	1	1								
188	杨廉夫	1	1						1			
189	吴承恩	2	1	1								
190	许仲琳	2	1	1								
191	徐渭	1	1		1							
192	二如亭主人	1	1									
193	汤显祖	1	1									1
194	李渔	4	1		2	3	1	1				
195	无心子	1			1							
196	邱浚	1			1							
197	华察	1		1								
198	杨慎	2	1	1			1	1				

序号	论家	条数	自然声音	道之无声之声	自生自鸣	直示人的天性	直示情志生活	原生态作品	专门家作品中的原生态特征	其他 空间意识	微妙性细微性	单纯应用
199	施绍莘	1	1						1			
200	王守仁	2	2	1		1						
201	方孝孺	1		1								
202	蒋一葵	4	3	1							1	
203	朱国祯	2			1		1					
204	王祎	1			1		1	1				
205	胡忻	1							1			
206	吕天成	1							1			
207	程敏政	1			1							
208	管大勋	1	1									
209	吴昊	1	1									
210	陈田	2			2				1			
211	王偁	1	1			1						
212	林鸿	2	1									
213	朱彝尊 丁敬中	6	6	2	2	1				1	2	
214	朱彝尊	4	1					1				3
215	姚鼐	1	1		1					1		
216	王之春	1					1	1				1
217	陈锐	2		1			2		1		1	
218	谢章铤	1				1		1	1			
219	李佳	1			1		1	1	1			
220	管世铭	2			1		1	1	1			
221	梁章钜	4					1	2	2			
222	孙承泽	1			1	1						
223	陆世仪	1				1						
224	黄宗羲	1	1	1								
225	沈德潜	8	5		4	1	3	2	4			
226	松年	1						1				
227	孙涛	1	1									
228	程羽文	1	1									

续表

| 序号 | 论家 | 条数 | 自然声音 | 道之无声之声 | 自生自鸣 | 直示人的天性 | 直示情志生活 | 原生态作品 | 专门家作品中的原生态特征 | 其他 | | 单纯应用 |
										空间意识	微妙性细微性	
229	恽正叔	2	1	1								
230	汪志伊	1						1				
231	吴骞	1							1			
232	福格	1			1							
233	陈仅	2					1		1			
234	钱泳	2					2		2			
235	屈大均	3	3	2							2	
236	朱庭珍	7	5	2	3	2	1	1	1	1	1	
237	杜文澜	3			1			1	1			
238	李斗	1	1									
239	震钧	2	2									
240	李宝嘉	1					1		1			
241	梁恭辰	1	1				1	1				
242	燕南尚生	1	1						1			
243	徐崧、张大纯	1	1									
244	吴伟业	1	1	1								
245	王夫之	2		1					1			1
246	李慈铭	1			1				1			1
247	江顺诒	5				1			5			
248	纪昀	2						1				1
249	丁绍仪	2			1			2				
250	阎若璩	1				1	1	1				
251	李岳瑞	1				1	1	1				
252	赵尔巽	2	1									1
253	陈康祺	2	2				1				1	
254	吴乔	1	1									
255	李汝珍	1			1							
256	梁溪司香旧尉	1	1									
257	叶矫然	1	1									
258	王廷绍	1			1			1				

序号	论家	条数	自然声音	道之无声之声	自生自鸣	直示人的天性	直示情志生活	原生态作品	专门家作品中的原生态特征	其他		单纯应用
										空间意识	微妙性细微性	
259	徐珂	5	3	1				1	2			1
260	张问陶	2		1	1		1					1
261	赵翼	1					1		1			1
262	蒲松龄	1			1		1		1			
263	袁枚	8	2	2	4	4	2	2	1			1
264	曹雪芹 高鹗	1	1									
265	况周颐	2					1	1				2
266	冯煦	1		1	1	1			1			
267	王士祯	1							1			
268	黄遵宪	1			1			1				
269	郑文焯	1										1
270	王寿昌	1		1			1		1			
271	方南堂	1							1			
272	张德瀛	1	1			1						
273	陈森	2					1	1	1			
274	夏敬渠	3				1						1
275	欧阳兆熊	1										1
276	余金	1					1					
277	兰皋主人	1	1									
278	李重华	1	1	1				1		1		
279	刘毓崧	1			1	3	1	1	1			
280	归懋仪	1	1									
281	张印	1	1									
282	查礼	1	1									
283	吴隆晔	1	1							1		
284	汤贻汾	1								1		
285	顾太清	1										
286	秦蕙田	1	1									
287	王玮	1	1									
288	高斌	1	1									

序号	论家	条数	自然声音	道之无声之声	自生自鸣	直示人的天性	直示情志生活	原生态作品	专门家作品中的原生态特征	其他		单纯应用
										空间意识	微妙性细微性	
289	李崧	1	1	1								
290	毕沅	1	1	1								
291	庄德芬	1	1									
292	李符清	1	1									
293	张梁	1	1									
294	庄子迨	1	1									
295	张海珊	1	1	1								
296	谢振定	1	1							1		
297	黎兆勋	1	1									
298	李慈铭	1	1		1			1				
299	张琼英	1	1					1				
300	李郇嗣	1	1								1	
301	朱议霶	1	1									
302	易顺鼎	1	1									
303	李丽媖	1	1	1								
304	张品桢	1					1					
305	李含章	1					1					
306	钱杜	1	1									
307	王又曾	1	1			1						
308	冯敏昌	1	1	1								
309	谢舱	1		1								
310	李棨	1		1			1		1			
311	彭元瑞	1	1	1	1							
312	朱珪	1	1									
313	王鸣盛	1		1								
314	路炎	1			1		1		1			
315	熊为霖	1	1									
316	齐召南	1	1		1		1					
317	颜光敏	1	1									
318	恽格	1	1	1								

序号	论家	条数	自然声音	道之无声之声	自生自鸣	直示人的天性	直示情志生活	原生态作品	专门家作品中的原生态特征	其他		单纯应用
										空间意识	微妙性细微性	
319	顾贞观	1	1		1							
320	赵执信	1	1	1								
321	韩崶	1							1			
322	曾燠	1							1			
323	潘曾莹	1	1	1								
324	黄良辉	1									1	
325	袁昶	1										1
326	曹贞吉	1						1				
327	张洵	1	1									
328	袁嘉谷	3	2	1	1			1	1			
329	王蕴章	1	1			1	1		1			
330	沈其光	3	1	1	1		1		1		1	
331	赵吉士	1	1									
332	刘衍文	2			1		2	1	1			
333	蒋兆兰	2				2	1					
334	陈匪石	1			1	1						
335	丁仪	2				1	1					
336	杨香池	1	1						1			
337	谢无量	2		1	1		1					1
338	冒广生	1						1				
339	赵元礼	1			1	1						
340	蒋抱玄	2							1			1
341	钱振鍠	1							1			
342	陈衍	4	1	1	1		1		1			
343	魏元旷	1						1				
344	叶昌炽	1	1	1								
345	灵峰补梅翁	1			1	1						
346	顾翰	1	1	1								
347	王国维	2							1			2
348	梁启超	1						1				

续表

序号	论家	条数	自然声音	道之无声之声	自生自鸣	直示人的天性	直示情志生活	原生态作品	专门家作品中的原生态特征	其他		单纯应用
---	---	---	---	---	---	---	---	---	---	空间意识	微妙性细微性	---
349	严复	1	1	2			1		1			
350	魏源	2	1				1					
351	章太炎	1							1			1
352	鲁迅	1				1	1					
353	钱仲联	2	1	1								
354	周作人	2			2		1	1				
355	方苞	1							1			
356	胡先骕	1				1		1				
357	吴芳吉	4	1			1		2	1			
358	高斌	1	1							1		
359	刘永济	1							1			
360	王易	1						1	1			
361	稻叶君山	1										1
362	冯友兰	1	1				1					
363	刘半农	1	1					1				
364	萧涤非	1							1			
365	刘城	1										1
366	汤漱玉	1	1						1			
367	钟泰	1	1									
总计	367家	511	298	123	89	50	62	55	82	42		40
										22	20	

四、"天籁"含义整释

从前述定量分析可以看出,历代367家511条涉天籁资料主要集中在我们在定性分析中所归纳出的前七种意思。除单纯应用外,其他尚有31条,大都无关主旨。这样我们应当可以主要根据这七种意思对天籁进行整释。然而就在进入整释的时候,一个重要的问题产生了:对于天籁是无法用一个单一的含义加以定义的(这里涉及结构主义,我们将另文探讨),而且可能大多数中国诗学、文艺学、美学范畴都是如此。过去多年来,我们下的无数个单一的定义,都往往是将原来丰富的含义切割了的,甚至只是看到一鳞半爪就望爪生义,结果往往是曲解的片面的。我们在研究天籁的同时,也用同样方法研究了兴、意境等其他重要范畴,发现过去对于兴与意境的释义同样存在这样的现象。如对于意境有一种通用的说法是情景交融(如《词学大辞典》),但其实意境与天籁一样,有着极其丰富的多元含义,我们整释出五个元(详见拙文《意境整释》)。

这就是说我们很难用单一的含义对天籁(包括其他)进行整释,我们可以作如下的归纳:

所谓天籁,是中国诗学、文艺学、美学中一个极其重要且极具民族特色的范畴。其含义主要有:

1. 自然与来自自然的声音。天是自然的代称、万物的总称,籁是来自自然的声音。

2. 来自道的无声之声、自然全美的境界。

3. 自己、自取、自生、自鸣的过程,用丁诗学、文艺学、美学可引申到创作"自动"发生,不假力构强作,"不知其所以然",所谓"文章本天然,妙手偶得之",也包含了瓜熟蒂落、水到渠成。

4. 人的天性的表现,包括天生就有的本性与能力,也包括人的性灵的直接抒发。

5. 真率的情志、原生态的生活不加雕饰直接表现出来。如《长干曲》所记"舣舟江上,听儿女子问答,谓之天籁。"

6. 初始的、自发的、常常是民间的音乐乃至诗歌等作品——作品原生态,有如而今声乐中的原生态唱法。

7. 专门家的作品中具有率真纯朴、自然自由、不为律缚等原生态的特征。

所谓整释,一种方法就是把这七个层次的含义列出即可,如果要进一步简化,可以考虑把相近的内容合并,对七个层面的总体特征加以概括,然后归纳主要的几层含义。

1. 自然、自然的声音与自然的音乐列为第一层面。

2. 人的天性、原生态生活、真率的情志合并,列为由第一层面延伸的第二层面。

3. 进入艺术领域的两个层面合并,即原生态作品与专门家作品中的原生态特征合并,列为第三层面。

4. 对天籁总体特征进行概括。第一特征是自然、原始、本色、真率。天籁的第一层含义是自然、自然的声音、自然的乐音,因此推衍出其他六层含义,七个层次内在的共同特征是自然、原始、本色、真率。天籁后来实际上已被用来泛指具有这些特征的作品及其他事物。第二特征便是庄子所说的自己、自取,可以表述为自鸣——自己、自取、自发、自由,是一个不假外力、不涉矫作、不受强缚、自己而然、直己而发的过程。

5. 来自道的无声之声。因为超出常规应用,最后予以单列。

对这五层概括提炼加以整合,可表述为:

所谓天籁,最初的含义是自然、自然的声音、自然的乐音,延伸为人的天性、原生态的生活乃至真率的情志,进入艺术领域,指谓原生态的作品——初始的自发的常常是民间的作品及专门家作品中保持的具有原生态特征的内容。天籁在总体上有两个特征:一是自然、原始、本色、真率,因而也常被用来泛指具有这些特征的作品及事物;二是自鸣——自己、自取、自发、自由,是一个不假外力、不涉矫作、不受强缚、自己而然、直己而发的过程。在道家,天籁还指形上的来自道的无声之声、自然全美的境界。

　　最后需要说明:这里的天籁整释,主要着眼于对古人理解的综合,而且主要是从艺术角度的诠释。现代意义的发掘及哲学等层面的阐发容另文专作。

五、历代论家论"天籁"

（一）唐　前

"天籁"一词最早出现于《庄子·齐物论》，最主要是这一段："子游曰：'地籁则众窍是已，人籁则比竹是已，敢问天籁？'子綦曰：'夫（天籁者）吹万不同，而使其自已也。咸其自取，怒者其谁邪？'"天籁是风吹万物而号，自然自已而然。

庄子提出天籁之后，郭象首先做了注，特别突出了"自已而然"："夫天籁者，岂复另有一物哉？即众窍比竹之属，接乎有生之类，会而共成一天耳。""我既不能生物，物亦不能生我，则我自然矣。自已而然，则谓之天然。"从庄子到郭象，已经为天籁的初始含义奠定了基础：天籁是自然万物自己的声音。

同时，在文学创作与文学理论中也出现了天籁，有：庾僧渊"融飈冲天籁，逸响互相因"（《又答张君祖诗》）；"乐均天籁，蹈武在庭"（《文武舞歌》）；谢灵运："任此天籁，人既遇矣"（《答谢谘议诗》）；陆云"挥天籁以兴音，假乐之于神造，咏幽人于鸣琴"。

1

南郭子綦隐机而坐，仰天而嘘，荅焉似丧其耦。颜成子游立侍乎前，曰："何居乎？形固可使如槁木，而心固可使如死灰乎？今之隐机者，非昔之隐机者也？"子綦曰："偃，不亦善乎而问之也，今者吾丧我，汝知之乎？汝闻人籁而未闻地籁,汝闻地籁而不闻天籁夫。"子游曰:"敢问其方。"子綦曰:"夫大块噫气,其名为风。是唯无作,作则万窍怒呺。而独不闻之翏翏乎?山林之畏佳,大木百围之窍穴,似鼻,似口,似耳,似枅,似圈,似臼,似洼者,似污者,激者、謞者、叱者、吸者、叫者、譹者、宎者、咬者,前者唱于而随者唱喁,泠风则小和,飘风则大和,厉风济则众窍为虚。而独不见之调调之刁刁乎?"子游曰:"地籁则众窍是已,人籁则比竹是已,敢问天籁。"子綦曰:"夫(天籁者)吹万不同,而使其自已也。咸其自取,怒者其谁邪?"

《庄子·齐物论》,《庄子今注今译》,中华书局 2001 年版,第 34 页。

2

"汝闻地籁而不闻天籁夫"句后注曰:籁,箫也。夫箫管参差,宫商异律,故有长短高下万殊之扬。声虽万殊,而所禀之度一也。然优劣无所错其间矣。况之风物,异音,同是,而咸自取焉。则天地之籁见矣。

"夫吹万不同,而使其自已也"句后注曰:此天籁也。夫天籁者,岂复另有一物哉?即众窍比竹之属,接乎有生之类,会而共成一天耳。无既无矣,则不能生有,有之未生,又不能为生。然则生生者谁哉?块然而自生耳。自生耳,非我生也。我既不能生物,物亦不能生我,则我自然矣。自己而然,则谓之天然。天然耳,非为也,故以天言之。所以名其自然也,岂苍苍之谓哉!而或者谓天籁役物使从已也。夫天且不能自有,况能有物哉!故天者,万物之总名也。莫适为天,谁主役物物乎?故物各自生而无所从出焉,此天道也。

"咸其自取,怒者其谁邪"句后注曰:"物皆自得之耳,谁主怒之使然哉!此重明天籁也。"

(晋)郭象注:《庄子·齐物论》,郭庆藩辑《庄子集释》,上海古籍出版社 1990 年版,第 45 页。

3

遥望华阳岭,紫霄笼三辰。琼严朗璧室,玉润洒灵津。丹谷挺樛树,季颖奋晖薪。融飙冲天籁,逸响互相因。鸾凤翔回仪,虬龙洒飞鳞。中有冲漠士,耽道玩妙均。高尚凝玄寂,万物息自宾。栖峙游方外,超世绝风尘。翘想晞眇踪,矫步寻若人。咏啸舍之去,荣丽何足珍。濯志八解渊,辽朗豁冥神。研几通微妙,遗觉忽忘身。居士成有党,顾盻非畴亲。借问守常徒,何以知反真。

（晋）康僧渊:《又答张君祖诗》,《先秦汉魏南北朝诗》,中华书局 1983年版,第 1075 页。

4

皇天有命,归我大齐。受兹华玉,爰锡玄圭。奄家环海,实子蒸黎。图开宝匣,检封芝泥。无思不顺,自东徂西。教南暨朔,罔敢或携。比日之明,如天之大。神化之洽,率土无外。眇眇舟车,华戎毕会。祠我春秋,服我冠带。仪协震象,乐均天籁。蹈武在庭,其容蔼蔼。

《北齐诗》卷四《文武舞歌四首·舞曲歌辞·文舞辞》,《先秦汉魏晋南北朝诗》,中华书局 1983 年版,第 2320 页。

5

寡弱多幸,逢兹道泰。荷荣西荒,晏然解带。翦削前识,任此天籁。人既遇矣,何惧何害。

（晋）谢灵运:《答谢谘议诗》,《先秦汉魏晋南北朝诗》,中华书局 1983年版,第 1156 页。

6

晋陆云《逸民赋》曰:富贵者,是人之所欲,而古之逸民,轻天下,细万物,而欲专一丘之欢,擅一壑之美,岂不以身重于宇宙,而恬贵于芬华哉! 天地不易其乐,万物不干其志,然后可以妙有生之极,固无疆之休,乃为赋曰:世有逸人,栖迟乎一丘,委天形以外心,淡浩然其何求,杖短策而遂往,乃枕石而漱流,静芬响于咏言,灭绝景于质,[○本集质上有无字。]相荒土以卜居,度山河而考室,曾丘翳荟,穷谷重深,岩木振颖,葛藟垂阴,潜鱼泳泚,嘤鸟来吟,仍疏圃于兹薄,即兰堂于芳林,靡飞飘以赴节,挥天籁以兴音,假乐之于神造,咏幽人于鸣琴。

(唐)欧阳询:《艺文类聚》,上海古籍出版社 1985 年版,第 646 页。

(二)唐 代

《全唐诗》中有 37 首诗采用了"天籁"一词。如李白"邈仙山之峻极兮,闻天籁之嘈嘈(《鸣皋歌,送岑征君(时梁园三尺雪,在清泠池作)》)";白居易"神旗张鸟兽,天籁动笙竽(《东南行一百韵寄通州元九侍御澧州李十一舍人寞七校书》)";杜甫"鼓角凌天籁,关山信月轮"(《寄张十二山人彪三十韵》)。此外尚有李颀、权德舆、齐己、赵冬曦、高适、刘禹锡、陆龟蒙、杨巨源、吴筠等。值得注意的是唐人不仅广泛使用"天籁"一词,还创作了许多天籁式的作品,且已有人在文艺评论领域使用天籁,如薛用弱"妙乐竞奏,流铃间发。天籁虚徐,风箫冷澈。凤歌谐律,鹤舞会节"。杜光庭"得此道者,九凤齐唱,天籁骇虚,竦身御节",王昌龄"天籁万物性,地籁万物声。"

7

诗有意阔心远,以小纳大之体。如"振衣千仞岗,濯足万里流"。古诗直言其事,不相映带,此实高也。相映带诗云:"响如鬼必附物而来","天籁万物性,地籁万物声。"

(唐)王昌龄:《诗格》,《全唐五代诗格汇考》,江苏古籍出版社 2002 年版,第 167 页。

8

夫文章之兴,与自然起;宫商之律,共二仪生。是故奎星主其文书,日月焕乎其章,天籁自谐,地籁冥韵。

[日]遍照金刚:《文镜秘府论》西卷,《〈文镜秘府论〉校注》,中国社会科学出版社1983年版,第396页。

9

蔡少霞者,陈留人也。性情恬和,幼而奉道,蚤岁明经得第,选蕲州参军。秩满,漂寓江淮间。久之,再授兖州泗水丞。遂于县东二十里买山筑室,为终焉之计。居处深僻,俯瞰龟蒙,水石云霞,境象殊胜。少霞世累早祛,尤谐夙尚。……题云:"……太上游诣,无极便阙。百神守护,诸真班列。仙翁鹄驾,道师冰洁。饮玉成浆,馔琼为屑。桂旗不动,兰幄互设。妙乐竞奏,流铃间发。天籁虚徐,风箫冷澈。凤歌谐律,鹤舞会节。三变玄云,九成绛雪。易迁虚语,童初浪说。如毁乾坤,自有日月……"

(唐)蔡少霞,见薛用弱:《集异记》,《唐人小说》,上海文艺出版社1992年版,第83页。

10

(子)遂告母(婴母)修真之诀曰:"每须高处玄台,疏绝异党,脩闲丘阜,饵服阳和,静夷玄圃,委鉴太虚,无英公子《黄老玉书》、《大洞真经》豁落七元太上隐玄之道,可致轻盖,以流霞之辇,睒眄乎文昌之台。得此道者,九凤齐唱,天籁骇虚,竦身御节,八景浮空,龙舆虎旗,游扇八方矣。母宜宝之!"

(前蜀)杜光庭:《墉城集仙录》卷五,四库全书存目丛书本。

11

叙曰:"夫晨齐浩元洞冥幽始,八气靡浑,灵关未理者,则独坦观于空漠,任天适以虚峙,于是淳音微唱,和风合起,二明衔晖,霄翳无待也。拥萌肇于未剖,塞万源于机上,含生反真,触类藏初,爰可哂万岁以为夭,顾婴龀而长和耳?何事体造灵神之冥乡,心研殊方之假(音遐)外哉,自形无得真之具器,无任真之用者,诚冥步天元之领,摄推万精,以极妙寻九纬,以挺生睹晨景之回照。仰观烟气则六灵缠虚,俯聆六律则八风扇威,太无发洞冥之啸,圆曜有映空之晖,……神童启辕,九凤齐鸣,天籁驳虚,晨钟玲铿,竦身抑旄,八景浮空,龙舆虎旗,游扇八方,上造常阳之绝抄,下寝倒景之兰堂,月妃骖驷,日华照容,灵姬奉衾。香烟溢窗,顾而圆罗迈矣,何九万之足称哉,然后知高仙之道益上,寻灵之途微妙,服御之致合神,吉凶之用顿显也。"

（前蜀）杜光庭：《墉城集仙录》卷三,四库全书存目丛书本。

12

【天籁　地籁　南音北音】《庄子》曰:汝闻人籁而未闻地籁,既闻地籁而未闻天籁。郭象注曰:箫管参差,虽万殊而不异也。《吕氏春秋》曰:涂山女令其女往候禹。女作歌,始作南音。有娀氏二女候帝,令鸾遗二卵,北飞不还。二女作歌,始作北音。

（唐）徐坚：《初学记》卷十五·乐部上,文津阁《四库全书》本。

13

予历于二林,达于幽致,耳饫天籁,神融山光,忘归之心,邈矣尘外。因询其始,乃见诸末,遂命笔砚,不俟请而纪之。曰光化巳未岁,迄于天祐丁丑年,一十八载矣。

（唐）齐己：《凌云峰永昌禅院记》,《全唐文》,上海古籍出版社1990年版,第4254页。

14

霜繁野叶飞,长老卷行衣。浮世不知处,白云相待归。磬和天籁响,禅动岳神威。莫便言长往,劳生待发机。

（唐）齐己：《送幽禅师》,《全唐诗》卷843,上海古籍出版社1986年版,第9523页。

15

扰扰一京尘,何门是了因。万重千叠嶂,一去不来人。鸟道春残雪,萝龛昼定身。寥寥石窗外,天籁动衣巾。

(唐)齐己:《怀终南僧》,《全唐诗》卷 843,上海古籍出版社 1986 年版,第 9523 页。

16

广殿崇墉,迥出烟外。绣楹日逼,绀瓦云霭。宝山真(阙六字)传法者,树别天籁。(阙一字)刹垂(阙五字)(其三)

(唐)支乔:《尚书李公造严三会普光明殿功德碑》,《全唐文》,上海古籍出版社 1990 年版,第 3098 页。

17

使至,蒙惠寄制集序,发函焕然,盈耳溢目,宏丽博厚,坦夷章明。如黄钟大吕,庆霄天籁,奇采正声,铿锵照耀。真可谓作者之表,方驾古人,忻欢骇悚,咏叹无怿。甚盛甚盛!但根本不称,奖饰非宜,以此为雄文至鉴之累,如何如何?书命者,古先哲王之所以发德音而赋百职也。

(唐)权德舆:《答杨湖南书》,《全唐文》,上海古籍出版社 1990 年版,第 2211 页。

18

喷若玉宝,泄为瑶池,净如醍醐,莹若琉璃。疑青莲可植,金沙在下,惠风天籁,相为虚寂。然后殖碧鲜以相接,引清流而备用,以盥以漱,以糜以茗。

(唐)权德舆:《会稽虚上人石帆山灵泉北坞记》,《全唐文》,上海古籍出版社 1990 年版,第 2234 页。

19

　　玉醴宴嘉节,拜恩欢有余。煌煌菊花秀,馥馥萸房舒。白露秋稼熟,清风天籁虚。和声度箫韶,瑞气深储胥。

　　(唐)权德舆:《奉和圣制重阳日中外同欢以诗言志因示百僚》,《全唐诗》卷 320,上海古籍出版社 1986 年版,第 3604 页。

20

　　……层台耸金碧,绝顶摩净绿。下界诚可悲,南朝纷在目。焚香入古殿,待月出深竹。稍觉天籁清,自伤人世促。宗雷此相遇,偃放从所欲。清论松枝低,闲吟茗花熟。……

　　(唐)权德舆:《与沈十九拾遗同游栖霞寺上方于亮上人院会宿二首》其一,《全唐诗》卷 326,上海古籍出版社 1986 年版,第 3656 页。

21

　　竭诚于补察,必罄诰谟,铺文于诰命,以光鸿业,非明识屡经于体远,丽藻已著于知微,则何以副我虚求,充于任使? 翰林学士中散大夫中书舍人上柱国赐紫金鱼袋王源中,天籁无器,大球不磨,范围可以搢绅,刀尺可以制度量。自拔于郎署,置诸中禁,尝因进见,敷奏以言,揖黄宪而褊胸不生,睹汲黯而风神自整。今时方无事,政在和平,外付股肱,内倚心腹,必冀协恭以奉上,营道而同方,俾下无间言,上无偏听,万物攸系,朕时赖之。勉勤夙夜之规,以副简求之望。可尚书户部侍郎知制诰,依前充翰林学士,散官、勋、赐如故。

　　(唐)李虞仲:《授学士王源中户部侍郎制》,《全唐文》,上海古籍出版社 1990 年版,第 3152 页。

22

声本无形，感物而会。生彼寂寞，归乎静泰。含藏于金石之中，缄默于肺肠之外。喻春雷之不震，时至则兴；比洪钟之未撞，扣之斯大。静胜永合于人心，元同远符于天籁。大道冲漠，至音希微。叩于寂而音远，求于躁而道违。三年之鸟不鸣，惊人可异；五弦之琴载绝，知音盖稀。人生而静，物本无机。修以诚而上下交应，臻其极而禽兽咸归。遐想古风，缅穷太始。以彼声音之道，媲夫动静之理。方歌击壤，尧人式贵于心和；未梦钧天，赵简尚劳于倾耳。鼓能兴雨，钟亦候霜。冲用可齐于道性，善应方契于天常。兴公之赋欲成，已含金韵；夫子之宫未坏，犹闷乐章。无象无名，不知不识。守此虚淡，终乎妙极。岂逐物而感通，谅与时而消息。损之而益，潜运将契于天功；听之不闻，元化极符于帝则。幽元之旨，足以明徵。海内于焉而自正，天下无得以争能。由是广可喻于人，细可齐于物。声希者其响必大，声烦者其理斯屈。常呼万岁，维岳有时而降神；将异三人，点尔无心于鼓瑟。理归若讷，事契寡词。既不言以足教，必于声而可遗。存而不论，驰神于六合之外；语不如默，箝口于三缄之时。是各从其类也，吾将一以贯之。

（唐）杨发：《大音希声赋》，《全唐文》，上海古籍出版社 1990 年版，第3495 页。

23

我皇帝陛下常武功成，右文业广。明逾日月，不以圣智自居。思揆云天，不以才能格物。其或南熏有恽，东作无忧。民思秋稼之娱，物茂冬烝之礼。恩罩在镐，调振横汾。天籁发音，畴非耸听。乾文垂象，宁隔瞻仰。信可以畅列圣之谟猷，变生人之耳目者也。于是岁躔作噩，序首青阳。元鸟司启之明晨，白兽称觞之节日，有唐中兴之一纪，皇上御历之七年，地平天成，时和岁稔。衢樽之味，普洽元风。击壤之声，散为和气。同云暗野，朔雪飞空。急势随风，影乱东郊之仗。凝华接曙，光浮元会之筵。

（唐）徐铉：《御制春雪诗序》，《全唐文》，上海古籍出版社 1990 年版，第

4083 页。

24

今宵星汉共晶光，应笑罗敷嫁侍郎。斗柄易倾离恨促，河流不尽后期长。静闻天籁疑鸣佩，醉折荷花想艳妆。谁见宣猷堂上宴，一篇清韵振金铛。

（唐）徐铉：《奉和七夕应令》，《全唐诗》卷 755，上海古籍出版社 1986 年版，第 8586 页。

25

臣某言。臣闻在心为志，发言为诗。志通而若启源流，诗作而自合律吕。伏惟陛下道惟恭默，禀在文思。永图欲渐于无为，睿览且明于多暇。因临丹壑，遂蹑金绳。喜物象之澄清，假咏歌而放旷。声传天籁，韵合霜钟。篇殊黄竹之名，辞掩白云之美。臣等逢时窃位，敢并韦平。应诏属词，文非颜谢。徒偶昭融之运，获闻雅正之音。倾听不知，愧延陵之季子。试吹必滥，比南郭之先生。但思参列辅臣，安敢首违圣旨。辄同击壤，仰和贯珠。诚怀郑卫之惭，但感宫商之说。星辰自转，难参旭日之光。鼛鼓空鸣，莫续春雷之响。其奉和御制五言七言诗二首，谨录进上。尘黩圣鉴，臣无任循省惶越之至。

（唐）钱珝：《史馆王相公进和诗表》，《全唐文》，上海古籍出版社 1990 年版，第 3893 页。

26

太上忘言，其次立言。流若卮言，民斯蔽矣！夫执形为有累，无往而可祛；悟有为无元，随在而可诟。故天地以无名为妙本，大道以抱 为真诠。应万汇而大象无形，体混成而神功不宰。合符帝一，超入太信之根；孕元宗风，宏自元始之气。逍遥齐物，则曰"大鹏天籁"；华盖隐元，则曰"玉佩金鸣"。得其意者,象帝之先;昧其真者,堕身于劫。独力而不改,周行而不殆者,能几人斯!

（唐）《轩辕集·太霞玉书序》,《全唐文》,上海古籍出版社 1990 年版,第 4288 页。

27

夫载宇宙、悬日月、提万象而首出者,其惟道乎?夫通圣神、该品汇、冠百灵而独立者,其惟人乎?道所以包浑元,经始万象者也;人所以禀淳粹,司会百灵者也。故人因道而集祉,道因人而垂休。不宰之功,兆乎造物;无言之德,洽乎生民。然后萧散乎汗漫之间,冲融乎希夷之表;与天籁而吹万,并谷神而长存者矣。

（唐）戴叔伦:《华阳三洞景昭大法师碑》,《全唐文》,上海古籍出版社 1990 年版,第 2297 页。

28

平都山最高顶,即汉时王、阴二真人蝉蜕之所也。峭壁千仞,下临湍波;老柏万株,上插峰岭,灵花彩羽,皆非图志中所载者。昏旦万状,信非人境。贞元十五年,余西游岷蜀,停舟江岸,振衣虔洁,诣诸洞所。石岩灵窦,苍焉相次;苔龛古书,依稀可辨。时与道侣数人坐于下,须臾,天籁不起,万窍风息,山光耀于耳目,烟霞拂于襟褒。相顾神竦,若在紫府元圃矣。牵于形役,不得淹久,瞻眺惆怅,书名而去。

（唐）段文昌:《修仙都观记》,《全唐文》,上海古籍出版社 1990 年版,第 2761 页。

29

某启:今月某日舍弟新及第进士羲叟处,伏见侍郎所制《春闱放榜后寄呈在朝同年兼简新及第诸先辈》五言四韵诗一首。夫元黄备采者绣之用,清越为乐者玉之奇。固以虑合元机，运清俗累，陟降于四始之际，优游于六义之中。窃计前时，承荣内署，柏台侍宴，熊馆从畋。式以《风》《骚》，仰陪天籁，动沛中之旧老，骇汾水之佳人。非首义于论思，实终篇于润色。光传乐录，道焕诗家。况属词之工，言志为最。自鲁毛兆轨，苏李扬声，代有遗音，时无绝响。虽古今异制，而律吕同归。我朝以来，此道尤盛。皆陷于偏巧，罕或兼材。枕石漱流，则尚于枯槁寂寥之句；攀鳞附翼，则先于骄奢艳佚之篇。推李、杜则怨刺居多，效沈、宋则绮靡为甚。至于秉无私之刀尺，立莫测之门墙，自非托于降神，安可定夫众制？伏惟阁下，比其余力，廓此大中，足使同寮，尽怀博我。不知学者，谁可起予？某比兴非工，颛蒙有素。然早闻长者之论，夙托词人之末。淹翔下位，欣托知音，抃贺之诚，翰墨无寄。况乎仲氏，实预诸生，荣沾洙泗之风，高列偃商之位。仰惟厚德，愿沐余辉。辄庆鄙词，上攀清唱。闻郢中之白雪，愧列千人；比齐日之黄门，惭非八米。干冒尊重，伏用兢惶。其诗五言二首，谨封如别。

（唐）李商隐：《献侍郎钜鹿公启》，《全唐文》，上海古籍出版社 1990 年版，第 3599 页。

30

良常西麓，源泽东泄。新宫宏宏，崇轩辚辚。雕珉盘础，镂檀竦棁。碧瓦鳞差，瑶阶肪截。阁凝瑞雾，楼横祥霓。驺虞巡徼，昌明捧阒。珠树规连，玉泉矩泄。灵飙遝集，圣日俯晰。太上游储，无极便阙。百神守护，诸真班列。仙翁鹄立，道师冰洁。饮玉成浆，馔琼为屑。桂旗不动，兰幄互设。妙乐竞奏，流铃间发。天籁虚徐，风箫冷彻。凤歌谐律，鹤舞会节。三变玄云，九成绛雪。易迁徒语，童初讵说。为毁乾坤，自有日月。清宁二百三十一年四月十二日建。

（唐）山元卿：《新宫铭》，《全唐文》，上海古籍出版社 1990 年版，第 4291 页。

31

庄生有言曰:"至人用心若镜。"有旨哉是言也。夫镜也者,以明为体,是故有来而必应;心也者,以静为照,亦可不思而元通。拂拭生光,挂新台而月满;罔象求得,映赤水而珠融。若炼心而比镜,信清明而在躬。尔乃以镜为心,因心载考。菱花发而群象生,灵府开而万物保。斯镜之精明,谓人心得道。至人所以卑其性而遗箴,弱其志以虚襟。听无声之乐,和天籁之音。明白四达,照幽烛深。希洞视而元鉴,在无心而用心。苟能忘己,作虚舟之泛;必保其光,得秦镜之鉴。

(唐)于可封:《至人心镜赋》,《全唐文》,上海古籍出版社1990年版,第2777页。

32

风之过兮,一气之作;箫之应也,众音以殊。虽高下以异响,终合散而同涂。体宫商而自得,均清浊以相须。动必造适,用当其无。冥然理顺,昭与道俱。以由一人之化,为而不有。万物之心,以虚为受。帝于何力,各自遂其生成;天且不言,乃能恒于悠久。观夫指大块之噫气,裁众管而声随。始飕兮清越,终杳杳以透迤。远而聆之,初疑白虎方啸;迫而察也,旋惊丹凤来仪。知化本之有朕,见天籁之在斯。道固无名,物罔不感。彼命宫而商应,信阳舒而阴惨。云何事而从龙,水何情而习坎。故达人作用而虚其清心,大道不疵乃涤其玄览。之风也,扇其轻重,之箫也,应以洪纤。彼若疾而飘,我则以号以嗷;彼若和而静,我则若沈若潜。曷异夫暴心感而粗以厉,敬心感而直以廉。尔其断续清空,萧寥永夜。历虚无而轻飙自远,拂松竹而幽韵相借。微闻阙下,伴金奏之发天庭;迥彻云中,疑笙箫之随羽驾。庄生托之以齐物,子綦由是而观化。化之至矣,兹焉可知。风乃不私其用,箫亦自得其宜。玄元立言事无事,我后垂拱为无为。君子曰:风箫也,罔有争而善胜,契不言而自应。是将观彼以成化,岂独因之而比兴。

(唐)夏方庆:《风过箫赋》,《全唐文》,上海古籍出版社1990年版,第

2750 页。

33

更著丹崖青壁之奇,谷隐岩栖之美。纤萝夕动,闻天籁之寥寥。瀑布晨飞,动日华之杲杲。孤桐倥偬,上出云霄。修竹檀栾,下凝烟雾。

(唐)陈乔:《新建信州龙虎山张天师庙碑》,《全唐文》,上海古籍出版社 1990 年版,第 4061 页。

34

露华肃,天气晶。碧空无氛,霁海清明。当其时也,草木阴虫,皆有秋声。自虚无而响作,由寂莫而音生。始萧瑟于林野,终混合于太清。出哀壑而愤起,临悲谷而怨盈。朔雁听而增逝,孤猿闻而自惊。此声也,异桐竹之韵,非金石之鸣。足以动羁人之魄,感君子之情。况乎临淄藻思,薛县英名。遽兴华屋之叹,预想曲池之平。岂待琴而魂散,固闻笛以涕零。亦有毁家蔡琰,降北李卿。听朔吹之夜动,见霜鸿之晓征。既慷慨而诉怀,独决澜而流缨。虽复苏门傲世,秦青送行。讵能写自然之天籁,究吹万之清泠。客有贞词浏滚,逸气纵横。赋掩漏卮之妙,文同蟠木之精。聊染翰以写意,期报之以瑶琼。

(唐)李德裕:《秋声赋》,《全唐文》,上海古籍出版社 1990 年版,第 3172 页。

35

客有凭崇高,吹玉箫,挟飞仙兮游遨。尝访于丹邱之阿,附凤翼而飘遥。一日过升州,蹑层楼,望三山,豁双眸。乃见其钟山龙蟠,石城虎踞,爰有崇台,中焉而处。其高也莫窥几仞,其广也不知几许。上有琳琅之竿,林林兮参穹窿;下有坚贞之璞,粲粲兮镇后土,左雨华兮为之翼,右乌台兮为之辅。铜雀虽高兮焉可与之侔,龙虎何壮兮莫能与之伍,百灵见之而辟易,六丁守之而呵护。此其为金陵帝王之地,凤凰来集之所也! 维时烟销雾敛,晴旭初升,万象森列,众露毕呈。长江静其如练,天籁寂其不鸣。方将振尘蹻,陟崔嵬,舒玉管,据崇台,访谪仙之遗咏,拂龟龙之莓苔,叹凤凰之已去,徒抚掌而徘徊。

（唐）张时敏:《登凤凰台赋》,《全唐文》,上海古籍出版社1990年版,第4380页。

36

余自出周行,来治斯邑。窃观图籍,亦睹风土。历代屡为郡,复改县,隶豫章焉。尔后割龙门乡为太平县,沙城乡为旌德县,石埭乡为石埭县。可知古封疆远近尔。太和中,裴明府焊惜其山势雄峭,溪带奔倾,翠锁居人,烟和公舍,闻奏依万年县廨宇制置。县署之后,池塘迂折,半里有余。虽水涸草侵,波澜不见,而斜湾曲岸,景致宛然。别有亭基五所,古木修篁,交荫若盖。睹斯遗址,甚郁于怀。然则民病未除,官方到任,不可追往,有害于今。终伺丰穰,以续故事。庚戌岁中秋,始创高亭,一闲两厦。风来入面,目达四方。危傺鳌头,静同天籁。乃命曰:"齐云亭。"

（唐）薛文美:《泾县小厅记》,《全唐文》,上海古籍出版社1990年版,第4044页。

37

有裴君子兮将以自怡,艺孤篠于前墀;玩以时,惬所思。且面陛则阳,笑猗猗而处渭;向砌则燠,秘青青之在淇。问君何事生乎兹? 婵娟抱节而无词。借而东南之美,会稽千里,阻江阻河,所贵则那? 至乃柯叶不二,吁嗟此地,彼其之子,贱目贵耳。岂知孤者取稀,物莫之依? 含混元之休气,吸太阳之清晖;长则尺准,大可寸围。有美游兮忘其归,更忆朝霞露未晞。悬明月而影短,带疏雨而声微。观乎袅娜容与,风生其处;应知默定洪钟律,几日能令童子悟? 实方就而孤凤食来,枝或成而一龙飞去。天造自然,含虚佩坚;坚以保名,虚以戒盈。瞻彼标兮人之程,万类则改,千竿森在。其在伊何,增冰峨峨。瞻彼磷兮不可磨,则知天籁奇兮由我起,道生一兮得我始。得之者非取,玩物而已。

(唐)乔琳:《孤竹赋》,《全唐文》,上海古籍出版社 1990 年版,第 1599 页。

38

峨峨绝顶,一上千仞,未几营之,屹而冠焉。属东风敷和,春物烂山,公乃敞层轩,披晴空,凭九霄以高视,周八极而遐观。块如众山,杯分百川,笼吴楚之封境,领江湖之气象,有足廓虚怀而摅旷抱矣。眺览未既,壶觞云举,瞽史陈艺,笙簧合奏,仁风洋洋,下俚同欢,而吴哇袅空,楚舞娇春,随天籁以远去,映花林而半出。仰之者有若子乔、方平、弄玉、飞琼,相与乐群仙于上清。自公之暇理于兹,抚伤夷,怀流离,流离旋矣,伤夷瘥矣,而犹阜俗康民之志慊如也。今市嚣在耳,村烟在目,可以廉风俗之趋尚,省农桑之丰耗,况又畅四肢,摅七情,神完气全,宜为太和。自当涥源普洽,上下交泽,况有襦谣乎?公问俗之来,四序分矣。莲府将复,星轩莫留,人之情也。步武所及,有一物契于素怀者,虽细必录,况目经心摄,获千古之遗胜者,爱而不书,得无寐寐思之乎?然歙人被公之仁化也深,思异日攀公之辕不及,瞻此亭也。

(唐)张友正:《歙州披云亭记》,《全唐文》,上海古籍出版社1990年版,第 2410 页。

39

和而出者乐之情,虚而应者物之声。或洞尔以形受,乃泠然而韵生。去默归喧,始兆成文之象;从无入有,方为饰喜之名。其始也,因妙有而来,向无间而至。披洪纤清浊之响,满丝竹陶匏之器。根乎寂寂,故难辨于将萌;率尔熙熙,亦不知其所自。故圣人取象于物,观民以风。辟嗜欲之由塞,决形神之未通。欲使和气潜作,玄关暗空。与吹万而皆唱,起生三而尽同。自我及人,托物于未分之表;蟠天极地,开机于方寸之中。于是澹以无倪,留而不滞。有非象之象,生无际之际。是故实其想而道升,窒其空而声蔽。洞乎内而笙竽作,刳其中而琴瑟制。波腾悦豫,风行于有道之年;派别商宫,雷动于无为之世。杳杳徐徐,周流六虚。信阒尔于始寂,乃哗然而戒初。铿锵于百姓之心,于斯已矣;鼓舞于一人之德,知彼何如。是则垂其仁,有其实,乐因之祖述;究其形,实其质,声因之洞出。理在无二,情归得一。塞云谷而响绝,疏天籁而音逸。未随于物,细缊乎七政八风;忽变其和,剖判于五声六律。由是迁为草木,散作笙镛。群分自此而焱起,九奏因之而景从。道薄风漓,莫究箫韶之本;声消韵息,空传干戚之容。今则素扆垂休,清悬继响。平心已立于皇极,率舞犹虚于睿想。如是则薰然泄泄,将生于象罔。

(唐)吕温:《乐出虚赋》,《全唐文》,上海古籍出版社 1990 年版,第 2794 页。

40

尝谓开元承平之代,上奉无为,以宅清静,元门垂祐,有国有家者属焉;由是舍俸入之钱,以宏其栋宇,置真君之像,惟肖其仪形。设云幄于两楹,分玉座而鼎足。以严其观,双侍童卫焉;以备其教,龙虎君端翊焉。升其堂涂,稽首拜手。忽若前后左右,旄节羽卫,从诸天行。揖其冰容,以敬以肃,则若美其目口,流涕发论,破人昏惑,往真之迹,将坠复振。此教之演翳事而宏深,其率教者曰:兴废继绝,则由乎人。蒙福获祉,必感乎至。公恒以黄箓法会元辰修毕,仍岁必缉敷紫阳玉真。当负扆而颁命,列陪位而赞拜。馨杂天籁,宵烛如星。奉章上元,昭启昊帝。盖所以保和封内,储庆皇家。门阀之祥,我事丘祷,至哉贤侯之业也!粤元和甲午岁十二月二日,新宫始成,无伤物力。公之宇内百姓,不知有严有翼,如合造化。道士孙智清,元门龟龙,以标仪矩,受成事指顾而叶焉,乃欲章明灵迹,延耀丕业,请介于戎政者,撰而刊之。师简谂于良画,故不敢没其美云。

(唐)王师简:《下泊宫三茅君素像记》,《全唐文》,上海古籍出版社 1990 年版,第 3262 页。

41

挂风筝而动韵,禀律吕与天籁之齐音。鸣铎琤从,响振非非之想。且德化遐分,状秋天之朗。人思仰睟,岂异大鉴之化行。夙夜缋扬,声走寰瀛之外。遂邑之信士,追乎前续。宵想岁更,寒暑迁迭,若弗缵录,湮没其由。今尽厖略,使深于代。厥有徒众僧之佳号及一境檀邮师,今咸列姓氏于虹梁之上。知新学劣辞荒,确乎不拔。利之不利,俟时而进。有命为文,乃持笔书之,将刻于石。咸通壬午之三年九月十有一日记。

(唐)杨知新:《福田寺三门记》,《全唐文》,上海古籍出版社1990年版,第3746页。

42

于是登崇观以周览,辟层轩而遐瞩。树含岭而共青,草带原而同绿。俯八方而非远,顾千里而为局。飞霞敛而复舒,轻烟断而还续。既神怡以情畅,乃遣累而思足。聆天籁之晨响,想凤箫之夜声。窥丛之朝散,思鹤盖之后清。捐大位而不宝,脱万乘而为轻。访真人于姑射,问至理于广成。志眇眇以遐顾,心遥遥而上征。践太微之崇阁,辟阊阖之天扃。拖红旗于绛阙,翼芝盖于紫庭。咀灵(一作冲)气而还寿,吸元液以驻龄。

(唐)谢偃:《述圣赋》,《全唐文》,上海古籍出版社1990年版,第699页。

43

山也峥嵘,水也泓澄。绮华灼灼,异鸟嘤嘤。地籁天籁,如筑如筝。异人乍俗,音乐时鸣。(其四)

(唐)僧空海:《下野国日光山碑》,《唐文拾遗》,上海古籍出版社1990年版,第359页。

44

〔结缘紫府,崇因碧落。于休真士,远自殊方。择〕兹金地,式建琳房。星列珠柱,虹分玉梁。去来鹤驾,栖息霓裳。茂宰具僚,家承缨弁。齐俗百里,浇风一变。黄绶清班,玄者胜彦。其崇象设,同兴雕善。千灵彩绘,二曜梬分。轩墀濯露,藻缋排云。荣浮日彩,浦样凤文。烟霞散乱,松石纠纷。地裂碧城,道询黄盖。祥流万品,福资三大。金沼濯灵,玉虚锁溢。长勒美于仙石,永飞声于天籁。

(清)陆心源辑:《唐文续拾》,《全唐文》第五册附录,上海古籍出版社1990年版,第61页。

45

江外多山水,招要步马来。琴将天籁合,酒共鸟声催。岩坐攀红药,溪行爱绿苔。所怀非此地,游望亦裴回。

(唐)赵冬曦:《陪燕公游漍湖上寺》,《全唐诗》卷98,上海古籍出版社1986年版,第1058页。

46

花宫仙梵远微微,月隐高城钟漏稀。夜动霜林惊落叶,晓闻天籁发清机。萧条已入寒空静,飒沓仍随秋雨飞。始觉浮生无住著,顿令心地欲皈依。

(唐)李颀:《宿莹公禅房闻梵》,《全唐诗》卷134,上海古籍出版社1986年版,第1363页。

47

主家隐溪口,微路入花源。数日朝青阁,彩云独在门。双楼夹一殿,玉女侍玄元。扶橑尽蟠木,步檐多画繙。新松引天籁,小柏绕山樊。坐弄竹阴远,行随溪水喧。石池辨春色,林兽知人言。未逐凤凰去,真宫在此原。

（唐）储光羲:《昭圣观》,《全唐诗》卷137,上海古籍出版社1986年版,第1388页。

48

庆门迭华组,盛列钟英彦。贞信发天姿,文明叶邦选。为情贵深远,作德齐隐见。别业在春山,怀归出芳甸。逖听多时友,招邀及浮贱。朝沿霸水穷,暮瞩蓝田遍。百花照阡陌,万木森乡县。涧净绿萝深,岩喧新鸟转。依然造华薄,豁尔开灵院。淹留火禁辰,愉乐弦歌宴。肃肃列樽俎,锵锵引缨弁。天籁激微风,阳光轹奔箭。以兹小人腹,不胜君子馔。是日既低迷,中宵方眄眩。枕上思独往,胸中理交战。碧云暗雨来,旧原芳色变。欢然自此绝,心赏何由见。鸿蒙已笑云,列缺仍挥电。忽与去人远,俄逢归者便。想象玉泉宫,依稀明月殿。峰峦若登陟,水木以游衍。息心幸自忘,点翰仍留眷。恨无荆文璧,以答丹青绚。

（唐）储光羲:《苏十三瞻登玉泉寺峰入寺中见赠作》,《全唐诗》卷138,上海古籍出版社1986年版,第1396—1397页。

49

若有人兮思鸣皋,阻积雪兮心烦劳。洪河凌竞不可以径度,冰龙鳞兮难容舠。邈仙山之峻极兮,闻天籁之嘈嘈。霜崖缟皓以合沓兮,若长风扇海涌沧溟之波涛。

（唐）李白:《鸣皋歌,送岑征君（时梁园三尺雪,在清泠池作）》,《全唐诗》卷166,上海古籍出版社1986年版,第1718—1719页。

50

天籁何参差,噫然大块吹。玄元包橐钥,紫气何逶迤。七叶运皇化,千龄光本支。仙风生指树,大雅歌矗斯。

(唐)李白:《感时留别从兄徐王延年、从弟延陵》,《全唐诗》卷174,上海古籍出版社1986年版,第1783页。

51

秦欺赵氏璧,却入邯郸宫。本是楚家玉,还来荆山中。丹彩泻沧溟,精辉凌白虹。青蝇一相点,流落此时同。卓绝道门秀,谈玄乃支公。延萝结幽居,剪竹绕芳丛。凉花拂户牖,天籁鸣虚空。忆我初来时,蒲萄开景风。今兹大火落,秋叶黄梧桐。水色梦沅湘,长沙去何穷。寄书访衡峤,但与南飞鸿。

(唐)李白:《将游衡岳,过汉阳双松亭,留别族弟浮屠谈皓》,《全唐诗》卷174,上海古籍出版社1986年版,第1785页。

52

淮南富登临,兹塔信奇最。直上造云族,凭虚纳天籁。迥然碧海西,独立飞鸟外。始知高兴尽,适与赏心会。

(唐)高适:《登广陵栖灵寺塔》,《全唐诗》卷212,上海古籍出版社1986年版,第2204页。

53

自古皆悲恨,浮生有屈伸。此邦今尚武,何处且依仁。鼓角凌天籁,关山信月轮。官场罗镇碛,贼火近洮岷。萧索论兵地,苍茫斗将辰。大军多处所,余孽尚纷纶。高兴知笼鸟,斯文起获麟。穷秋正摇落,回首望松筠。

(唐)杜甫:《寄张十二山人彪三十韵》,《全唐诗》卷225,上海古籍出版社1986年版,第2429页。

54

终日吟天风,有时天籁止。问渠何旨意,恐落凡人耳。

(唐)顾况:《千松岭》,《全唐诗》卷267,上海古籍出版社1986年版,第2961页。

55

火入天地炉,南方正何剧。四郊长云红,六合太阳赤。赫赫沸泉壑,焰焰焦砂石。思减祝融权,期匡诸子宅。因投竹林寺,一问青莲客。心空得清凉,理证等喧寂。开襟天籁回,步履雨花积。微风动珠帘,惠气入瑶席。境闲性方谧,尘远趣皆适。淹驾殊未还,朱栏敞虚碧。

(唐)杨巨源:《夏日苦热,同长孙主簿过仁寿寺纳凉》,《全唐诗》卷333,上海古籍出版社1986年版,第3715页。

56

清铎中天籁,哀鸣下界秋。境闲知道胜,心远见名浮。岂念乘肥马,方应驾大牛。自怜蓬逐吹,不得与良游。

(唐)欧阳詹:《和严长官秋日登太原龙兴寺阁野望》,《全唐诗》卷349,上海古籍出版社1986年版,第3909页。

57

清晨登天坛,半路逢阴晦。疾行穿雨过,却立视云背。白日照其上,风雷走于内。滉漾雪海翻,槎牙玉山碎。蛟龙露髻鬣,神鬼含变态。万状互生灭,百音以繁会。俯观群动静,始觉天宇人。山顶自晶明,人间已滂沛。豁然重昏敛,涣若春冰溃。反照入松门,瀑流飞缟带。遥光泛物色,余韵吟天籁。洞府撞仙钟,村墟起夕霭。却见山下侣,已如迷世代。问我何处来,我来云雨外。

（唐）刘禹锡：《客有为余话登天坛遇雨之状，因以赋之》，《全唐诗》卷355，上海古籍出版社1986年版，第3982页。

58

早宦阅人事，晚怀生道机。时从学省出，独望郊园归。野彴度春水，山花映岩扉。石头解金章，林下步绿薇。青松郁成坞，修竹盈尺围。吟风起天籁，蔽日无炎威。危径盘羊肠，连甍耸翚飞。幽谷响樵斧，澄潭环钓矶。因高见帝城，冠盖扬光辉。白云难持寄，清韵投所希。顾予久郎潜，愁寂对芳菲。一闻丘中趣，再抚黄金徽。二公如长离，比翼翔太微。含情谢林壑，酬赠骈珠玑。

（唐）刘禹锡：《裴祭酒尚书见示春归城南青松坞别墅……高侍郎之什命同作》，《全唐诗》卷355，上海古籍出版社1986年版，第3982—3983页。

59

橘洲泛浮金实动，水郭缭绕朱楼骞。语余百响入天籁，众奇引步轻翩翩。泉清石布博棋子，萝密鸟韵如簧言。

（唐）刘禹锡：《唐侍御寄游道林岳麓二寺诗并沈中丞姚员外所和见征继作》，《全唐诗》卷356，上海古籍出版社1986年版，第4003—4004页。

60

渐入有年数，喜逢新岁来。震方天籁动，寅位帝车回。门巷扫残雪，林园惊早梅。与君同甲子，寿酒让先杯。

（唐）刘禹锡：《元日乐天见过因举酒为贺》，《全唐诗》卷358，上海古籍出版社1986年版，第4038页。

61

曾遭飞语十年谪,新受恩光万里还。朝服不妨游洛浦,郊园依旧看嵩山。竹含天籁清商乐,水绕庭台碧玉环。留作功成退身地,如今只是暂时闲。

(唐)刘禹锡:《尉迟郎中见示自南迁牵复却至洛城东旧居之作因以和之》,《全唐诗》卷359,上海古籍出版社1986年版,第4054页。

62

势轧枝偏根已危,高情一见与扶持。忽从憔悴有生意,却为离披无俗姿。影入岩廊行乐处,韵含天籁宿斋时。谢公莫道东山去,待取阴成满凤池。

(唐)刘禹锡:《庙庭偃松诗》,《全唐诗》卷359,上海古籍出版社1986年版,第4056页。

63

前轩舒阳,朱槛环之。舞衣回旋,乐簨参差。北庑延阴,外阿旁注。芊眠清泚,罗入洞户。初筵修平,雕俎静嘉。林风天籁,与金奏合。

(唐)刘禹锡:《武陵北亭记》,《全唐文》,上海古籍出版社1990年版,第2713页。

64

夜蛩鸣兮机杼促,朔雁叫兮音书绝。远杵续兮何泠泠,虚窗静兮空切切。如吟如啸,非竹非丝。合自然之宫徵,劲终岁之别离。废井苔冷,荒园露滋。草苍苍兮人寂寂,树械械兮虫唧唧。则有安石风流,巨源多可。平六符而佐主,施九流而自我。犹复感阴虫之鸣轩,叹凉叶之初堕。异宋玉之悲伤,觉潘郎之么么。嗟乎! 骥伏枥而已老,鹰在韝而有情。聆朔风而心动,眄天籁而神惊。力将痷兮足受继,犹奋迅于秋声。

(唐)刘禹锡:《秋声赋》,《全唐文》,上海古籍出版社1990年版,第2684页。

65

月峰禅室掩,幽磬静昏氛。思入空门妙,声从觉路闻。泠泠满虚壑,杳杳出寒云。天籁疑难辨,霜钟谁可分。偶来游法界,便欲谢人群。竟夕听真响,尘心自解纷。

(唐)吕温:《终南精舍月中闻磬声诗(题中用韵,六十字成)》,《全唐诗》卷370,上海古籍出版社1986年版,第4157页。

66

峻节高转露,贞筠寒更佳。托身仙坛上,灵物神所呵。时与天籁合,日闻阳春歌。应怜孤生者,摧折成病瘌。

(唐)元稹:《和东川李相公慈竹十二韵(次本韵)》,《全唐诗》卷402,上海古籍出版社1986年版,第4499页。

67

柏殿行陪宴,花楼走看酺。神旗张鸟兽,天籁动笙竽。戈剑星芒耀,鱼龙电策驱。定场排越伎,促坐进吴歈。

(唐)白居易:《东南行一百韵寄通州元九侍御澧州李十一舍人果州崔二十二使君开州韦大员外庾三十二补阙杜十四拾遗李二十助教员外窦七校书》,《全唐诗》卷439,上海古籍出版社1986年版,第4877—4878页。

68

未遑炼金鼎,日觉容光暮。万虑随境生,何由返真素。寂寞天籁息,清迥鸟声曙。回首望重重,无期挹风驭。

(唐)李涉:《题清溪鬼谷先生旧居》,《全唐诗》卷477,上海古籍出版社1986年版,第5423—5424页。

69

山空天籁寂,水榭延轻凉。浪定一浦月,藕花闲自香。

(唐)李群玉:《静夜相思》,《全唐诗》卷570,上海古籍出版社1986年版,第6605页。

70

凝看出次云,默听语时鹤。绿书不可注,云笈应无钥。晴来鸟思喜,崦里花光弱。天籁如击琴,泉声似搅铎。

(唐)皮日休:《太湖诗·晓次神景宫》,《全唐诗》卷610,上海古籍出版社1986年版,第7035页。

71

偶此真籁客,悠扬两情摅。清词忽窈窕,雅韵何虚徐。唱既野芳坼,酬还天籁疏。轻波掠翡翠,晓露披芙渠。

(唐)陆龟蒙:《奉和袭美酬前进士崔璐盛制见寄因赠至一百四十言》,《全唐诗》卷618,上海古籍出版社1986年版,第7118页。

72

高秋能叩触，天籁忽成文。苦调虽潜倚，灵音自绝群。茅峰曾醮斗，笠泽久眠云。许伴山中躅，三年任一醺。

（唐）陆龟蒙：《和张广文贲旅泊吴门次韵》，《全唐诗》卷622，上海古籍出版社1986年版，第7162页。

73

才疏惟自补，技痒欲谁抓。窗静常悬杂，鞭闲不正鞘。山衣轻斧藻，天籁逸弦匏。蕙转风前带，桃烘雨后胶。

（唐）陆龟蒙：《奉和袭美新秋言怀三十韵次韵》，《全唐诗》卷623，上海古籍出版社1986年版，第7164—7165页。

74

稚珪伦鉴未精通，只把蛙声鼓吹同。君听月明人静夜，肯饶天籁与松风。

（唐）吴融：《阌乡寓居十首·蛙声》，《全唐诗》卷686，上海古籍出版社1986年版，第7877页。

75

天籁吟风社燕归，渚莲香老碧苔肥。夜来霜坠梧桐叶，诸殿平明进御衣。

（唐）和凝：《宫词百首》，《全唐诗》卷735，上海古籍出版社1986年版，第8396页。

76

移桧托禅子,携家上赤城。拂琴天籁寂,欹枕海涛生。云白寒峰晚,鸟歌春谷晴。又闻求桂楫,载月十洲行。

(唐)廖融:《赠天台逸人》,《全唐诗》卷762,上海古籍出版社1986年版,第8654页。

77

众岳雄分野,九华镇南朝。彩笔凝空远,崔嵬寄青霄。龙潭古仙府,灵药今不凋。莹为沧海镜,烟霞作荒标。造化心数奇,性状精气饶。玉树郁玲珑,天籁韵萧寥。寂寂寻乳窦,兢兢行石桥。通泉漱云母,藉草萦香苕。我住幽且深,君赏昏复朝。稀逢发清唱,片片霜凌飙。

(唐)神颖:《和王季文题九华山》,《全唐诗》卷823,上海古籍出版社1986年版,第9283页。

78

子綦方隐几,冥寂久灰心。悟来应颜游,清义杳何深。含响尽天籁,有言同彀音。是非不足辩,安用劳神襟。

(唐)吴筠:《高士咏·南郭子綦》,《全唐诗》卷853,上海古籍出版社1986年版,第9657页。

(三)宋金元

宋金元时期是天籁在诗词中使用最为频繁的一个时期,约上百首诗中出现了"天籁",十多首词中使用了"天籁"。在理论上,天籁范畴由自然之声的初义得到很大的推衍,包括:1. 天籁是声韵的源泉,如郑樵:"天籁之本,自成经纬,纵有四声以成经,横有七音以成纬。皇颉制字,深达此机";2. 天籁由自然之声推衍到人的率真的"志"直己而发,如袁燮:"古人之作诗,犹天籁之自鸣尔。志之所之,诗亦至焉。直己而发,不知其所以然";3. 推衍到人的灵感乃至创作的天籁自鸣,如包恢:"有穷智极力之所不能到者,犹造化自然之声也。盖天机自动,天籁自鸣,鼓以雷霆,豫顺以动,发自中节,声自成文,此诗之至也";4. 推衍到自然宫商——自然的音乐,如苏轼:"钱唐、东阳皆有水乐洞,泉流空岩中,自然宫商。又自灵隐下天竺而上至上天竺,溪行两山间,巨石磊磊如牛羊,其声空磬然,真若钟声,乃知庄生所谓天籁者,盖无所不在也。"元好问:"悠然而风鸣,泛然而谷应。……是按天籁以宫商,而责浑沌之鲜丹青也。"此时期,论家尚有罗璧、魏庆之、王应麟、杨维桢、李道纯等。

79

嶻嶭高亭古涧隈,偶携嘉客共徘徊。席间风起闻天籁,雨后山光入酒杯。

(宋)欧阳修:《游石子涧》,《欧阳修全集》,中国书店1986年版,第107页。

80

高步登天池,灵源湛然吐。俯窥不可见,渊默神龙护。静夜天籁寒,宿客疑风雨。

(宋)欧阳修:《天池》,《欧阳修全集》,中国书店1986年版,第348页。

81

风之吹万物不同,天籁也。禽鸟啁啫,亦天地自然之声,作乐者当于此取则焉。所谓"听风听水作霓裳",近之矣。以箫韶九成,凤凰来仪,击石拊石,百兽率舞,盖以我自然之声,感彼自然之应,所谓同声相应者也。

（宋）周密：《癸辛杂识》，上海古籍出版社 1991 年版，第 137 页。

82

枇杷花老洞云深。流水泠泠。蓝田谁种玲珑玉，土华寒、晕碧云根。佳兴秋英春草，好音夜鹤朝禽。　　闲听天籁静看云。心境俱清。好风不负幽人意，送良宵、一枕松声。四友江湖泉石，二并钟鼎山林。

（宋）周密：《风入松》（为谢省斋赋林壑清趣），《全宋词》，中华书局 1988 年版，第 3281 页。

83

天籁谁为主，乘时各自鸣。如分百虫响，未助九秋清。未歇吟风调，先催泣露声。乾坤辟氛气，草木敛华英。易断愁人梦，难安懒妇惊。唯应广成子，万感不关情。

（宋）朱熹：《拟县补虫鸣秋诗》，《晦庵集》，文渊阁《四库全书》本。

84

天籁之本，自成经纬，纵有四声以成经，横有七音以成纬。皇颉制字，深达此机。江左四声，反没其旨。凡为韵书者，皆有经无纬。字书眼学，韵书耳学，眼学以母为主，耳学以子为主。母主形，子主声，二家俱失所主。今欲明七音之本，扩六合之情，然后能宣仲尼之教，以及人面之俗，使裔夷之俘皆知礼义，故作《七音略》。

（宋）郑樵：《通志总序》，《御选古文渊鉴》卷五十七，文渊阁《四库全书》本。

85

观今《七音韵鉴》出自西域，应琴七弦，天籁所作，故从衡正倒，辗转成图,无非自然之文,极是精微,不比韵书但平上去入而已,七音之学,学者不可不究。华有二合之音,无二合之字。梵有二合、三合、四合之音,亦有其字。华书惟琴谱有之,盖琴尚音,一音难可一字该,必合数字之体,以取数音之文。

(宋)郑樵:《论华梵(中)》,《通志》卷三十五,文渊阁《四库全书》本。

86

释氏以参禅为大悟,通音为小悟,虽七音一呼而聚,四声不召自来,此其粗浅者耳。至于纽蹑杳冥,盘旋寥廓,非心乐洞融天籁通乎造化者,不能造其阃。

(宋)郑樵:《七音序》(七音略第一),《通志》卷三十六,文渊阁《四库全书》本。

87

夫《诗》之本在声,而声之本在兴,鸟兽草木乃发兴之本。汉儒之言《诗》者既不论声,又不知兴,故鸟兽草木之学废矣。若曰"关关雎鸠,在河之洲",不识雎鸠,则安知河洲之趣与关关之声乎? 凡雁鹜之类,其喙褊者,则其声关关;鸡雉之类,其喙锐者,则其声鷕鷕,此天籁也。雎鸠之喙似凫雁,故其声如是,又得水边之趣也。《小雅》曰"呦呦鹿鸣,食野之苹",不识鹿则安知食苹之趣与呦呦之声乎? 凡牛羊之属,有角无齿者,则其声呦呦;驼马之属,有齿无角者,则其声萧萧,此亦天籁也。鹿之喙似牛羊,故其声如是,又得蒌蒿之趣也。使不识鸟兽之情状,则安知诗人"关关"、"呦呦"之兴乎? 若曰"有敦瓜苦,蒸在栗薪"者,谓瓜苦引蔓于篱落间而有敦然之系焉。若曰"桑之未落,其叶沃若"者,谓桑叶最茂,虽未落之时而有沃若之泽。使不识草木之精神,则安知诗人"敦然"、"沃若"之兴乎?

(宋)郑樵:《昆虫草木略序》,《通志》卷七十五,文渊阁《四库全书》本。

88

钱唐、东阳皆有水乐洞,泉流空岩中,自然宫商。又自灵隐下天竺而上,至上天竺,溪行两山间,巨石磊磊如牛羊,其声空砻然,真若钟声,乃知庄生所谓天籁者,盖无所不在也。建中靖国元年正月五日,自海南还,过南安,司法掾吴君示旧所作《石钟山记》,复书其末。

(宋)苏轼:《跋〈石钟山记〉后》,《苏轼文集》,中华书局1992年版,第2074页。

89

自秦并天下,灭礼乐,韶之不作,盖千三百二十有三年。其器存,其人亡,则韶既已隐矣,而况于人器两亡而不传。虽然,韶则亡矣,而有不亡者存。盖常与日月寒暑晦明风雨并行于天地之间。世无南郭子綦,则耳未尝闻地籁也,而况得闻于天籁。使耳闻天籁,则凡有形有声者,皆吾羽旄干戚管磬匏弦。尝试与子登夫韶石之上,舜峰之下,望苍梧之渺莽,九疑之联绵。览观江山之吐吞,草木之俯仰,鸟兽之鸣号,众窍之呼吸,往来唱和,非有度数而均节自成者,非《韶》之大全乎!上方立极以安天下,人和而气应,气应而乐作,则夫所谓箫韶九成,来凤鸟而舞百兽者,既已粲然毕陈于前矣。

(宋)苏轼:《九成台铭》,《苏轼文集》,中华书局1992年版,第567页。

90

落日绣帘卷,亭下水连空。知君为我,新作窗户湿青红。长记平山堂上,欹枕江南烟雨,渺渺没孤鸿。认得醉翁语,山色有无中。　　一千顷,都镜净,倒碧峰。忽然浪起,掀舞一叶白头翁。堪笑兰台公子,未解庄生天籁,刚道有雌雄。一点浩然气,千里快哉风。

(宋)苏轼:《水调歌头》(黄州快哉亭赠张偓佺),《全宋词》,中华书局1988年版,第279页。

91

浮金最好溪南景,古木楼台画不成。天籁远兼流水韵,云璈常听步虚声。青鸾白鹤蟠空下,翠草玄芝匝地生。咫尺仙都隔尘世,门前车马任纵横。

(宋)苏轼:《瑞金东明观》,《全宋诗》,北京大学出版社 1991 年版,第 9615 页。

92

飞泉来无穷,发自嵩岭背。奔驰两山间,偶与乱石会。倾流势摧毁,泥土久崩溃。坚姿未消释,巉嵲俨相对。居然受喷泼,雷转诸窾内。初喧堕深谷,稍放脱重隘。跳沫溅霏微,余澜汹澎湃。宸游昔事远,绝壁遗刻在。人迹久寂寥,物理藐兴废。相君厌纷华,筑室俯湍濑。濯缨离尘垢,洗耳听天籁。将追赤松游,自置青云外。道人亦何者,预此事归计。犹恐山未深,更种万株桧。

(宋)苏辙:《过韩许州石淙庄》,《唐宋八大家全集·苏辙集》,国际文化出版社 1997 年版,第 64 页。

93

《齐物论》非欲齐物也,盖谓物论之难齐也。是非毁誉,一付于物,而我无与焉,则物论齐矣。邵子诗谓"齐物到头争",恐误。张文潜曰:"庄周患夫彼是之无穷,而物论之不齐也,而托之于天籁,其言曰'吹万不同,而使其自已也'。此言自以为至矣,而周固自未离夫万之一也,曷足以为是非之定哉。虽然,如周者亦略税驾矣。"

(宋)王应麟:《困学纪闻》,江苏教育出版社 1998 年版,第 220 页。

94

李白《庐山东林寺夜怀》诗:"我寻青莲宇,独往谢城阙。霜清东林钟,水白虎溪月。天香生虚空,天乐鸣不歇。宴坐寂不动,大千入毫发。湛然冥真心,旷劫断出没。"……予因思静胜境中,当有自然清气,名曰天香,自流清音,名曰天乐。予故以闻灵响自为天簧,亦取天籁之义。此盖唯变所适,不可致诘也。(法藏碎金)

(宋)魏庆之:《诗人玉屑》,《宋诗话全编》,上海古籍出版社1998年版,第9135页。

95

骈俪贵整,散文忌律,各有当也。《礼记·乐记》曰:上如抗,下如坠,曲如折,止如槁木,倨中矩,句中钩,累累乎端如贯珠,何啻亲聆其抑扬高下之声。后来昌黎《听琴》等作,虽写此而费辞矣。经后文字之奇,推《庄子》大木异窍穴之众声,天籁变为八声之妙,至厉风济则众窍为虚一语,又自有声入无声,乃古人状物之妙。至叙物之递递相生曰:种有几,得水则为继,得水土之际则为鼃蠙之衣,生于陵屯则为陵舄,得郁栖为乌足,乌足之根为蛴螬,其叶为蝴蝶,蝴蝶胥也化而为虫,生于灶下,其状若脱,其名为鸲掇,鸲掇千日为鸟,鸟之名曰乾余骨,乾余骨之沫为斯弥,斯弥为食醯,颐辂生乎食醯,黄軦生乎九猷,瞀芮生乎腐蠸,羊奚比乎不筍,久竹生青宁,青宁生程,程生马,马生人,人又反入于机。物生凡十八变而句法十五易,妥律中杂崛曲,是以其语可味。

(宋)罗璧:《崛奇可味》,《识遗》卷二,文渊阁《四库全书》本。

96

《龟山语录》云:因读东坡《和渊明形影神诗》,其《影答形》云:"君如烟上火,火尽君乃别。我如镜中像,镜坏我不灭。"影因形而有,无是生灭相,故佛尝云："一切有为法,如梦幻泡影。"正言非实有也,何谓不灭? 他日读《九成台铭》云："此说得之庄周。"然以江山吐吞、草木俯仰、众窍呼吸、鸟兽鸣号为天籁,此乃庄周所谓"地籁"也。但其文精妙,读之者咸不之察耳。

(宋)胡仔:《苕溪渔隐丛话》,《宋诗话全编》,江苏古籍出版社 1998 年版,第 3966 页。

97

盖古人于诗不苟作,不多作。而或一诗之出,必极天下之至精,状理则理趣浑然,状事则事情昭然,状物则物态宛然,有穷智极力之所不能到者,犹造化自然之声也。盖天机自动,天籁自鸣,鼓以雷霆,豫顺以动,发自中节,声自成文,此诗之至也。

(宋)包恢:《答曾子华论诗》,《敝帚稿略》卷二,文渊阁《四库全书》本。

98

古人之作诗,犹天籁之自鸣尔。志之所之,诗亦至焉。直己而发,不知其所以然,又何暇求夫语言之工哉? 故圣人断之曰:思无邪。心无邪思,一言一句自然精纯,此所以垂百世之典刑也。魏晋诸贤之作,虽不逮古,犹有春容恬畅之风,而陶靖节为最,不烦雕琢,理趣深长,非余子所及。故东坡苏公言:渊明不为诗,写其胸中之妙尔。唐人最工于诗,苦心疲神以索之,句愈新巧,去古愈邈。独杜少陵雄杰宏放,兼有众美,可谓难能矣。然"为人性僻耽佳句,语不惊人死不休",子美所自道也。诗本言志,而以惊人为能,与古异矣。后生承风,薰染积习,甚者"推敲"二字,毫厘必计;或其母忧之,谓"是儿欲呕出心乃已"。镌磨锻炼,至是而极,孰知夫古人之诗,吟咏情性,浑然天成者乎?

(宋)袁燮:《题魏丞相诗》,《絜斋集》卷八,文渊阁《四库全书》本。

99

吾意此即天籁也。闲所弹更三十余曲,曰:"公能各为我为辞,使我它日持归庐山时倚琴而歌,亦足为千载盛事。"意欣然许之,闲乃略用平侧四声分均为句以授余。琴有指法而无其谱,闲盖强为之,吾时了了略解,既懒不复作,今盖忘之矣。

(宋)叶梦得:《避暑录话》卷下,文渊阁《四库全书》本。

100

天上人间一树花,五年于此驻高牙。不随红药矜春色,为爱霜筠耐岁华。四塞风沉天籁寂,半庭月冷市尘赊。临行更致平安祝,一炷清香十万家。

(宋)崔与之:《扬州官满辞后土题玉立亭》,见曹璇纂《琼花集》,《香艳丛书》第九集,人民文学出版社 1992 年版,第 3150 页。

101

苟知我之所自起,则存与丧未始不在我也。比竹之为物,人皆闻之,知其空虚无有也。我之所以为我者亦然。万窍怒号,何异有我而役其心形时邪?众窍为虚,何异丧我而槁木死灰之时邪?而曰独不闻独不见者,言地籁之作止,汝之所尝闻见,而心之起灭,汝之所未尝闻见也。以其所尝闻见而究其所未尝闻见,则天籁可知矣。

(宋)吕惠卿:《庄子义》,民国 23 年陈任中辑校排印本。

102

释"天籁"说:风不能鸣无窍,而化不能役无物,能脱形骸之累而忘妄想之情,了然明达而吾非我有,则入于神妙,而造化不能拘之矣。

（宋）王元泽:《南华真经新传》,《道藏要籍选刊》第二册,上海古籍出版社 1989 年影印本。

103

琅庭珍馆一何清,四壁如银窗更明。雨余草色欺苔色,风送松声杂涧声。芍药花开今四月,杜鹃啼恨到三更。我来暂息白鹤观,忆着故人刘混成。松殿空遗金凤舞,芝田不见铁牛耕。云迷古洞虎狼吼,烟锁平林鸟雀惊。日暮山屏增紫翠,晓来天籁自箫笙。杖头挑月过山北,要趁如今几日晴。

（宋）白玉蟾:《白鹤观》诗,《全宋诗》,北京大学出版社 1991 年版,第 37683 页。

104

萧萧从何来,撼我青琅玕。笙箫动天籁,雨露生秋寒。铁笛不用吹,瑶琴不用弹。听此夜不寐,山月落邯郸。

（宋）白玉蟾:《大霄观风竿轩》,《全宋诗》,北京大学出版社 1991 年版,第 37501 页。

105

昔日登山愿,今年破夏偿。乘壶斟雪白,独酌判黄昏。有许松俱老,皆为鹤所房。能多云肇絮,若个石为羊。怀古兴三叹,凭高眺八方。归归天籁起,一我正诗狂。

（宋）白玉蟾:《皇初平故隐》,《全宋诗》,北京大学出版社 1991 年版,第 37521 页。

106

一登天籁亭前望,黄鹤未归春雨寒。心酸世上几多人,不炼金液大还丹。忘形养气乃金液,对景无心是大还。

(宋)白玉蟾:《快活歌二首》,《全宋诗》,北京大学出版社 1991 年版,第 37652—37653 页。

107

猿笛晓闻冥漠外,松涛夜吼有无间。我将唤起陈知白,蜕却尘躯跨彩鸾。

(宋)白玉蟾:《天籁堂》,《全宋诗》,北京大学出版社 1991 年版,第 37531 页。

108

千丈森森螺砢生,风来岩壑韵琮琤。耳根一洗俗尘净,木末时闻天籁鸣。

(宋)鲍寿孙:《松声》,《全宋诗》,北京大学出版社 1991 年版,第 44471 页。

109

山居终日不开门,室有南窗气自温。人籁暂休天籁息,月华将冷照黄昏。

(宋)曹勋:《冲斋书事》,《全宋诗》,北京大学出版社 1991 年版,第 31180 页。

110

卜居得幽胜,景物无升沉。峰峦环郛郭,松竹排园林。时时破寂寥,悠悠赖鸣禽。于焉自有得,天籁皆余音。

(宋)曹勋:《山居杂诗九十首》,《全宋诗》,北京大学出版社1991年版,第21200页。

111

中兴事业耀无前,明圣相逢运半千。尽纳有生归礼乐,全提鸿化入陶甄。八风自转成天籁,五纬更调祚有年。体物形容劳颂笔,浪云无象岂其然。

(宋)陈棣:《代上时相生辰》,《全宋诗》,北京大学出版社1991年版,第22034页。

112

远公招隐处,宿我上方云。夜永地祇出,谷虚天籁闻。挑灯过雁尽,得句晓窗分。不寐关何事,幽栖意自欣。

(宋)陈杰:《宿东林寺》,《全宋诗》,北京大学出版社1991年版,第41122页。

113

夫君之游兮,嫣荷为之笑迎。夫君之归兮,白鹭为之致情。嗟此湖几千百年兮,曷尝遇夫夫君之清。人如玉兮水如镜,雨如珠兮山如屏,我为此歌兮不知谁为之声。抑天籁之自鸣,抑性情之自生。风卷其纸,陶然忘形。

(宋)陈宓:《西湖歌》,《全宋诗》,北京大学出版社1991年版,第34002页。

114

泝洄江上山,千里皆可爱。忽见匡庐峰,气势一何大。崔嵬青天屏,叆
叇白云盖。藤萝拂金绳,瀑水挂玉带。未雨龙穴藏,摩空鸟飞碍。疑晨红尘
间,邈在万物外。闻有高世士,眠云不知载。饮露餐朝霞,啸月下天籁。轩
冕何足道,天地乃投芥。吾能与之游,无庸去浮海。

(宋)陈舜俞:《初见庐山》,《全宋诗》,北京大学出版社 1991 年版,第
4979 页。

115

阆风元不隔扃扉,桑柘松筠匼匝围。溪贯一原藏曲折,山罗万象欲腾
飞。仙坛起雾成丹灶,玉女披霞作彩衣。寂寂幔亭天籁息,笙箫疑向夜
深归。

(宋)陈鞿:《游武夷作》,《全宋诗》,北京大学出版社 1991 年版,第
35225—35226 页。

116

草泽行吟苦,兰陔奉养闲。子文无愠色,夷甫足清谈。物外冥天籁,樽
前据石楠。惟应怜旧尹,渔钓负江潭。

(宋)陈襄:《送别探得南字》,《全宋诗》,北京大学出版社 1991 年版,第
5084 页。

117

岩岩一峰千万寻,微茫楼阁寒云深。巡州佐吏倚栏久,泠泠天籁清
尘心。

(宋)陈尧佐:《题上虞兰芎山》,《全宋诗》,北京大学出版社 1991 年版,

第 1086 页。

118

细阅史氏书,宛若身所经。梦录以命之,过影纪亏成。一尧间十秦,寒暑倏变更。我起千岁后,游心于大庭。俛仰海尘扬,鼓舞天籁鸣。纷纷阅过前,表立俱志情。

(宋)陈造:《和陶渊明二十首》,《全宋诗》,北京大学出版社 1991 年版,第 27949 页。

119

鸟息我亦倦,行行取径微。石稜妨错足,藤蔓每钩衣。森木各天籁,连山同夕晖。推门吟袖冷,满带野风归。

(宋)陈造:《山居十首》,《全宋诗》,北京大学出版社 1991 年版,第 28086 页。

120

才力高下岐云泥,龟镜国老乳臭儿。纷纷过眼败人意,棘端觅猴毛不皮。江西久无金华伯,平水未识元微之。府公牙颊著天籁,吮漱濩武鸣咸池。江城屡雪传新作,梁园赋客让环奇。振两文忠旧号令,赤手破敌无所持。小人拜赐但袖手,匪报未办瑶华诗。

(宋)陈造:《帅寄诗再次韵》,《全宋诗》,北京大学出版社 1991 年版,第 28057 页。

121

郁仪结璘时吐吞,不愿泛舟寻蓬瀛。不愿驾鹤朝玉京,只愿餐霞饵黄精。闭息默坐持洞经,长与玉皇为外臣。世自迫隘汙我清,一杯聊共云端论。松风忽作天籁鸣,浮云富贵何足云。度世可不保此身,寸田荆棘当锄耘。

(宋)程公许:《题会庆建福宫长歌》,《全宋诗》,北京大学出版社1991年版,第2988页。

122

翳然林水间,舒啸天籁虚。雪髯醉先起,众宾且踌躇。人生有定分,适意不愿余。衣食粗能给,吾当赋遂初。

(宋)程公许:《重阳后一日亲友会饮于沧洲以初九未成旬重阳即此辰探韵得初未二字》,《全宋诗》,北京大学出版社1991年版,第35509页。

123

峻赠玉削三千丈,翠泼岚光冷相向。风含太古云气长,变化溟濛纷万象。阴晴一日肯四时,天籁壑深虚自响。神山娟妙擢群参,锦绣铺张献奇状。

(宋)邓谏从:《题巫山瞻华亭》,《全宋诗》,北京大学出版社1991年版,第32019页。

124

陶朱防狡兔,渭滨兆非熊。先生但钓月,君王友不从。我昔访其迹,溪光磨青铜。呼公公不应,天籁自号空。何人知此景,携归梵王宫。乃知夜半力,端在寸毫中。

(宋)邓肃:《观子陵画像》,《全宋诗》,北京大学出版社1991年版,第19721页。

125

马上衣衫浣尘土,敛板权门腰伛偻。冷风天上呼不来,厚颜如甲汗如雨。星郎高韵凌云烟,天籁唤归酌流泉。人间热恼醺不到,亭上鹤衣飘欲仙。君方醉乐人愁绝,何如御此登天阙。叩天借取衣上风,吹下九州作春色。

(宋)邓肃:《题吹衣亭》,《全宋诗》,北京大学出版社 1991 年版,第19718 页。

126

丹霞修何行,天花雨红英。草莽化金碧,宴坐十年成。落笔多奇语,酬唱皆名卿。微言寄祸福,无心天籁鸣。

(宋)邓肃:《谢丹霞老师》,《全宋诗》,北京大学出版社 1991 年版,第19722 页。

127

绝境惟闻天籁音,山游重缀壁龛吟。春生仙瓮新篘酒,尘锁书床旧调琴。丹井月空梧积满,瑶台雨渍藓埋深。明朝幞被归城市,万迭苍峦有梦寻。

(宋)董嗣杲:《重过清虚庵》,《全宋诗》,北京大学出版社 1991 年版,第42654 页。

128

清献重逢在永阳,方知此道浸明昌。非聪何以闻天籁,有界终须辨国香。不贰见知忠肃瑾,逸民晚遇太师光。圣贤出处宁无意,舍则深藏用束装。

（宋）度正：《正伏承泽深佥判学士贤友以正生朝宠贶佳篇辄次元韵》，《全宋诗》，北京大学出版社1991年版，第33679页。

129

向非贤牧政通灵，几负松陵未耜耕。天籁侵晨占少女，雨师连夜檄玄冥。作霖岂必求商野，召见谁能右汉庭。闻有追锋传好语，从今侧耳为君听。

（宋）范仲淹：《三次喜雨诗韵少伸嘉颂》，《全宋诗》，北京大学出版社1991年版，第1882页。

130

于今堕泪碑，观之益钦戴。卓有王源步，文学伟当代。借麾来襄阳，高怀极恬退。山姿列云端，江响拂天籁。行乐何逍遥，览古忽感慨。不见叔子祠，芜没民畴内。千金赎故基，庙貌重营绘。襄人复其祀，水旱有攸赖。

（宋）范仲淹：《寄题岘山羊公祠堂》，《全宋诗》，北京大学出版社1991年版，第1875—1876页。

131

清风何处来，先此高高台。兰丛国香起，桂枝天籁回。飘飘度清汉，浮云安在哉。万古郁结心，一旦为君开。

（宋）范仲淹：《清风谣》，《全宋诗》，北京大学出版社1991年版，第1861页。

132

秋容满苔溪，天籁生菌阁。幽怀对萧辰，意味更冲泊。招朋倾一盛，相与慰牢落。抵掌谈世事，亦可资一噱。

（宋）高斯得：《次韵李通甫赋中秋》，《全宋诗》，北京大学出版社1991年版，第38552—38553页。

133

是雨亦无奇，如雨乃可乐。风停叶静时，雨从何处著。霜野物声干，终带尘土浊。篷音非出虚，瓢音太伤朴。得似此声清，潇洒过笙鹤。天籁者非耶，夔襄不能学。

（宋）巩丰：《芊洋岭背闻雨声满山细听林上槁叶风过之相戛击而成音后先疏数中节清绝难状篷笼夜雨未足为奇》，《全宋诗》，北京大学出版社1991年版，第31149页。

134

岸长草不断，城转树更深。沙纹与水影，浮动光差参。游鳞不知数，琐细如糁针。四顾物色静，但闻天籁音。羡此鱼鸟性，云飞而渊沉。安得高世士，不为时好侵。相携去缰锁，投竿坐清浔。制芰为我裳，纫兰间予襟。上歌唐虞道，寄适朱弦琴。人生苟如此，何必组与簪。

（宋）韩维：《游北台》，《全宋诗》，北京大学出版社1991年版，第5107页。

135

车尘蔽重城，俯首但阛阓。谁知达观亭，自与空阔对。青山接檐楹，白塔见云外。迢遥眼界净，妙处心境会。平生九垓期，洗耳听天籁。一为簿领缚，局促无可奈。每凭君家栏，旷若解铃钗。跻攀得遐瞩，顿觉天宇大。颇惭北山移，欲赋楚台快。泰然发天光，闲目了无碍。

（宋）韩元吉：《题潘叔玠家达观亭》，《全宋诗》，北京大学出版社1991年版，第23610页。

136

爱山分席坐松阴,草草杯盘慰赏心。水乐不鸣天籁寂,数声幽鸟和清吟。

(宋)胡仲弓:《游水乐烟霞二洞三绝》,《全宋诗》,北京大学出版社1991年版,第39809页。

137

隐几付天籁,阅人如海鸥。襟怀俯万物,颜鬓与百忧。长歌可当泣,短生等蜉蝣。悲欢令人老,万世略同流。

(宋)黄庭坚:《和答莘老见赠》,《全宋诗》,北京大学出版社1991年版,第11565页。

138

禾黍锄其骄,牛羊鞭在后。隐几天籁寒,六凿忽通透。

(宋)黄庭坚:《平阴张澄居士隐处三诗之复庵》,《全宋诗》,北京大学出版社1991年版,第11334页。

139

旧言如对面,形迹滞舟车。风帘想隐几,天籁鸣寒梧。尚喜读书否,还能把酒无。邺城渺尘沙,冠盖若秋渠。

(宋)黄庭坚:《寄南阳谢外舅》,《宋诗钞·山谷诗钞》,中华书局1986年版,第930—931页。

140

门巷枕江濆,疑将俗境分。湖山晴后见,天籁静中闻。径僻苔空老,林寒日渐曛。高怀无一事,长岁似孤云。

(宋)寇准:《题杨氏别墅》,《全宋诗》,北京大学出版社1991年版,第1030页。

141

聊能半日止游缰,拂拂尘裾未涤黄。山掩溪光龙脊断,谷传天籁虎风凉。乱云过眼不妨好,细径入村何限长。独酌苦吟清意在,可怜禽鸟亦相忘。

(宋)李新:《题明远轩》,《全宋诗》,北京大学出版社1991年版,第14190页。

142

户外世尘皆累,山中天籁无声。莫看螳蝉相捕,要教鹤舞鱼听。

(宋)李曾伯:《送李琴士据梧》,《全宋诗》,北京大学出版社1991年版,第38728页。

143

顾余寸有长,葑菲误见采。山空佛宫冷,秉烛集飞盖。笑歌触松风,出谷作天籁。后夜风雨时,惟应鬼神会。

(宋)李廌:《谷隐饮中以采菱渡头风起策杖村西日斜为韵探得采头二字》,《全宋诗》,北京大学出版社1991年版,第13573页。

144

移桧托禅子,携家上赤城。拂琴天籁寂,敧枕海涛生。雪白寒峰晚,鸟歌春谷晴。又闻求桂楫,载月十洲行。

(宋)廖融:《赠天台逸人》,《全宋诗》,北京大学出版社 1991 年版,第 211 页。

145

孤云不可攀,浩气相与遥。着亭翠微顶,飞檐侵沆瀣。紫麟迂远驾,黄鹄回扶摇。云收天籁息,亭影摩重霄。

(宋)林宪:《台州郡治十二诗太守尤延之命赋·参云亭》,《全宋诗》,北京大学出版社 1991 年版,第 23097 页。

146

诗道发金石,世苦壁听讹。正色落刍荛,一掬真意多。众窍本虚寂,其如天籁何。不悟康衢谣,不识黍离歌。

(宋)刘黻:《和此阳先生感兴诗二十首》,《全宋诗》,北京大学出版社 1991 年版,第 40686 页。

147

晚凉徐步出柴扃,万变浮云在窈冥。浓似铁山擎缺月,薄于春絮透疏星。正欣夜久沉天籁,尤喜空明郁帝青。雨气未平龙欲动,电光前后射中庭。

(宋)楼钥:《夜坐》,《全宋诗》,北京大学出版社 1991 年版,第 29453 页。

148

好风何处来,天籁出众窍。披襟怀楚台,声筑思高庙。扶摇九万里,自谓一息到。安知大鹏运,不满斥鷃笑。终当谢蓬蒿,振翼绝海峤。

(宋)陆文圭:《咏风》,《全宋诗》,北京大学出版社 1991 年版,第44542 页。

149

万舞列帝所,九韶奏虞庭。群公日拱北,星斗光荧荧。兹辰适休沐,联骑来郊坰。爱此一泓玉,中有太古声。细响叶宫祉,大半希咸茎。自然天籁鸣,独许幽耳听。镇以潜虬灵,卫以石兽狞。佳哉乐兹游,骊言举彼觥。

(宋)任希夷:《游水乐洞诗》,《全宋诗》,北京大学出版社 1991 年版,第32095 页。

150

人言公死,我言公在。在在在何处,清风动天籁。

(宋)释昙华:《赞李和府朝议》,《全宋诗》,北京大学出版社 1991 年版,第 21673 页。

151

闲门绝尘鞅,松栝皆肺肺。言忘见道真,静极闻天籁。野菜宁加糁,山衣或无带。此心苟不欺,贫贱亦何害。

(宋)释文珦:《闲门》,《全宋诗》,北京大学出版社 1991 年版,第39699 页。

152

室空无侍者,坐卧一团蒲。但见朝还暮,焉知荣与枯。山心便寂寞,天籁听喁于。云外幽人好,时来问老夫。

(宋)释文珦:《室空》,《全宋诗》,北京大学出版社 1991 年版,第 39621 页。

153

天籁发中静,峰高远出云。有来非眼听,无处足心闻,蒲冷禅衣弊,窗虚月影分。大功终不宰,纵尔自云云。

(宋)释智愚:《岩泉应虚室》,《全宋诗》,北京大学出版社 1991 年版,第 35949 页。

154

古树垂清阴,维舟暂登陟。闲吟尘相绝,久坐天籁息。幡影飐晴空,溪光澄暮色。挂帆寻去路,烟水杳无极。

(宋)释智圆:《舟次游乾元寺》,《全宋诗》,北京大学出版社 1991 年版,第 1574 页。

155

贤才当召试,彪炳对吾君。千古不遗恨,八元应主文。岸花明列旆,天籁拂微云。后夜观垂象,中台位已分。

(宋)释重显:《送钱太博应贤良选》,《全宋诗》,北京大学出版社 1991 年版,第 1657—1658 页。

156

顽无所知,说无照对。弄假像真,遭人笑怪。花檗临济黄檗,佛法未梦见在。在在在,是处清风动天籁。

(宋)释祖先:《性长老写师真请赞》,《全宋诗》,北京大学出版社 1991年版,第 20048 页。

157

霜日薄西牖,境寂趣自闲。风篁宿天籁,海碧沈云山。宫树未全落,栖乌相与还。心疑蹈虚宇,迹乃尘清班。自顾丘壑志,何施轩冕颜。终当谢绯服,戢翼榆枋间。

(宋)宋孝宗:《秋晚禁庐独坐》,《全宋诗》,北京大学出版社 1991年版,第 26864 页。

158

方当在梦则栩栩,及其既觉还蘧蘧。入荣轩冕不累性,独往丘壑非为愚。不求刻意不徇利,孰是隐几孰据梧。惟能应变不围物,天籁自与人心俱。一从郢匠丧其质,狂言空见传于书。当时陈迹复何在,客有过者犹踟蹰。

(宋)苏颂:《陈和叔内翰得庄生观鱼图于濠梁出以相示且邀作诗以纪其事》,《全宋诗》,北京大学出版社 1991年版,第 6331 页。

159

云衲撞钟集,鹤衣舆轿来。暂沽彭泽酒,岂碍太常斋。道释纵横说,门庭南北开。皂丛天籁响,棋罢想龟回。

(宋)苏籀:《次韵范子仪怡山饭讫访王仙郡旧迹一首》,《全宋诗》,北京大学出版社 1991 年版,第 19626 页。

160

尘寰虽未远,颢气觉偏滋。日落鸟归去,秋高风劲时。吟余下天籁,坐久凛冰肌。信是栖幽境,凉蟾照履綦。

(宋)孙抗:《夕阳洞》,《全宋诗》,北京大学出版社 1991 年版,第 2320 页。

161

将军鼓吹来,处士非所喜。夸汝风月夕,天籁鸣不已。汝姑勿自夸,坎井不可恃。当知马伏波,笑杀公孙子。

(宋)孙应时:《和刘过夏虫五咏·蛙》,《全宋诗》,北京大学出版社 1991 年版,第 31705 页。

162

周人贵妇女,扁鹊名医滞。今世无常势,趋舍唯利害。而君信斯道,不闵身穷泰。弃捐人间乐,濯耳受天籁。谅知安肥甘,未肯顾糠糟。龙螭虽蟠屈,不慕蛇蝉蜕。令人重感奋,意勇忘身蕝。何由日亲炙,病体同砭艾。

(宋)王安石:《寄曾子固》,《全宋诗》,北京大学出版社 1991 年版,第 6479 页。

163

故人邀我共清樽,蹑屐归来已半醺。无限雨声供醉笔,一窗灯影共谁分。铜瓶火暖鸣天籁,宝鼎香残拂岫云。今夜梦魂清更甚,扁舟冷伴白鸥群。

(宋)王谌:《友人招饮》,《江湖后集》卷十二,文渊阁《四库全书》本。

164

申郎句法祖师意,取玉鉴山开混茫。疏帘清簟半云雨,卧听天籁生虚凉。

(宋)王洋:《和曾纮父庚伏书怀六首》,《全宋诗》,北京大学出版社1991年版,第19036页。

165

夜深耿不寐,鼻息闻比邻。家童亦倡酬,轰雷隐床湄。病夫默欹枕,愈觉辗转频。天籁寂不闻,独此声轮囷。

(宋)卫博:《不寐》,《全宋诗》,北京大学出版社1991年版,第27806页。

166

骈头始生为箨龙,森然而立列群玉。琮琤有韵天籁鸣,蓊郁成阴云气簇。楚楚少年来自河,猗猗君子瞻彼澳。

(宋)卫宗武:《和陆象翁以梅配竹》,《全宋诗》,北京大学出版社1991年版,第39450页。

167

非筝非竽发天籁,不湍不濑含风漪。绿光到眼冰雪泼,顿令六月无炎威。何须把爽置象簟,不假去热施龙皮。

(宋)魏了翁:《新暑赋西轩竹》,《全宋诗》,北京大学出版社1991年版,第34865页。

168

山形如斗势坡陀,魁枕杓携万尺高。近世无人知火枣,当年有容得蟠桃。灵蟾尚隐凝琼髓,神鹤常归堕玉毛。一夜杉松响天籁,满空疑是奏云璈。

(宋)文同:《宿斗山奉真宫》,《全宋诗》,北京大学出版社1991年版,第5398页。

169

通都无羊肠,垆中有羊肠。都人有羊肠,垆人无羊肠。发原马之肝,委蛇豸之背。曲曲达蓝桥,意与仙灵会。静夜非笙簧,依微送天籁。

(宋)吴玙:《游垆山》,《全宋诗》,北京大学出版社1991年版,第44718页。

170

片叶秋风数日程,争如天籁未秋声。厌居尘境炎威炽,来纳虚亭夜气清。万点荧光移醉眼,一湖蟾影荡吟情。笙歌寂寂重关掩,独许高僧并臂行。

(宋)徐集孙:《湖亭夜坐》,《全宋诗》,北京大学出版社1991年版,第40333页。

171

今宵星汉共晶光,应笑罗敷嫁侍郎。斗柄易倾离恨促,河流不尽后期长。静闻天籁疑鸣佩,醉折荷花想艳妆。谁见宣猷堂上宴,一篇清韵振金铛。

(宋)徐铉:《奉和七夕应令》,《全宋诗》,北京大学出版社1991年版,第

99 页。

172

万当不如一,十发却休九。乃知多言累,宁谨三缄口。寂中泻雷震,悟处狮子吼。百物自四时,六凿通九有。风松静度曲,山花相与友。心远境更幽,先生室无垢。茶鼎苍蝇鸣,香几黄金纽。澄神天籁息,见性藩篱剖。对语彼上人,一笑开户牖。自愧逐喧尘,成佛灵运后。

(宋)徐自明:《华盖仙山院》,《全宋诗》,北京大学出版社 1991 年版,第 31171 页。

173

月色真图画,风声古瑟琴。月风天地职,风月圣贤心。竹砌水如璧,梧冈朋盖簪。不须联句得,天籁竹梧吟。

(宋)许月卿:《甥馆五首》,《全宋诗》,北京大学出版社 1991 年版,第 40533 页。

174

辩士祠边半岭松,不容凡木乱江风。笻枝拄到峰头阁,天籁都归十八公。

(宋)薛绍彭:《经行三首》,《全宋诗》,北京大学出版社 1991 年版,第 12970 页。

175

秋风有落枝,天籁动埙篪。鼓角山河壮,襟怀岁月迟。阮生狂一啸,汉武老多悲。虽有秦歌激,终堪理钓丝。

(宋)薛师董:《秋风》,《全宋诗》,北京大学出版社 1991 年版,第

34860—34861 页。

176

风声不断天籁,钟韵初知日曛。人语惊飞幽鸟,马蹄踏破轻云。

(宋)杨冠卿:《九里松六言》,《全宋诗》,北京大学出版社 1991 年版,第 29638 页。

177

峨峨碧油幢,蠡蠡羽葆盖。燕居不废严,环竦布亭外。秋阴生昼寒,微吹发天籁。隐几对凝香,衣冠嗒如蜕。

(宋)杨怡:《成都运司园亭十首·翠锦亭》,《全宋诗》,北京大学出版社 1991 年版,第 9746 页。

178

山深日易曛,捷径趋元符。琳宫照金碧,天籁鸣笙竽。侧睨白云峰,前瞻赤沙湖。金坛耸百丈,阴沿通七途。

(宋)尤袤:《庚子岁除前一日游茅山》,《全宋诗》,北京大学出版社 1991 年版,第 26861 页。

179

一气动芒汐,鸣虫应清商。天机发天籁,托彼蚤与蝩。凄然起秋声,感我彻肺肠。幽思不自识,远兴来何方。至音有如此,始晤韶与章。风霜入凄断,月露皆悲凉。天地有声乐,呻吟委寒荒。尔非丝竹奏,那得登君堂。

(宋)游次公:《秋虫》,《全宋诗》,北京大学出版社 1991 年版,第 30957 页。

180

世言帝有虞,朔南声教广。丹冥卜巡幸,翠华临苍莽。箫韶曾此奏,钟石无遗像。但觉熏风存,翛然天籁爽。

(宋)余靖:《游韶石》,《全宋诗》,北京大学出版社 1991 年版,第 2663 页。

181

野草沿庭砌,清闲日掩扉。晚凉疏雨过,落叶觉蝉稀。天籁自鸣竹,砧声谁捣衣。僧寮不过此,何必扣玄机。

(宋)俞桂:《书斋》,《全宋诗》,北京大学出版社 1991 年版,第 39038 页。

182

风号天籁怒,雷引雨声长。但喜书帷润,那知酒斝凉。夜光宜月露,霁色醒松篁。通介从流俗,徐公自有常。

(宋)虞俦:《宋宰不赴王倅招有诗次韵》,《全宋诗》,北京大学出版社 1991 年版,第 28485 页。

183

家法传忠孝,朝英仰正平。抗词严庙制,勇去乐亲荣。一室从新扁,群公咏落成。清风天籁静,斜日雪山横。养志闵曾重,浮名广受轻。闻风千载下,凛凛万夫惊。

(宋)袁说友:《善颂堂》,《全宋诗》,北京大学出版社 1991 年版,第 29968 页。

184

凛然浩气天地间,眇视万古同人寰。沧溟易狭杯芥宽,北斗炳烂银河干。浩歌正尔吐天籁,风月笙竽均一噫。来者浩浩不可期,指此无愧惟心知。青山白云随所之,浩歌更赋归来兮。

(宋)岳珂:《浩歌行》,《全宋诗》,北京大学出版社1991年版,第35390页。

185

缅想山水宅,环观松桧拱。属耳天籁乐,脱身人事冗。幽闲味虽薄,放荡愚所勇。穷凶势犹竞,杀伐声更讻。

(宋)曾巩:《青云亭闲望》,《全宋诗》,北京大学出版社1991年版,第5521页。

186

新凉物物有精神,静倚书窗听雨声。忽忆子綦元未解,强分天籁太粗生。

(宋)张栻:《题城南书院三十四咏》,《全宋诗》,北京大学出版社1991年版,第27923页。

187

贪闲常怕拆人书,今日开缄病已无。数纸云情动金石,一篇天籁集笙竽。心交物类相感志,愿在衣冠盛事图。稍稍斯文振吾党,快来青鬐蹿华途。

(宋)张镃:《酬曾无逸架阁见寄》,《全宋诗》,北京大学出版社1991年版,第31681页。

188

江行已属北风权,此去宁忧上水船。卧听招呼帆转脚,起看飞溅水平舷。鸥乘逸气沿仍溯,雁怯惊吹断复连。玄妙未穷天籁说,雄豪诗读快哉篇。

(宋)赵蕃:《二十三日使风》,《全宋诗》,北京大学出版社1991年版,第30700页。

189

九里松株不断青,松风上发下泉声。耳边为爱闻天籁,故约游缰缓缓行。

(宋)赵孟坚:《九里松马上作》,《全宋诗》,北京大学出版社1991年版,第38681页。

190

夜分天籁寂,谁与共襟期。童子醉眠处,老夫吟苦时。云黏苍藓石,月挂老松枝。一鹤来何处,相从立水湄。

(宋)赵希迈:《夜分》,《全宋诗》,北京大学出版社1991年版,第37901页。

191

神禹宏疏凿,流传山海经。披览未为足,时骑李白鲸。是日轻飙起,倏然天籁鸣。孤峰带江浙,突兀地轴横。

(宋)赵兴缙:《探禹穴感怀》,《全宋诗》,北京大学出版社1991年版,第41294页。

192

山因先师成令名,人心仰止悬青冥。文侯北面款山扃,石室至今犹南倾。直松万林天籁声,长材大东资连鬄。溪泉四出照骨清,润物功溥民罔争。朝兮新云泽根茎,暮兮和风发勾萌。山川气禀天地英,民何知为夫子灵。

(宋)赵瞻:《子夏山》,《全宋诗》,北京大学出版社 1991 年版,第6245 页。

193

轩窗弥望猗猗竹,有斐切蹉琢磨足。天籁鸣风异丝木,昼夜锵金戛球玉。

(宋)周必大:《永新谈汉卿求筼坡书院诗用诚斋之韵之意而推广之》,《全宋诗》,北京大学出版社 1991 年版,第 26781 页。

194

悟琴如悟道,神闲若无营。在心不在指,以意非以声。锵尔风篁韵,泠然天籁鸣。曲终各一笑,相对无亏成。

(宋)周端臣:《听无悔琴》,《全宋诗》,北京大学出版社 1991 年版,第32959 页。

195

夫子绝俗姿,趣尚豁云海。花移落下品,池割天潢派。中间垒嵯峨,石手纷磊磊。功倅一篑始,正尔临爽垲。罗浮穷南势,迎日出巧怪。洗昏新鳞发,秘匿若有待。骞腾天吴揖,耸削虬尾摆。当头七八峰,缥缈散青霭。直下三四溪,何年取东汇。洞指白鹿迷,路认桃源改。时时攻冥烦,潇洒递天籁。得非缘夜半,提挈有真宰。俗物卑培塿,高标想衡岱。我家香炉傍,登蹑素心在。一从羁官缀,未省识蛊蛊。俯窥挼云骨,逸兴几十倍。无为议真假,自可蠲尘浼。何日升君堂,把酒取一快。

(宋)刘弇:《李宰新成假山》,《宋诗钞·龙云集钞》,中华书局 1986 年版,第 3303 页。

196

仙客五六人,月下斗婆娑。散影若云雾,遗委杳江河。其一起楚舞,一起作楚歌。双执铁如意,击碎珊瑚柯。一人夺执之,睨者一人过。更舞又一人,相向屡傞傞。一人独抚掌,身挂青薜萝。夜长天籁绝,宛转愁奈何。

(宋)谢翱:《铁如意》,《晞发集》卷六,文渊阁《四库全书》本。

197

荐福塔联句:踊甓皇都壮,盘基紫宙雄。山河供远目,檐户发高风。梯险三休上,轮开一气中。门当谷子午,影落陌西东。韵铎翻天籁,危瓴驻夕红。侧聆悲下俗,仰面识长空。

(宋)苏舜钦:《荐福塔联句》,《宋诗钞·沧浪集钞》,中华书局 1986 年版,第 148 页。

198

韵铎翻天籁,危觥驻夕红。侧聆悲下俗,仰面识长空。绝若神挤至,深壁壑暗通。人寰如蚁垤,身世甚秋蓬。

(宋)苏舜钦:《荐福塔联句》,《全宋诗》,北京大学出版社 1991 年版,第 3928 页。

199

瑟瑟秋声,萧萧天籁,满庭摇落空翠。数遍丹枫,不见叶间题字。人何处、千里婵娟,愁不断、一江流水。遥睎。见征鸿几点,碧天无际。

(宋)马子严:《月华清》(忆别),《全宋词》,中华书局1988年版,第2069页。

200

雪压山颓,谁撒下、琼花玉蕊。寒气凛、沉沉天籁,望迷千里。群雀耐寒枯树顶,扁舟独钓平沙觜。把江南、图画展开看,都难比。 台榭远,登临喜。楼阁上,歌声起。赏时光,居士独怜愁底。安得四方寒畯彦,归吾广厦千间里。但今生、此愿得从心,心休矣。

(宋)吕胜己:《满江红》(观雪述怀),《全宋词》,中华书局1988年版,第1759页。

201

击碎空明,沧浪晚、棹歌飞入。西山外、紫霞吹断,赤尘无迹。飞上冰轮凉世界,唤回天籁清肌骨。看骊珠、影堕冷光斜,蛟龙窟。 长啸外,纶巾侧。轻露下,纤缔湿。听洞箫声在,卧虹阴北。十万江妃留醉梦,二三沙鸟惊吟魄。任天河、落尽玉杯空,东方白。

(宋)高观国:《满江红》,《全宋词》,中华书局1988年版,第2363页。

202

金篆锁岩穴,玉斧凿山湫。飞泉溅沫无数,六月自生秋。夭矫长松千岁,上有泠然天籁,清响眇难收。亭屋创新观,客軿棹还留。 推名利,付飘瓦,寄虚舟。蒸羔酿秫,醅瓮戢戢蚁花浮。唤取能歌能舞,乘兴携将高处,杯酌荐昆球。径醉双股直,白眼视庸流。

（宋）黄机:《水调歌头》(次下洞流怀亭),《全宋词》,中华书局 1988 年版,第 2533—2534 页。

203

毛发落,丹左运行阳。胎色渐红阴渐小,推移岁运助干刚。育火养中央。　　成物象,五岳辨微茫。出入尚迟形尚小,晨昏天籁奏笙簧。常饮玉壶浆。

（宋）陈朴:《望江南》,《全宋词》,中华书局 1988 年版,第 190 页。

204

秦望山头,看乱云急雨,倒立江湖。不知云者为雨,雨者云乎。长空万里,被西风、变灭须臾。回首听,月明天籁,人间万窍号呼。　　谁向若耶溪上,倩美人西去,麋鹿姑苏。至今故国人望,一舸归欤。岁云暮矣,问何不、鼓瑟吹竽。君不见,王亭谢馆,冷烟寒树啼乌。

（宋）辛弃疾:《汉宫春》(会稽蓬莱阁观雨),《全宋词》,中华书局 1988 年版,第 1955 页。

205

杜宇伤春去,蝴蝶喜风清。一犁梅雨,前村布谷正催耕。天际银蟾映水,谷口锦云横野,柳外乱蝉鸣。人在斜阳里,几点晚鸦声。　　采杨梅,摘卢橘,饤朱樱。奉陪诸友,今宵烂饮过三更。同入醉中天地,松竹森森翠幄,酣睡绿苔茵。起舞弄明月,天籁奏箫笙。

（宋）葛长庚:《水调歌头》,《全宋词》,中华书局 1988 年版,第 2570 页。

206

烟霄凝碧。问紫府清都,今夕何夕。桐阴下、幽情远,与秋无极。念陈迹、虎殿虬宫,记往事、龙箫凤笛。露华冷,蟾光白。云影净,天籁息。知得。是蓬莱不远,身无羽翼。　　广寒宫、舞彻霓裳,白玉台、歌罢瑶席。谁不思下界,有人岑寂。羡博士、两泛仙槎。与曼倩、三偷蟠实。把丹鼎,暗融液。乘云气,醉挥斥。嗟惜。但城南老树,人谁我识。

(宋)葛长庚:《瑶台月》,《全宋词》,中华书局1988年版,第2574页。

207

小雨收尘,凉蟾莹彻,水光浮璧。谁知怨抑。静倚官桥吹笛。映宫墙、风叶乱飞,品高调侧人未识。想开元旧谱,柯亭遗韵,尽传胸臆。　　阑干四绕,听折柳徘徊,数声终拍。寒灯陋馆,最感平阳孤客。夜沉沉、雁啼甚哀,片云尽卷清漏滴。黯凝魂,但觉龙吟万壑天籁息。

(宋)周邦彦:《月下笛》(越调),《全宋词》,中华书局1988年版,第621页。

208

八窗空、展宽秋影,长江流入尊俎。天围绀碧低群岫,斜日去鸿堪数。沉别浦。但目断、烟芜莽苍连平楚。晨钟暮鼓。算触景多愁,关人底事,倚槛听鸣橹。　　英雄恨,赢得名存北府。寄奴今寄何所。西风依旧潮来去,山海颉颃吞吐。霜月古。直耐冷、相随燕我瑶芝圃。掀髯起舞。看獭伏苍苔,龙吟翠葆,天籁奏韶舞。

(宋)孙吴会:《摸鱼儿》(题甘露寺多景楼),《全宋词》,中华书局1988年版,第2591页。

209

落日水亭静,藕叶胜花香。时贤飞盖,松间喝道挟绳床。暑气林深不受,山色晚来逾好,顿觉酒尊凉。妙语发天籁,幽渺亦张皇。　　射者中,弈者胜,兴悠长。佳人雪藕,更调冰水赛寒浆。惊饵游鱼深逝,带箭山禽高举,此话要商量。溪上采菱女,三五傍垂杨。

（宋）汪晫:《水调歌头》（次韵荷净亭小集）,《全宋词》,中华书局 1988 年版,第 2286 页。

210

看方壶拥翠,太极垂光,积雪初晴。阊阖开黄道,正绿章封事,飞上层青。古台半压琪树,引袖拂寒星。见玉冷闲坡,金明邃宇,人住深清。幽寻。自来去,对华表千年,天籁无声。别有长生路,看花开花落,何处无春。露台深锁丹气,隔水唤青禽。尚记得归时,鹤衣散影都是云。

（宋）张炎:《忆旧游》（大都长春宫,即旧之太极宫也）,《全宋词》,中华书局 1988 年版,第 3463 页。

211

水空高下,望沉沉一色,浑然苍碧。天籁不鸣凉有露,金气横秋寂寂。玉宇琼楼,望中何处,月到天中极。御风归去,不愁衣袂无力。　　此夜飘泊孤篷,短歌谁和,自笑狂踪迹。咫尺蓝桥仙路远,窅窅云英消息。疏影婆娑,恍然身世,我是尊前客。一声凄怨,倚楼谁弄长笛。

（宋）陈三聘:《念奴娇》,《全宋词》,中华书局 1988 年版,第 2612 页。

212

冥机辞委蜕,天籁发幽嘶。回露增晨洗,清风借晚携。暂成千里隔,还作一枝低。客思饶相触,愁时故不齐。

（金）元好问:《闻蝉》,《中州集》卷四,文渊阁《四库全书》本。

213

予闻之今之人,全真道有取于佛老之间,故其憔悴寒饿,痛自黥劓,若枯寂头陀然。及其有得也,树林、水鸟、竹木、瓦石之所感触,则能事颖脱,缚律自解,心光烨然,普照六合,亦与头陀得道者无异。故尝论之:夫事与理偕,有是理则有是事,三尺童子以为然。然而无是理而有是事,载于书、接见于耳目,往往有之,是三尺童子不以为然,而老师宿学有不敢不以为然者。予撰《夷坚志》,有平居未尝知点画,一旦作偈颂,肆口成文、深入理窟者三数人。黥卒贩夫且然,况念念在道者乎! 张内翰敏之,离峰子旧也,叙其歌诗曰:"师自以其言为道之弃物,今所以传者,欲知此老林下百脉、尘中几蜕耳。"又曰:"悠然而风鸣,泛然而谷应。彼区区者,或以律度求我,是按天籁以宫商,而责浑沌之鲜丹青也。"吾友孙伯英,河洛名士。在太学日,出高河南献臣之门,若雷希颜渊、辛敬之愿、刘景玄昂霄其人,皆天下选。伯英与之游,头角崭然,不甘落其后。一见师,即北面事之,竟为黄冠以殁。张子所敬,而孙子所爱也,二君子且然,予于离峰子何疑哉? 乃为之铭。

（金）元好问:《紫虚大师于公墓碑》,《元好问集》卷三十一,山西人民出版社1999年版,第709—710页。

214

端本一已失,孤唱谁当从? 至今有遗恨,庙柏号阴风。旧闻清泠渊,天籁如撞钟。山径野人语,诞幻欺孩童。开元有乱阶,鹿饮温泉宫。

（金）元好问:《丰山怀古》,《全金诗》,南开大学出版社1995年版,第10页。

215

郑厚云:"魏晋以来,作诗倡和,以文寓意;近世倡和,皆次其韵,不复有真诗矣。诗之有韵,如风中之竹,石间之泉,柳上之莺,墙下之蛩,风行铎鸣,自成音响,岂容拟议!夫笑而呵呵,叹而唧唧,皆天籁也,岂有择呵呵而笑,择唧唧而叹哉!"慵夫曰:"郑厚此论,似乎太高,然次韵实作者之大病也。诗道至宋人已自衰弊,而又专以此相消。才识如东坡,亦不免波荡而从之,集中次韵者几三之一,虽穷极技巧,倾动一时,而害于天全多矣。使苏公而无此,其去古人何远哉!"

（金）王若虚:《滹南诗话》,《历代诗话续编》,中华书局1983年版,第515页。

216

吾尝求今辞于白石、梦窗之后,斤斤得寄闲父子焉。遗山天籁之风骨,花间镜上之情致,殆兼而有之。盖风骨过遒,则邻于文人诗;情致过俗,则沦于诨官语也,其得体裁亦不易易。

（元）杨维桢:《渔樵谱序》,《杨维桢集》卷一,四部丛刊本。

217

呜呼!世之言声色之乐者有矣,楚眉卫殖春韶月秀,狎凭而昵茵,争怜而竞悦,悲丝烈管,朋从旅进,凤鸾啸而莺燕鸣,引霓而谐调者,若出金石,此世之所谓声色,而人人之甚欲者。不知甚欲,必有甚恶,故曰狂夫乐焉,智士哀焉。然则声色之寄于俄然漠然之物,而无其甚欲甚恶之累,不为乐之至也哉。今夫江之声,实以潮鸣乎天下,其疾而哀也如风雨,其突怒如雷霆,其却而远也如松风笙鹤,人不以为声,而为声之至也。月之与潮相得而胜也,其动如银汞,其起如金城,其铺而平也如积雪千里,人不以为色,而为色之绝也。兹非悟其妙之微,殆未可与耳遇目触者同日道也。吾留吴下,久不见江月雄观,秋且分矣,业将与生买舟大泖口,溯吴江,抵海门,夜泊湘南,据胡床楼上,以揽有楼之奇观,曰声曰色,探天地之大秘藏也。则凡天籁之有声,皆吾韶钧天文;地象之有色,皆吾之西子南威也。呜呼!楼之声色若是,取之无竭,用之无禁,而嗜之无荒,是真楼之大秘藏,而尔祖之乐以终其身尔,且以遗尔子孙传世之玩于无穷期者乎!生归,试诵吾言于父兄间。尔祖有灵,必以予言为信。

(元)杨维桢:《江声月色楼记》,《东维子文集》卷二十一,四部丛刊本。

218

道自虚无生一气,谁为安名分五太? 一气判而生两仪,清升浊沦成覆载。阴阳经纬如掷梭,乾坤阖辟如搧鞴。两仪妙合有三才,七窍凿开生万类。无极之真剔浑沦,日用平常无不在。生生化化百千机,不出只今这皮袋。诚能自己究根宗,四象五行本圆备。三反昼夜志不分,绝利一源功百倍。打透精关与气关,潜通天籁并地籁。头头合辙有规绳,窍窍光明无窒碍。若向这里具眼睛,便将两采做一赛。抬头撞倒须弥峰,举步踏翻玄妙寨。单提一理阐真宗,会合万殊归正派。炼阳神了出阳神,自色界超无色界。我见今时修行人,多是造妖并捏怪。气高强大傲同侪,逞俊夸能云自会。机锋捷辩假聪明。驾驭谈空干智慧。初机学者受欺瞒,博学玄流不见爱。

(元)李道纯:《挽邪归正歌》,《中和集》卷四,《道书全集》,中国书店出版社1990年版,第778页。

219

文文山死节,诸公伤悼之作佳者,如……李养吾明通题《吟啸集》云:"南人不识两膝贵,曲折百态卑且劳。斯人护膝不护头,故以颈血沾君刀。蟠胸孤愤擘不碎,杀气千丈缠旌旄。援枹亲鼓尽南海,背水更用蜑丁鏖。俘来吮血语神语,咄咄尚与天争豪。须臾赤日减颜色,玄云莽莽风飕飕。或言巨灵收拾付真宰,读罢拊臆生长号。又言丰隆列缺对愁绝,疾指玉鞭鞭六

— 223 —

鳌。雨瓢倒翻水怪舞,斗枢横轧天籁号。怜伊肝胆苦复苦,亦见曩昔真《离骚》。劫灰满地莫挂眼,蓬莱虽远容轻舠。长驱疠鬼尚堪战,尽闲未许飞仙遨。乃言兴废在尔不吾与,吾死吾主吾焉逃。鲁叟闻言拍手笑,斯人《六经》为骨为皮毛。斯人卷取《六经》去,空将赝本传儿曹。"

(元)吴师道:《吴礼部诗话》,《历代诗话续编》,中华书局 1983 年版,第604—606 页。

220

万迭高山如画图,峡名绿绮枕平芜。风清时听琴三弄,人世知音问有无。……(官亭)孤松傲兀倚岩巅,阅尽行人愁岁年。不伐苍颜涵雨露,共看秀色傲风烟。悠然天籁涛千顷,允矣诗人韵万篇。不受秦封天所贵,知心雪月伴清妍。(孤岭)堠台道在有双草,五里邮亭露一班。主静往来常默默,惯径寒暑独闲闲。西风人马行程远,落日牛羊去路悭,土木无知人意重,前村残照不劳攀。

(元)熊梦祥:《析津志辑佚》,北京古籍出版社 1983 年版,第 256—258 页。

221

懒云窝,懒云窝里客来多。客来时伴我闲些个,酒灶茶锅。且停杯,听我歌,醒时节,披衣坐,醉后也,和衣卧。兴来时,玉箫绿绮,问甚么,天籁云和?

(元)卫立中:《[双调]殿前欢》,《全元散曲》,中华书局 1964 年版,第6 页。

222

老木经霜众窍空,月明深夜响秋风。始知天籁非人籁,吹万由来果不同。

（金）党怀英:《睡觉门外月色如昼霜风过寥然成声作一绝》,《全金诗》,南开大学出版社 1995 年版,第 504 页。

223

我家琴写风入松,君家风琴惟隐几。月明天籁自宫商,何处安排君十指。风动龙吟自不知,无弦底处觅成亏。世间真乐类如此,但恐此声非此耳。

（金）赵秉文:《风琴堂》,《全金诗》,南开大学出版社 1995 年版,第 403 页。

224

不学参玄与问禅,一庵潇洒寄林泉。空中天籁宫商意,物外家风道德篇。一枕闲眠芳草畔,数声樵唱夕阳边。此身未得骖鸾去,且作逍遥陆地仙。

（金）于道显:《述怀八首》,《全金诗》,南开大学出版社 1995 年版,第 2 页。

225

危亭缥缈出云霄,十二栏干眺望饶。回首尘寰如撮土,有时天籁自吹箫。远山木末重重翠,细柳风中万万条。咫尺烟霞人不到,蓬莱仙路信非遥。

（金）于道显:《烟霞寺》,《全金诗》,南开大学出版社 1995 年版,第 2 页。

226

月翳有时吐,风熏俄自清。云回暑天影,雨进夜窗声。眠听参天籁,神游得化城。觉来还故处,饥鼠撼灯檠。

（金）路铎:《雨中》,《全金诗》,南开大学出版社 1995 年版,第 54 页。

227

马氏谭君达圣朝,疑情万古一时超。云中采药烹金鼎,火后收丹贮玉瓢。手握灵珠常奋笔,心开天籁不吹箫。看看跨鹤乘风去,海上人间影迹遥。

（元）丘处机:《赞丹阳长真悟道》,《全金诗》,南开大学出版社 1995 年版,第 149 页。

228

显宗好道富年壮,手笔南华古形状。南华去世千载余,状貌风格知何如。只是今人重古道,仿佛气象加襟裾。至人胸中本无待,万窍吹嘘任天籁。杨韩嵇阮心不同,到了各归于大块。

（元）丘处机:《题刘节使所藏显宗御书庄子》,《全金诗》,南开大学出版社 1995 年版,第 147 页。

229

春烟淡荡,青山媚,行云乱飘空界。花光石润,秀出洞天奇怪。户牖平高万丈,尽耳目、临风一快。多生浩劫尘情,旷朗浑无纤芥。　　堪爱。逍遥自在。疏枷锁,抛离业根冤债。风邻月伴,道合水晶天籁。无限峥嵘胜景,尽赐与、山堂教卖。千圣宝珠,酬价问君谁解。

（元）丘处机:《双双燕（春山）》,《全金元词》,中华书局 1992 年版,第 464 页。

230

梦回周蝶两谁分,跨鹤腰金各勿论。耐久两邻松与石,虚阴益友月兼云。鸟鸣风度张天籁,山色溪光示地文。真境洒然尘事外,不劳重访白元君。

(金)姬志真:《独坐》,《全金诗》,南开大学出版社 1995 年版,第 300 页。

231

诚意正心居此斋,名师良友喜相陪。庭前翠竹迎风立,阶下红葵向日开。晓树不闻天籁静,夜窗分得月华来。桐飞一叶还知否,已布秋容遍九垓。

(金)姬志真:《诚斋》,《全金诗》,南开大学出版社 1995 年版,第 321 页。

232

汝未闻天籁,簸扬箕有神。能清常侍暑,不动庾公尘。

(金)李俊民:《一字百题示商君祥·风》,《全金诗》,南开大学出版社 1995 年版,第 224 页。

233

风随车走。唤做天公否。试运州犁高下手。砂砾糠秕前后。谁言天籁难移。即今神柄谁持。若问红炉点雪,从来理欲分歧。

(金)洪希文:《清平乐》,《全金元词》,中华书局 1992 年版,第 940 页。

234

（王母引众仙上,诗云）晓入瑶池雾气清,忽闻天籁步虚声。云衢不用吹箫侣,独驾青鸾朝玉京。俺西池金母,为金童玉女思凡,谪生下方为人。如今他业债满彻,复还仙界,着他过来者。

[不拜门]遍舞天钱满眼来,霞彩飘飘幢幡盖。金钗,金钗两下摆,共奏着云天籁。

（元）贾仲明:《铁拐李度金童玉女》第四折,《全元曲》,河北教育出版社1998年版,第5667页。

235

[满堂红]凤凰台下凤凰台也波台。凤凰台上凤凰来也波来。天籁地籁闻人籁也波籁。八音谐,绿云裁,翠烟开,月明吹彻海山白。

（元）贾仲明:《铁拐李度金童玉女》第一折,《全元曲》,河北教育出版社1998年版,第5650页。

（四）明　代

明代对天籁含义也有许多推进,主要有:1. 最大的莫过于将天籁推进到指谓民间的自发的原生态创作,如杨慎云:"谚语云:'三九二十七,篱头吹觱栗。'言冬至后寒风吹篱落,有声如觱栗也。合于《庄子》'万窍怒号'之说,而可以为《豳风》'一之日觱发'之解矣。贾人之铎,可以谐黄钟。田夫之谚,而契周公之诗。信乎六律之音出于天籁,五性之文发于天章。"2. 提出天籁自鸣应与后天学习积累相结合,如吴立夫有云:"胸中无十万卷书,目中无天下奇山水,必不能文,纵文亦儿女语耳。"3. 提出"情之所至"、"肆笔成章"也是天籁,如王祎云:"情之所至,肆笔成章,譬犹天机自动,天籁自鸣,有不可遏者。"4. 性灵的因素被引入天籁,如屠隆云:"灵运才高,不入白莲之社;裴休诗好,何关黄蘗之宗。故子昂、杜甫韵语,骋意气于枕林;寒山、船子吟哦,写性灵于天籁。"5. 曲的"天籁地籁人籁"三籁标准将天籁引向自然、本色、真率。凌濛初《南音三籁》所列天籁为"古质自然、行家本色"。6. 进一步阐述了天籁为"音之发、情之源",有随机触露、自动自鸣等特征,如"诗者,人籁也,而穷于天"、"天者,真也。故真者,音之发,而情之原。从原而触情,从情而发音"。

236

第六十三回二　僧荡怪闹龙宫　群圣除邪获宝贝

吾师扫塔探分明,夜至三更天籁静。捉住鱼精取实供,他言汝等偷宝珍。

(明)吴承恩:《西游记》,人民文学出版社 2004 年版,第 761 页。

237

第九十六回　寇员外喜待高僧　唐长老不贪富贵

月皎风清花弄影,银河惨淡映星辰。子规啼处更深矣,天籁无声大地钧。

(明)吴承恩:《西游记》,人民文学出版社 2004 年版,第 1149 页。

238

第七十九回　穿云关四将被擒

西方极乐真幽境,风清月朗天籁定。白云透出引祥光,流水潺潺如谷应。猿啸鸟啼花木奇,菩提路上芝兰胜。松摇岩壁散烟霞,竹佛云霄招彩凤。七宝林内更逍遥,八德池边多寂静,远列巅峰似插屏,盘旋溪壑如幽磬,昙花开放满座香,舍利玲珑超上乘。昆仑地脉发来龙,更比昆仑无命令。

(明)许仲琳:《封神演义》,人民文学出版社 1988 年版,第 754 页。

239

第五回　云中子进剑除妖

身逍遥，心自在；不操戈，不弄怪；万事忙忙付肚外。吾不思理正事而种韭，吾不思取功名如拾芥，吾不思身服锦袍，吾不思腰悬角带，吾不思拂宰相之须，吾不思借君王之快，吾不思伏弩长驱，吾不思望尘下拜，吾不思养我者享禄千钟，吾不思簇我者有人四被。小小庐，不嫌窄；旧旧服，不嫌秽。制芰荷以为衣，结秋兰以为佩。不问天皇、地皇与人皇，不问天籁、地籁与人籁。雅怀恍如秋水同，兴来犹恐天地碍。闲来一枕山中睡，梦魂要处蟠桃会。那里管玉兔东升，金乌西坠。

(明)许仲琳：《封神演义》，人民文学出版社1988年版，第45页。

240

暨之玉仲郦君，始见予于蓟门邸中，则以理，卫道诸篇是也。既而见也，则以诗，此稿是也。予两取而揆之，君非不足于诗者，而顾独有余于理。苟世之评君之诗者，徒律之以汉、魏，则似不能无遗论于君。有深于儒与诗者，别作一观，独溯君于无声之前，若所谓天籁自鸣之际，则汉、魏、唐季诸公，方将自失其轨，而视君之驰骤奔腾，盖瞠乎其若后矣。君诚儒者也，而非区区诗人之流也。予先为彼说以答或人，既为此说以质于君，君呀然曰："吾师某某也，而私淑于新建之教者，公其知我哉！"予亦呀然相视而笑。会有梓君之稿，令予序诸首，遂书之。

(明)徐渭：《徐渭集》，中华书局1999年版，第906页。

241

天机自动，天籁自鸣，此《诗》之所以作也。《诗》之作也，原于天理之固，有出于天趣之自然。作之者应口而出声，赋之者随宜而应用，或因之以申吾不容已之情，或由之以发吾不可言之意，或假之以明吾难显白之事，章不必有定句也,句不必有定字也,言从而理顺,声和而韵协,斯得之矣,固未有所谓义例也,又恶用训诂为哉?

(明)邱浚:《本经术以为教(上之中)》《大学衍义补》卷七十四,文渊阁《四库全书》本。

242

初疑天籁传檐马,又似秋砧和泪打。碎击冰壶向日倾,乱剪琉璃斗风洒。俏者闻声情已见,村者相逢不相恋。村俏由来趣不同,岂在闻声与见面!

(清)二如亭主人:《霞笺记》第四出《霞笺题字》,《六十种曲(第7册)》,中华书局1958年版,第9页。

243

碧澄澄,天籁鸣。清霭霭,锦城坊。俺只见月色溶溶,俺只见月色溶溶,夜色迢迢,天色苍苍。又只见簇簇花灯,又只见簇簇花灯,氤氤轻雾,弥弥轻漾。悄寒生,玉壶冰藏。

(明)无心子:《金雀记》第四出,《六十种曲》第8册,中华书局1958年版,第9—10页。

244

鸟之悦人以声者,画眉、鹦鹉二种。而鹦鹉之声价,高出画眉上,人多癖之,以其能作人言耳。予则大违是论,谓鹦鹉所长止在羽毛,其声则一无可取。鸟声之可听者,以其异于人声也。鸟声异于人声之可听者,以出于人者为人籁,出于鸟者为天籁也。使我欲听人言,则盈耳皆是,何必假口笼中?况最善说话之鹦鹉,其舌本之强,犹甚于不善说话之人,而所言者,又不过口头数语。是鹦鹉之见重于人,与人之所以重鹦鹉者,皆不可诠解之事。至于画眉之巧,以一口而代众舌,每效一种,无不酷似,而复纤婉过之,诚鸟中慧物也。予好与此物作缘,而独怪其易死。既善病而复招尤,非殁于己,即伤于物,总无三年不坏者。殆亦多技多能所致欤?

(明)李渔:《蓄养禽鱼》,《闲情偶寄》,浙江古籍出版社 1985 年版,第 302 页。

245

欲令女子学诗,必先使之多读,多读而能口不离诗,以之作话,则其诗意诗情,自能随机触露,而为天籁自鸣矣。至其聪明之所发,思路之由开,则全在所读之诗之工拙,选诗与读者,务在善迎其机。

(明)李渔:《闲情偶寄》,浙江古籍出版社 1985 年版,第 134 页。

246

丝、竹、肉三音,向皆孤行独立,未有合用之者,合之自近年始。三籁齐鸣,天人合一,亦金声玉振之遗意也,未尝不佳;但须以肉为主,而丝竹副之,使不出自然者,亦渐近自然,始有主行客随之妙。

(明)李渔:《文艺》,《闲情偶寄》,浙江古籍出版社 1985 年版,第 85 页。

247

乃彼自观场以后,歌兴勃然。每至无人之地,辄作天籁自鸣。见人即止,恐贻笑也。未几,则情不自禁。人前亦难扪舌矣,谓予曰:"歌非难事,但苦不得其传,使得一人指南,则场上之音,不足效也。"

(明)李渔:《乔复生王再来二姬合传》,《香艳丛书》,人民文学出版社 1992 年版,第 2339 页。

248

谚语云:"三九二十七,篱头吹觱栗。"言冬至后寒风吹篱落,有声如觱栗也。合于《庄子》"万窍怒号"之说,而可以为《豳风》"一之日觱发"之解矣。贾人之铎,可以谐黄钟。田夫之谚,而契周公之诗。信乎六律之音出于天籁,五性之文发于天章,有不待思索勉强者,此非自然之诗乎?

(明)杨慎:《升庵诗话》,《历代诗话续编》,中华书局 1983 年版,第 907 页。

249

赫曦改东陆,鲜飙转南薰。炎歊深城府,清泠阻江坟。隐几倦文竹,绸书厌香芸。眷言承明侣,肃此尘外群。仙梯驾虹出,梵阁排霞分。攀楹低白日,对槛俯朱云。圆方鹄举见,参差鸾歌闻。意树鸣天籁,禅枝绕烟芬。斜景敛平蔼,飞雨洒高雯。金罍引清酌,玉麈生凉氛。兴谣吐云藻,摇笔挥风斤。香留荀令榻,书染羊欣裙。奇赏真四美,同咏惭五君。

(明)杨慎:《夏日登毗卢阁》,《升庵集》卷二十二,文渊阁《四库全书》本。

250

五音出于五行,五行有金木水火土而土寄位焉。所以四时有春夏秋冬而土寄旺焉。然则五声之为四声,自然之理也。废而为三,是为何说乎?将四时亦缺一而可乎?且平上去入,随声自叶,乃天籁之自然,如天腆铁,欲少一声不得,欲多一声亦不得。果如中原韵所云,将至腆字竟止矣。可乎?不可乎甚矣。

(明)施绍莘:《瑶台片玉》,《香艳丛书》,人民文学出版社 1992 年版,第 1035 页。

251

咨观历州郡,驱驰倦风埃。名山特乘暇,林壑盘萦回。云石缘攲径,夏木深层隈。仰穷岚霏际,始睹台殿开,衣传西竺旧,构遗唐宋材。风松溪溜急,湍响空山哀。妙香隐玄洞,僧屋悬穹崖。扳依俨龙象,陟降临纬阶。飞泉泻灵窦,曲槛连云椽。我来慨遗迹,胜事多湮埋。邈矣西方教,流传遍中垓。如何皇极化,反使吾人猜?剥阳幸未绝,生意存枯荄。伤心眼底事,莫负生前杯。烟霞有本性,山水乞归骸。崎岖羊肠阪,车轮几倾摧。萧散麋鹿伴,洞谷终追陪。恬愉返真澹,闃寂辞喧豗。至乐发天籁,丝竹谢淫哇。千古自同调,岂必时代偕!珍重二三子,兹游非偶来。且从山叟宿,勿受役夫催。东峰上烟月,夜景方徘徊。

（明）王守仁:《王阳明集》卷二十,文渊阁《四库全书》本。

252

子瞻曰:"噫嘻!予固疑其为涛声也。夫风水之遭于颎洞之滨而为是也。兹非南郭子綦之所谓天籁者乎?而其谁倡之乎?其谁和之乎?其谁听之乎?当其滔天浴日、湮谷崩山、横奔四溃、茫然东翻,以与吾城之争于尺寸间也。吾方计穷力屈,气索神愁,懔孤城之岌岌,觊须臾之未坏,山颓于目愕,霆击于耳聭,而岂复知所谓天籁者乎?及其水退城完,河流就道,脱鱼腹而出涂泥,乃与二三子徘徊兹楼之上而听之也。然后见其汪洋涵浴,瀰瀰汩汩,彭湃掀簸,震荡泽渤,吁者为竽,喷者为簧,作止疾徐,钟磬枥敔,奏文以始,乱武以居,呦者嗃者,嚣者噪者,翕而同者,绎而从者,而咽咽者,而嘿嘿者,盖吾俯而听之,则若奏箫咸于洞庭,仰而闻焉,又若张钧天于广野,是盖有无之相激,其殆造物者将以写千古之不平,而用以荡吾胸中之抑郁者乎?而吾亦胡为而不乐也?"

客曰:"子瞻之言过矣。方其奔腾漂荡而以厄子之孤城也,固有莫之为而为者,而岂水之能为之乎?及其安流顺道,风水相激,而为是天籁也,亦有莫之为而为者,而岂水之能为之乎?夫水亦何心之有哉?而子乃欲据其所有者以为欢,而追其既往者以为戚,是岂达人之大观,将不得为上士之妙识矣。"

（明）王守仁:《黄楼夜涛赋》,《王阳明集》卷二十九,文渊阁《四库全书》本。

253

今年秋八月甲子,余自罗山抵叔度。时雨新霁,水循石行,注于溪潭,游鱼相追逐可玩,余立视久之。叔度闻余至,出迎。余曰:"美哉水,独有而乐之,何不兼也!"叔度笑曰:"子欲乐则乐之,吾岂子禁耶? 然观于水而乐水之美,未若不观乎水而乐之为美也。"余未达。叔度揖坐亭之次室。坐始定,闻疾声若砐訇,若风雨骤至。余骇且顾,出户视之,日色杲如也,益异之。叔度曰:"此非昔之所观者耶? 观之乐在乎目,所乐者浅。休乎斯,危坐而听,目忘乎视,口忘乎味,四肢忘其所宜为,而耳亦忘其为听也,孰知此声之非天籁乎? 孰知吾之非天民乎? 而子何惑乎!"余曰:"子可谓善取物矣,况夫会万物之全而兼取之者乎?"叔度曰:"然。"乃共饮。饮已,暮色苍然。叔度之季叔鄂歌苏子瞻《赤壁赋》,余益为之喜。叔度曰:"子瞻死三百年,世岂复有斯人耶?"余曰:"圣人固不可数见,孰谓天下果无子瞻乎?"于是大笑,乐甚。叔鄂请联句,余吟首三句,叔度喜继之。烛至,叔鄂又继之。遂迭次不绝书,遇句稍工,辄抚掌。夜愈深,溪声愈厉,以为雨真至也,以手承檐,无滴水,乃知非雨。更一烛,诗成,凡八百言,书授叔度,寘诸溪亭,使人知余之会乎斯者,有以乐乎斯也。

(明)方孝孺:《香岩溪亭夜集联句序》,《方孝孺集》卷十三,四部丛刊本。

254

太宗尝草书宋玉《大言赋》赐苏易简,易简因拟作以献,其词曰:"皇帝书白龙笺,作《大言赋》赐玉堂臣苏易简。御笔煌煌,雄词洋洋,环玮博达,不可备详。易简曰:'圣人兴兮告成功,登昆仑兮展升中。芳席地兮飨祖宗,天籁起兮调笙镛。'"

(明)蒋一葵:《尧山堂外纪》卷四十三,明万历刻本。

255

何里西瑛,耀卿学士之子,有居号懒云窝,用《殿前欢》调歌以自述云:
"懒云窝,醒时诗酒醉时歌。瑶琴不理抛书卧,无梦南柯。得清闲,尽恬活。
日月似,擲梭过。富贵比,花开落。青春去也,不乐如何?"贯酸斋和云:"懒
云窝,阳台谁与送巫娥?蟾光一任来穿破,遁迹由他。蔽一天,星斗多。分
半榻,蒲团坐。尽万里,鹏程挫。向烟霞笑傲,任世事蹉跎。"乔梦符和云:
"懒云窝,云窝客至欲如何?懒云窝里和云卧,打会磨跎。想人生,待怎么?
贵比我,争些大,富比我,争些个。呵呵笑我,我笑呵呵。"卫立中和云:"懒
云窝,懒云窝里客来多。客来时,伴我闲些个,酒灶茶锅。且停杯,听我歌。
醒时节,披衣坐。醉后也,和衣卧。兴来时,玉箫绿绮,问甚么,天籁云和!"

（明）蒋一葵:《尧山堂外纪》卷七十一,明万历刻本。

256

间尝谓,前代骚人墨士,负有当世重名,其所著撰,琳琳琅琅,脍炙人口,
顾稍涉俳谐,见谓无关世教,辄为高头巾先生唾弃,往往湮灭不传,尚论者无
从窥豹一斑,深可惋惜。夫虫豸金鸟鸣,总属天籁,矧出自锦肠绣腹者乎?
爰命童子以奚囊随,会解颐处,则以片楮录之。载有正集不录,录散见于稗
官野史不经人见也者。岁久,裒次成帙,命曰《尧山堂外纪》。

（明）蒋一葵:《尧山堂外纪》卷首,明万历刻本。

257

有客问作诗之法于谢茂秦,请出一字为韵,以试心思,乃得"天"字,遂
成三十六句……又第三用"天"字,得十二句,云:"夜爽天街露,孤峰天外
出。风暖天丝度,静中天籁起。隐见天河影,峡开天一线。汉北天常雪,日
高天更青。霞明天姥峰,禅林天雨花。云疏天色澹,井平天影出。"

（明）蒋一葵:《尧山堂外纪》卷九十九,明万历刻本。

258

　　昏眊之余,理耶梦耶,澄耶淆耶,皆不自知。花舒笑于名园,蛙部鼓吹于天籁,我用我法,此亦散人之一快。而又念洪亦未易可希,将使人有优孟之诮。会所创涌幢初成,读书其中,潜为之说,遂以名篇。其曰小品,犹然《杂俎》遗意。要知古人范围终不可脱,非敢舍洪而希段也。

　　(明)朱国祯:《涌幢小品自序》,《涌幢小品》卷首,上海古籍出版社2005年版,第3123页。

259

　　余沉沉宇下,乐观厥成。以极蹇极戆之夫,世皆欲杀,公抚之有加,而余最与细民相习,所见出入耕作,无不举手加额,愿公此去,居要路,为大官者,不知何修得此?盖亦至和之旁礴,天籁之自鸣也。余久阁笔,无意当世之得失,第良心尚在,言其所明,其于赠行之文藻,蔑如也。

　　(明)朱国祯:《曾有庵赠文》,《涌幢小品》卷十四,上海古籍出版社2005年版,第3438—3439页。

260

　　诗者,人籁也,而穷于天。天者,真也。王叔武之言曰:真诗在民间。而空同先生有味其言,至引之以自叙。………

　　古者先王命太师陈诗以观民风;吾夫子删诗,先风而后雅,里谣途咢,至于清庙明堂登歌赓唱,亦当明矢口发籁,直布胸臆,非如后世文人墨客,抽黄对白,剪线随圆,学步邯郸,徒以韵语相矜诩也。

　　(明)邓云霄:《重刻空同先生集叙》,《空同子集》卷首,文渊阁《四库全书》本。

261

故其虽当多事之际,发号施令,日不暇给;而揽事触物,辄为诗歌。更唱迭和,殆无虚日。长句短韵,众制并作。蔼乎律吕之相应,粲乎经纬之相比。情之所至,肆笔成章,譬犹天机自动,天籁自鸣,有不可遏者。

(明)王祎:《少微倡和集序》,《王忠文集》卷七,文渊阁《四库全书》本。

262

(骈文之生)盖出于自然,与天地俱来;盖闻日丽月轮,象自成西;阳奇阴耦,爻则相联,天籁之鸣,雅颂鼓吹,清音之发,灵谷纷披。故自三五而降,亦有四六之文。此盖取则于天地,而泄机于性灵也。

(明)胡忻:《四六雕虫序》,《关西马氏家集》,线装本清同治年间刻本。

263

又进而有八声阴阳之学,吹以天籁,协乎元声。律吕所以相宜,神人用以允翕。抑扬高下,发调俱圆;清独宫商,辨音最妙。此韵学之钜典,曲部之秘传,柳城启其端,方诸阐其教。必究斯义,厥道乃精。考之今人;褒如充耳。《广陵散》已落人间,《霓裳曲》重翻天上。后有作者,不易吾言矣。

(明)吕天成:《曲品》卷上,《曲品校注》,北方文艺出版社 2005 年版,第 12 页。

264

滑稽玩世,知胸藏、多少春花秋月。天籁有词人有像,还是遗山风骨。松下巢由,竹闲逸少,气韵真高洁。坐谈抚掌,溪山等是诗诀。   见说多景楼前,凤凰台上,醉帽风吹裂。千古英豪消歇尽,江水至今悲咽。九死投荒,三年坐困,一样成愁绝。寄声知否,酒杯当酹松雪。

（明）陈霆:《吊太白素词》,《渚山堂词话》,《词话丛编》,中华书局 1986
年版,第 377 页。

265

碧水自南来,恰与西溪会。陵谷无古今,川流自襟带。山形盘地维,滩
声响天籁。石溜沙不飞,树杪云如盖。酒旗挂竹阴,逸兴在天外。前村好风
日,裴回发清慨。

（明）管大勋:《渡沙溪》,《明诗纪事》,上海古籍出版社 1993 年版,第
2117 页。

266

鹤背笙箫振寥廓,遗音往往闻林端。西崖有井数百仞,丹光灵彩浮朱
阴。昨夜长松发天籁,似惊遗声珊珊。蓬莱咫尺原易到,独愁踪迹迷榛菅。
此来暂欲须大药,服之驻我将衰颜。山中羽客吾宗秀,相与携手超尘寰。竹
房宴坐已半月,笑歌顿觉忘忧艰。手招乔盈非不好,但恐泉石缘犹悭。

（明）吴昊:《桐柏》,《明诗纪事》,上海古籍出版社 1993 年版,第
537 页。

267

《篁墩集》:琼山丘公（丘浚）每谓作文必本于经,为学必见于用,考古必
证于今,鄙意适然,遂为知己。其诗如仙翁剑客,随口而出,皆足警人。虽或
兼雅俗,备正变,体裁不一,然谛视而微诵之,气机流触,天籁自鸣,格律精
严,亦不失人间矩度。

陈田辑:《明诗纪事》,上海古籍出版社 1993 年版,第 877 页。

268

《静志居诗话》：金台诗林，登卿镄之，登卿称其古风天籁自鸣，近体森然纪律，青溪社集诸公，允当推为祭酒。

陈田辑：《明诗纪事》，上海古籍出版社1993年版，第2342页。

269

山人耻独醒，啜茗亦自醉。清风敞高阁，隐几颓然睡。平生在苦吟，冥想入寱寐。殷勤梦里言，意惬清景备。松阴泣山鬼，夜静猿鸟避。天籁本希声，笙蹄一何赘。悠悠池草心，千秋可同致。

（明）华察：《姚山人茶梦阁》，《明诗纪事》，上海古籍出版社1993年版，第1441页。

270

岱宗面面削芙蓉，时有卿云出汉封。权屡中天干象纬，风烟下界起蛟龙。河流旧绕沧溟运，练影斜悬紫翠重。夜半石床天籁发，梦中错认景阳钟。

（明）汤显祖：《夜宿日观峰禅房》，《明诗别裁集》，上海古籍出版社1992年版，第240页。

271

一夜山中雨，林端风怒号。不如溪水长，只觉钓船高。（纯乎天籁。）

（明）傅逊：《山雨》，《明诗别裁集》，上海古籍出版社1992年版，第336页。

272

山空吹夕风,暑尽生夜凉。禅宫极清谈,天籁过虚堂。烟钟悄已寂,华月未流光。玉绳带银汉,夜色耿穹苍。暗汲石崖溜,时闻瑶殿香。触景自不寐,卧听金琅槛。

(明)许继:《夜宿净土寺》,《明诗纪事》甲集第十,续修四库全书本。

273

孤琴水亭夕,客至罢鸣弹。况有樽中醪,斟之罄情欢。濯足向清泚,披襟散尘烦。仰见海上月,兼之天籁寒。斋舍何萧条,蓬门若丘樊。深竹读书处,百虫鸣夜残。予怀良已舒,为君咏幽兰。

(明)林鸿:《夜宿郡斋水亭呈林八博士》,《明诗纪事》甲集第十,续修四库全书本。

274

君不见秦淮水流东到海,淮边独树如东盖。九月微霜赤叶干,枯枝飒飒鸣天籁。枝上啼鸦散曙烟,枝头残照烟寒蝉。

(明)林鸿:《赋得独树边淮送人之京》,《鸣盛文集》卷三,文渊阁《四库全书》本。

275

杨廉夫手书《郊居生金铜仙人辞汉歌》一卷,跋云:"予谓此歌,小李绝唱后,万代词人不可著笔,此生胆大而有是作也。呼天籁,裂地维,鼎定天下,见于此矣。铜台折,当涂高,又岂为卯金氏感慨也哉!"

(明)杨廉夫,见徐𤊹:《徐氏笔精》卷五,文渊阁《四库全书》本。

276

孤亭水云深,人境自幽绝。七弦罢鸣弹,桐阴初上月。偶酌尊中醪,高卧望云阙。荷露清角巾,松飙濯毛发。寥寥天籁寒,吟咏了未辍。志偕南阜隐,兴藉东山发。同心念离居,中夜思超忽。

(明)王偁:《水亭夜怀黄八粲林六敏》,《明诗纪事》甲集第十,续修四库全书本。

277

挥毫意不极,缣素大于掌。高松发天籁,哀壑生夏爽。抚景尚如昨,斯人已黄壤。逆旅开画奁,斜阳劳书幌。高风邈难扳,题诗。

(明)程敏政:《黄鹤山樵为沈兰坡作小景兰坡孙启南求题》,《明诗纪事》丙集第六,续修四库全书本。

(五)清　代

清代天籁论者空前众多,有一百多家,涉及了天籁含义的主要方面,主要推进有:1. 被明确推进到指谓人的天性,如福格:"按十二字母之声,以汉字对音书之,为阿、额、伊、倭、乌、渥、那、讷、呢、诺、呶、娜,皆作平声读。凡婴儿堕地学语,莫不由此数声而先,是天籁也。"2. 被推衍到表现原生态的生活,如管世铭评:"读崔颢《长干曲》,宛如舣舟江上,听儿女子问答,此之谓天籁。"3. 被进一步推进到专门家作品中保有的原生态特征,如屈大均谓:"盖涵之天衷,触之天和,鸣之天籁,油油然与天地皆春,非有所作而自不容已者矣。"4. 进一步强调初始的自发的民间的创作,如黄遵宪谓:"十五国风妙绝古今,正以妇人女子矢口而成,使学士大夫操笔为之,反不能尔,以人籁易为,天籁难学也。"5. 深入讨论了天籁与人力、天籁与合律的关系,得出"天与人各主其半"、"诗中天籁,仍本人力"等结论。

278

古今诗(十三):墨林天籁阁书画,以别真伪钤始终。

(清)朱彝尊:《曝书亭集》卷十四,《四部备要》本。

279

古今诗(八)《还乡口号》:墨林遗宅道南存,词客留题尚在门。天籁图书今已尽,紫茄白苋种诸孙。(自注:“天籁阁下有皇甫子循、屠纬真题诗,尚存。”)

(清)朱彝尊:《曝书亭集》卷九,《四部备要》本。

280

刘士骥《北郊纪事》:元郊展礼报元功,五夜神光满碧空。灵鼓飞声天籁里,黄琮呈采月明中。渐看玉佩千官集,共祝金穰四海丰。圣主精诚先俎豆,遥看黻冕坐斋宫。(《蟋蟀轩草》)

(清)朱彝尊、于敏中:《日下旧闻考》卷一百七,清乾隆间刻本。

281

乾隆十二年御制《密云县行宫对月》诗:朔塞返行旌,离宫驻清跸。天籁发庭柯,蟾辉入我室。过望轮尚圆,恋秋情更逸。盈匡经两度,来往浑一律。鸟语话畴曩,蛩音助萧瑟。渐觉翠峰遥,对此银云栉。随时爱景光,夜窗聊点笔。

(清)朱彝尊、于敏中:《日下旧闻考》卷一百四十,清乾隆间刻本。

282

乾隆九年御制《水木明瑟词》(调寄《秋风清》):用泰西水法引入室中,以转风扇,泠泠瑟瑟,非丝非竹,天籁遥闻,林光逾生净绿。郦道元云:"竹柏之怀,与神心妙达;智仁之性,共山水效深。"兹境有焉。林瑟瑟,水泠泠。溪风群籁动,山鸟一声鸣。斯时斯景谁图得? 非色非空吟不成。

(清)朱彝尊、于敏中:《日下旧闻考》卷八十一,清乾隆间刻本。

283

乾隆八年御制《虚静斋》诗:虚静斋,皇祖旧题额也,感而赋此。守静志常虚,致虚心斯静。一二二而一,泊然万虑屏。是语古圣传,皇祖得要领。六十一年间,用此安万井。孙臣诚愚笎,汲古乏修绠。身肩乃知劳,况多愧衮影。别墅阆松云,近此招提境(虚静斋别墅近圣化寺,皇祖常幸此)。欲验农桑功,因揽湖山景。窗虚古梧翠,座静天籁冷。寻流未逢源,安得亲质请? 言念噢咻恩,潸焉涕泪永。

(清)朱彝尊、于敏中:《日下旧闻考》卷七十八,清乾隆间刻本。

284

是卷(《万岁通天帖》)向藏乡先生项子长家。子长讳笃寿,中嘉靖壬戌进士,入词林,性好藏书,见秘册,辄令小胥传抄,储之舍北万卷楼。其季弟子京,以善治生产富,能鉴别古人书画金石文玩物。所居天籁阁,坐质库估价,海内珍异,十九多归之。顾啬于财,交易既退,予价或浮,辄悔,至忧形于色,罢饭不啖。

(清)朱彝尊:《书万岁通天帖旧事》,《曝书亭集》卷五十三,《四部备要》本。

285

序(三):然闻之青土,其于行也不疾时,其于辞也必拔俗,盖音合乎天籁,而义本乎国风者已。曩者会稽杨廉夫、钱唐钱思复、华亭陆宅之三高士者,太守林孟善合葬之于山东麓。今三人之葬不同,而诗则同传于世。后之论世者览予之文,庶几有考也夫。东蒙讳廷楫,大灯字同岑。

(清)朱彝尊:《屠东蒙诗集序》,《曝书亭集》卷三十六,《四部备要》本。

286

乾隆十二年御制《盘山十六景诗》,《众音松吹(并序)》:"水石间锵然成韵,为环珮,为琴筑,为笙竽钟磬,泠泠盈耳。至清飙一过,或长风号空,为惊涛,为鸾凤啸,漆园氏所谓天籁,意其是欤!伏流飞瀑浑无定,此独松间汇小池。已觉地琴清越矣,更兼天籁始终之。忘机徐听韵盈耳,得意闲凭绿映眉。正是八音繁会处,高山何必待钟期。"

(清)朱彝尊、于敏中:《日下旧闻考》卷一百十五,清乾隆间刻本。

287

乾隆《冰嬉赋》慑波底之娵隅,堕林间之巢鹠。元武缩殻而屏气,烛龙守珠而闭阙。起涌泉,会奔物。虽天籁之毫窍,比千钧于一发。其为状也,似东皇整驾于若木之墟,羲帝弭节于扶桑之津。

(清)朱彝尊、于敏中:《日下旧闻考》卷二十一,清乾隆间刻本。

288

汝闻天籁乎,飘风满空起。

(清)姚鼐:《夜读》,《惜抱轩全集》,中国书店出版社 1991 年版,第385 页。

289

澧州乞食道人游一瓢诗曰:"磨快锄头挖苦参,不知山下白云深。多年寂寞无烟火,细嚼梅花当点心。游食多年不害羞,也来城市看妆楼。东风不管人贫贱,一样飞花到白头。破寺无僧好挂瓢,闲时歌舞醉时箫。黄昏月落秋江里,没个人来问寂寥。门外何人唤老游,老游无事听溪流。而今世事多荆棘,黄叶飞来怕打头。"天籁也,而道味盎然,转觉摹唐规宋之同嚼蜡矣。

(清)王之春:《椒生随笔》卷七,《近代中国史料丛刊(286—287)》,文海出版社 1966 年版,第 253 页。

290

词有天籁,小令是已。本朝词人,盛称纳兰成德,余读之,但觉千篇一律,无所取裁。鹿虔扆、冯正中之流,不如是也。余学词,不敢作小令,学诗不敢作五言截句,心知其意而已。

陈锐:《褒碧斋词话》,《词话丛编》,中华书局 1986 年版,第 4201 页。

291

敬诵一过,赘词如墨。夫词,真声吾情中之声,乃适,如所闻之声,则佛氏所谓声闻。非是则天籁,地籁,人籁,万窍蒿然,静者无闻也。闻而细,齐则几,几之几,乃为希,而犹与,乃如其声以唻。情乎!情乎!请语情籁。芸子记。

陈锐:《褒碧斋诗话》,《民国诗话丛编》,上海书店出版社 2002 年版,第 82 页。

292

炯甫为予序词话后,余报以书曰:"……诗词离合处,知者盖尠(注:同

'鲜'),能词者或弱于诗,能诗者或粗于词。至今日浙派盛行,专以咏物为能事,胪列故实,铺张鄙谚,词之真种子殆将湮没。不知诗词异其体制,不异其性情。诗无性情,不可为诗。岂词独可以配黄俪白,摹风捉月了之乎?……古人词不尽皆可歌,然当其兴至,敲案击缶,未尝不成天籁。东坡铁板铜琶,即是此境。作者不与古人共性情,徒与伶人竞工尺,遂令长短句一道,畏难若登天,不知皆自画之为病也。且夫既能词又能知工尺,岂不更善?然怀其精工尺而少性情,不若得性情而未精工尺。"

(清)谢章铤:《赌棋山庄词话》,《词话丛编》,中华书局 1986 年版,第3387 页。

293

词有发于天籁,自然佳妙,不假工力强为。如说部中载有樵夫哭母词云:"哭一声。叫一声。儿的声音娘惯听。如何娘不应。"所谓文章本天成,妙手偶得之。又谓信手拈来,都成妙谛。又谓"清晨登陇首",羌无故实。此词之旨,可以通于诗文。

(清)李佳:《左庵词话》,《词话丛编》,中华书局 1986 年版,第 3105 页。

294

青莲绝句纯乎天籁,非人力之所能为,少伯则字字百炼而出之,两家蹊径各别,犹画家之有南北二宗也。

(清)管世铭:《读雪山房唐诗序例》,《清诗话续编》,上海古籍出版社1999 年版,第 1564 页。

295

读崔颢《长干曲》,宛如舣舟江上,听儿女子问答,此之谓天籁。

(清)管世铭:《读雪山房唐诗序例》,《清诗话续编》,上海古籍出版社1999 年版,第 1560 页。

296

古诗纯乎天籁,虽不拘平仄,而音节未有不谐者。至律诗则不能不讲平仄矣。乃不知何时何人,创为一三五不论之说,以疑误后学;村师里儒,靡然从之。律诗且如此,则更何论古诗乎?不知律诗平仄固严,即古诗不拘平仄,而实别有一定之平仄,不可移易。即拗体之律诗,而其中亦有必应拗之字及必应相救之字。唐、宋大家之诗具在,覆按自得,皆非可以意为之者也。自明以来,虽词坛老宿,间有不尽合者。不知此即自然之天籁,自有诗学以来,不约而同,若稍歧出,即为落调,虽词华极美,格意极高,终不得谓之合作。吾闽人尤多不讲此者,执裾而谈,尚疑信参半,毋怪其不能旗鼓中原也。

(清)梁章钜:《退庵随笔》(学诗二),《清诗话续编》,上海古籍出版社1999年版,第1965页。

297

古诗之兴,在律诗之前,岂能预知后世有律句而避之?若后来律体既行,则自命为作古诗者,又岂可不讲避忌之法?此如古时未有韵学之名,出口成诗,罔非天籁。若后世韵书既行,则自应有犯韵出韵之禁,又岂得借口古人之天籁,而尽弃韵书不观乎?朱子赠人诗:"知君亦念我,相望两咨嗟。"自注云:"望,平声。"夫"望"字作去声读自可,而必注平声者,岂非力避律句乎?

(清)梁章钜:《退庵随笔》,《清诗话续编》,上海古籍出版社1999年版,第1968—1969页。

298

《三百篇》之必有韵,夫人而知之。然前人于《周颂》首章,多方求叶,余终未敢以为信也。惟近人有解"清庙之瑟,一唱而三叹"者,是《清庙》一诗,每句皆必一人唱而三人和之。如此则合四人之尾声,自然成韵,所谓"有遗音者"也。此说似最明通。可知古人之韵,即是天籁,必以唐、宋之韵,绳三代上之诗,宜其窒碍而鲜通矣。

(清)梁章钜:《退庵随笔》,《清诗话续编》,上海古籍出版社1999年版,第1984页。

299

司空表圣《诗品》,但以隽词标举兴象,而于诗家之利病,实无所发明,于作诗者之心思,亦无所触发。近袁简斋作《续诗品三十二首》,乃真学诗之准绳,不可不读。自序谓"陆士龙云:'虽随手之妙,良难以词谕。要所能言者,尽于是耳。'"盖非深于诗者不能为也。今悉录如左。……《斋心》云:"诗如鼓琴,声声见心。心为人籁,诚中形外。我心清妥,语无烟火。我心缠绵,读者泫然。禅偈非佛,理障非儒。心之孔嘉,其言蔼如。"《矜严》云:"贵人举止,咳唾生风。优昙花开,半刻而终。我饮仙露,何必千钟。寸铁杀人,宁非英雄。博极而约,淡蕴于浓。若徒粜嘤,非浮丘翁。"

(清)梁章钜:《退庵随笔》,《清诗话续编》,上海古籍出版社1999年版,第1991—1992页。

300

黄仲鸾观察曰:"'文章本天成,妙手偶得之。'信然。相传乡里有一富翁,丰于财而盲于目,平日性气不和,每龁龁于人。长媳生子,以产亡,思以一联悼之。拟作甚多,佥不如翁意,并云:'我不喜许多拗折也。'众恚甚,乞翁自制,方谓必得笑柄,以博一粲耳。翁乃曰:'我不知文,俗语可乎?'皆应曰:'可。'遂从容诵曰:'冢妇归天,都道汝儿孙满目;长男丧耦,不如我夫妇齐眉。'四座为之怃然。以不识字老翁道得个语,盖天籁也。"

(清)梁恭辰:《楹联四话》卷六,民国六年上海会文堂石印本。

301

古松成盖竹成阴,十载重来感客心。鸣叶绕空天籁远;飞流堕地水声深。湖山胜概此庵足;城市幽期何处寻? 出寺高歌重回首,似闻空谷有余音。

(清)孙承泽:《天府广记》,北京古籍出版社1982年版,第749页。

302

人少小时,未有不好歌舞者,盖天籁之发、天机之动。歌舞,即礼乐之渐也。圣人因其歌舞,教以礼乐,所谓因其势而利导之。今人教子,宽者或流于放荡,严者或并遏其天机,皆不识圣人礼乐之意。欲蒙养之端,难矣。

(清)陆世仪:《陆桴亭论小学》,《思辨录辑要》,文津阁《四库全书》本。

303

海昌朱岷左先生,有慨于此,取汉、魏、六朝、有唐之乐府及诗分为三集。其相和、清商五调、杂曲、新曲为风,其燕射、鼓吹、横吹、舞曲、散乐为雅,其郊祀、庙祀、明堂、封禅、雩蜡为颂,诗附其后,而以赋、比、兴三者纬之。上下千年,俨然三百篇之余,以比文中子之续经之作,盖庶几焉。由先生之著而论之,六义之教复矣,然而终不可用之于乐。乐之道圆而神,其妙全在散声。散声多者不可损,少者不可益,自然之为天籁也。开元诗乐以一声叶一字,朱子深疑之,而亦不能求其故。先生倘有得于篇章之外者,使不为纸上之空言,犹望次第而复之也。先生属余序,余不能审音,聊以答先生之意云尔。

(清)黄宗羲:《乐府广序序》,《黄宗羲全集》第十册,浙江古籍出版社2005年版,第23—24页。

304

张廷璐《送杨升闻归里》:节近传柑花映扉,山园且莫恋芳菲。迟君一叶樵风便,流过春江燕子矶。(诗中天籁,亦以不雕琢得之。)

(清)沈德潜编:《清诗别裁集》,中华书局1981年版,第419页。

305

陆宗潍《维扬舟次遇乡人南归》:忽听乡音唤阿蒙,月明桥畔此浮踪。乘君下水归帆便,寄我平安第一封。(与"复恐匆匆说不尽,行人临发又开封"同一天籁。)

(清)沈德潜编:《清诗别裁集》,中华书局1981年版,第112页。

306

陆韬《白云》:白云缕缕青山出,云自忙时山自闲。唯有野人忙不了,朝朝洗砚写云山。(以忙写闲,如许措辞,纯乎天籁。)

(清)沈德潜编:《清诗别裁集》,中华书局1981年版,第356页。

307

金志章《鹧鸪塘》:客情乡思总凄迷,睡起篷窗日欲西。忽听一声行不得,鹧鸪塘外鹧鸪啼。(天籁)。

(清)沈德潜编:《清诗别裁集》,中华书局1981年版,第479页。

308

王戬《秋日游白茅寺次少陵韵》:天空灵籁发,入耳心逾静。何许微风过,月林摇客影。人生五浊世,为欢苦不永。争如羝触藩,有如瓶堕井。及兹清夜游,无辞烛共秉。佛香一院深,僧梵四山迥。身尚依迦叶,足真践箕颖。禅灯照宵梦,妄念未能屏。金篦开倦眼,慧目陟东岭。他时礼白云,应上最高顶。

(清)沈德潜编:《清诗别裁集》,《历代诗别裁集》,浙江古籍出版社1998年版,第522页。

309

韦应物《观田家》评语:韦诗至处,每在淡然无意,所谓天籁也。

(清)沈德潜:《唐诗别裁集》,《历代诗别裁集》,浙江古籍出版社1998年版,第79页。

310

沈德潜评西鄙《哥舒歌》:"与《敕勒歌》同中天籁,不可以工拙求之。"

(清)沈德潜:《唐诗别裁集》,《历代诗别裁集》,浙江古籍出版社1998年版,第172页。

311

绝句,唐乐府也。篇止四语,而倚声为歌,能使听者低徊不倦。旗亭伎女,犹能赏之,非以扬音抗节,有出于天籁者乎?着意求之,殊非宗旨。

(清)沈德潜:《说诗晬语》,人民文学出版社1998年版,第219页。

312

庖牺八卦书画祖,阴阳重迭综二五,万类咸从一六生,金木水火全藉土。元音天籁发人言,文字肇端来上古,周籀鸟篆取象形,后世丹青绘立谱。钩勒略存物梗概,赋色渲染循规矩,笔先胸次本茫茫,凝神定想心有主。

(清)松年:《颐园论画》,《清代画论》,湖南美术出版社2003年版,第

466 页。

313

李颀《宿莹公禅房闻梵》云:"花宫仙梵远微微,月隐高城钟漏稀。夜动霜林惊落叶,晓闻天籁发清机。萧条已入寒空静,飒沓仍随秋雨飞。始觉浮生无住着,顿令心地欲皈依。"

(清)孙涛:《全唐诗话续编》,《清诗话》,上海古籍出版社1999年版,第662页。

314

柝鸣永巷,角奏边徼。击热敲寒,总不入高人之梦。惟是一顷白云,横当衾枕。数声天籁,代我丽谯云耳。

(清)程羽文:《清闲供》,《香艳丛书》一集,人民文学出版社1992年版,第67页。

315

长安报国寺松十数本,虬龙万状。偶忆其一,点以千丈寒泉,与松风并奏清音。隐几听之,满堂天籁。

(清)恽正叔:《南田画跋》,《历代论画名著汇编》,文物出版社1982年版,第360页。

316

幽情秀骨;思在天外,使人不敢以凡笔相赠。山林畏佳,大木百围可图也。万窍怒号,激湍叱吸,叫谤突咬,调调刁刁,则不可图也。于不可图而图之,惟隐几而闻天籁。

(清)恽正叔:《南田画跋》,《历代论画名著汇编》,文物出版社1982年版,第 331 页。

317

歌诗养天机,即将此诗歌。此诗歌能熟,礼之用弥和。善歌使继声,其如童子何。先生高声倡,弟子随声和。如此两三周,天籁自能播。高下抑扬间,反复知顿挫。周旋揖让时,趋向易劝课。性情得其正,用以化骄惰。

(清)汪志伊:《节韵幼仪·学堂肄业之仪》,上海古籍出版社 1986 年影印本。

318

周松霭大令,夙精《华严》字母之学。尝著《悉昙奥论》,又辑《杜诗双声迭韵括略》。以为音声之道,本乎天籁。若夫双声迭韵,则三百篇已肇其权舆。汉、魏洎晋、宋以前,大都暗与理合。齐、梁而降,风气尚属初开。唐贤明此者多,而少陵更擅胜场。惜自来读杜者,无虑千百家,从未有论及于此。其体例有双声正格、迭韵正格、双声同音通用格、迭韵平上去三声通用格、双声借用格、迭韵借用格、双声广通格、迭韵广通格、双声对变格、迭韵对变格、散句不单用格、古诗四句内照应格,凡十二类。所摘古近体诗句,自杜外,附汉、魏、六朝至唐、宋诸家。自谓凡数易稿,阅二十余年而后成,其致力可谓勤矣。此书实发千古之秘要,非深通音韵者,不能知其妙也。

(清)吴骞:《拜经楼诗话》,《清诗话》,上海古籍出版社 1999 年版,第742 页。

319

按十二字母之声,以汉字对音书之,为阿、额、伊、倭、乌、渥、那、讷、呢、诺、呶、娜,皆作平声读。凡婴儿堕地学语,莫不由此数声而先,是天籁也。

(清)福格:《听雨丛谈》,中华书局 1997 年版,第 217 页。

320

试思杜、韩诸家,原未尝按谱填词,何以倚马千言,竟无一句不合声调者,可知为天籁之自然矣。如若人言,非独声调可废,即平仄音韵,亦何尝非后起困人之具邪!

(清)陈仅:《竹林答问》,《清诗话续编》,上海古籍出版社 1999 年版,第2238 页。

321

问:七绝贵神韵,五绝似纯乎天籁,别有致力处否?

绝句本出于乐府,最近变风。古今诗人,亦未有不工古诗而能工于绝句者,熟读古乐府及唐贤诸家诗自知。

(清)陈仅:《竹林答问》,《清诗话续编》,上海古籍出版社 1999 年版,第2224 页。

322

题壁诗鲜有佳者,有《不寐诗》云:"夜永寒偏觉,迢迢送远更。朔风何凛冽,残月转凄清。失学羞言禄,无田莫问耕。晓来翻欲卧,曙色半窗明。"读其诗全是天籁,后题秋舫山人,不知谁氏。

(清)钱泳:《履园丛话》,中华书局 1979 年版,第 652 页。

323

自古妇人工诗画者甚多,而能评论古今作诗话者绝少。如皋有熊澹仙夫人者,名琏,苦节一生,老而好学,尝著诗话四卷。其略云诗本性情,如松间之风,石上之泉,触之成声,自然天籁。古人用笔,各有妙处,不可别执一见,弃此尚彼。又云诗境即画境也。画宜峭,诗亦宜峭,诗宜曲,画亦宜曲,诗宜远,画亦宜远,风神气骨,都从兴到。故昔人谓画中有诗,诗中有画也。澹仙诗词俱妙,出于性灵,题黄月溪《乞食图》云:"田园荡尽故交稀,舞榭歌筵一梦非。未必相逢皆白眼,凭他黄犬吠鹑衣。"借题发挥,骂尽世人。澹仙又有感悼词数十首,集曰《长恨编类》,皆为闺中薄命者作也,未能全录,兹仅记其题辞。《金缕曲》一阕云:"薄命千般苦,极堪哀,生生死死,情痴何补?多少幽贞人未识,兰蕙香消荒圃,埋不了茫茫黄土。花落鹃啼凄欲绝,剪轻绡,那是招魂处,静里把芳名数。同声一哭三生误,恁无端聪明磨折,无分今古。怜色怜才凭吊里,望断天风海雾,未全入江郎《恨赋》。我为红颜频吐气,拂霜毫填尽凄凉谱。闺中怨,从谁诉?"

（清）钱泳:《履园丛话》,中华书局 1979 年版,第 657 页。

324

飞云顶之南,有夜乐池。每夜池底有乐声,人以为怪。予疑池底空虚,石多孔窍,风水相激,故成种种音声,有如奏乐耳。以夜始闻者,盖又夜静响沉,龙鱼吐嗡,助成天籁也。

（清）屈大均:《广东新语》,《屈大均全集》第四册,人民文学出版社 1996 年版,第 81 页。

325

白沙先生善会万物为己,其诗往往漏泄道机,所谓吾无隐尔。盖知道者,见道而不见物,不知道者,见物而不见道。道之生生化化,其妙皆在于物,物外无道。学者能于先生诗深心玩味,即见闻之所及者,可以知见闻之所不及者。物无爱于道,先生无爱于言,不可以不察也。先生尝谓,人读其诗止是读诗,求之甚浅,苟能讽咏千周,神明告人,便有自得之处。庞弼唐云,白沙先生诗,心精之蕴于是乎泄矣。然江门诗景,春来便多,除却东风花柳之句,则于洪钧若无可答者,何耶?盖涵之天衷,触之天和,鸣之天籁,油油然与天地皆春,非有所作而自不容已者矣。然感物而动,与化俱徂,其来也无意,其去也无迹,必一一记其影响,则亦琐而滞矣。此先生之所以有诗也。

（清）屈大均:《广东新语》,《屈大均全集》第四册,人民文学出版社
1996 年版,第 314 页。

326

唐末,连州陈用拙善鼓琴,著有《琴籍》十卷,载琴家论议操名及古帝王
名士善琴者,以古调无徵音,乃补新徵音,谓商即徵音云。宋英德石汝砺亦
善琴,所言乐律一以琴为准,著《碧落子琴断》一卷,郑樵最称之。二书惜皆
不传。明南海陈元诚制六虚琴,准古协度,以雷张自况。白沙先生雅好琴,
尝梦抚石琴,其音泠泠,有一伟人笑谓曰:"八音中惟石音难谐,今子谐若
是,异日其得道乎?"先生因自称石斋。有诗云:"寄语了心人,素琴本无
弦。"予为作《石琴歌》云:"端州白石天下稀,声含宫商人不知。斫就瑶琴长
四尺,轻如一片番流离。石音最是难调者,碧玉老人能大雅。由来太古本无
弦,不是希声知者寡。无弦吾欲并无琴,琴向高山流水寻。人籁岂如天籁
好,空中写出太初心"。石琴今在江门,碧玉老人,先生所自号也。

（清）屈大均:《广东新语》,《屈大均全集》第四册,人民文学出版社
1996 年版,第 331 页。

327

古诗音节,须从神骨片段间,体会其抑扬轻重,伸缩缓急,开阖顿挫之
妙,得其自然合拍。五音相音,无定而有定之音调节奏,乃能铿锵协律,可被
管弦。虽穿云裂石,声高壮而清扬,然往而复回,余音绕梁,言尽而声不尽,
篇终犹有远韵。以人声合天籁,故曰诗为天地元音也。此中妙旨,自非讲求
平仄所可尽,第不从平仄讲求,初学何由致力,渐悟古人不传之秘哉! 王阮
亭《平仄定体》、赵秋谷《声调谱》,初学宜遵之。始从平仄,讲求音节,及工
夫纯熟之候,自能悟诗中天然之音之节,纵笔为之,无不协调矣。

（清）朱庭珍:《筱园诗话》,《清诗话续编》,上海古籍出版社 1999 年版,
第 2350 页。

328

自来诗家,源同流异,派别虽殊,旨归则一。盖不同者,肥瘦平险、浓淡清奇之外貌耳,而其所以作诗之旨及诗之理法才气,未尝不同。犹人之面目,人人各异,而所赋之性,天理人情,历百世而无异也。至家数之大小,则由于天分学力有浅深醇疵,风会时运有盛衰升降,天与人各主其半,是以成就有高下等差之不齐也。夫言为心声,诗则言之尤精者,虽曰人声,有天籁焉。天不能历久而不变,诗道亦然。其变之善与不善,恒视乎人力。力足以挽时趋,则人转移风气,其势逆以难,遂变而臻于上。力不足以挽时尚,则风气转移人,其势顺而易,遂变而趋于下。此理势之自然,亦天运之循环也。盖一代之诗,有盛必有衰,其始也由衰而返乎盛,盛极而衰即伏其中。于是能者又出奇以求其盛,而变之上者则中兴,变之下者则愈降。古人所谓“若无新变,不能代雄”是也。

（清）朱庭珍:《筱园诗话》,《清诗话续编》,上海古籍出版社1999年版,第2328—2331页。

329

诗以超妙为贵,最忌拘滞呆板。故东坡云:“赋诗必此诗,定非知诗人。”谓诗之妙谛,在不即不离,若远若近,似乎可解不可解之间。即严沧浪所谓“镜中之花,水中之月,但可神会,难以迹求”。司空表圣所谓“超以象外,得其环中”是也。盖兴象玲珑,意趣活泼,寄托深远,风韵泠然,故能高踞题巅,不落蹊径,超超玄着,耿耿元精,独探真际于个中,遥流清音于弦外,空诸所有,妙合天籁。放翁云:“文章本天成,妙手偶得之。”亦即此种境诣。诗至此境,如画家神品逸品,更出能品奇品之上。凡诗皆贵此诣,不止咏物诗以此诣为最上乘。乃是神来之候,其著想立意,用笔运法,无不高妙。若藐姑仙人,迥非尘中美色可比。非以不切题旨,别生枝节为训也。解人难索,后代诗家,未契真诠,误会秘旨,虽标神韵以为正宗,执法相而求形似。抹月批风,浅斟低唱,流连光景,修饰词华,似是而非,半吞微吐,特作欲了不了之语，多构旁敲侧击之言，故为歇后，甘蹈虚锋。自诧王、孟嗣音，陶、韦的派，而不知马首之络，到处可移，狗尾之冠，终难续用，赝鼎饭色，讵足混真，徒枉费心力耳。至近代咏物诗，误此一关，尤为尘劫。词意谐俗，骨甘自贬；铅华媚人，色并非真。靡靡之音，陈陈之套，千手一律，万口同腔。外面似乎鲜妍风致，实则俗不可医，令人欲呕矣。不善求超脱，流弊一至于此！初学可不从切实处为下手用功地乎？

（清）朱庭珍：《筱园诗话》，《清诗话续编》，上海古籍出版社 1999 年版，第 2342 页。

330

阮亭先生所讲声调音节，最为入细，作七古不可不知。所谓"以音节为抑扬，以笔力为操纵"二语，真七古妙谛也。凡字以轻清为阳，以重浊为阴。用阳字为扬，用阴字为抑。平声为扬，仄声为抑。而阳中之阴，阴中之阳，与夫字虽阳而音哑，字虽阴而声圆者，个中又各有区别，用时必须逐字推敲，难以言尽。作平韵一韵到底七古，不惟上句落脚之字，宜上去入三声间杂用之，不可犯复，即下句四仄三平，亦须酌其音而用之。总须铿锵金石，一片宫商，无哑字、哑韵、雌声、重声梗滞其间，自然协调。至押仄韵七古，上句落脚平字，须调于上下平轻重之间；落脚仄字，须避下句押韵本声。如押入韵，则用上去二声，不可再用入声字，以犯下句韵脚之声。押去、上韵亦然。搀杂互用，音节乃妙。至转韵七古，或六句一转，或四句一转，八句一转，不可多寡过于悬殊，致畸轻畸重，总须匀称。所押之韵，亦要平仄相间。至中间忽夹一段句句押韵者，须一滚而出，如涛翻浪涌；又须急其节拍，为繁音变调，若风驰雨骤之交至，即古骚赋中乱词之遗也。斟酌平仄阴阳响哑，而选择用之，参差错杂，相间成音，此即五声迭奏之意，人籁上合天籁矣。若夫用笔之道，贵操纵自然，不可恃才驰骋。当笔阵纵横，一扫千军之际，而力为驾驭，莫令一往不返。使纵中有擒，伸中有缩，以开阖顿挫为收放抑扬。此七古用笔之妙诀，先生其先得我心乎？

（清）朱庭珍：《筱园诗话》，《清诗话续编》，上海古籍出版社 1999 年版，第 2399 页。

331

历一山水,见一山水之妙,矧阴晴朝暮,春秋寒暑,变态百出。游者领悟当前,会心不远,或心旷神怡而志为之超,或心静神肃而气为之敛,或探奇选胜而神契物外,或目击道存而心与天游。是游山水之情,与心所得于山水者,又各不同矣。作山水诗者,以人所心得,与山水所得于天者互证,而潜会默悟,凝神于无朕之宇,研虑于非想之天,以心体天地之心,以变穷造化之变。扬其异而表其奇,略其同而取其独,造其奥以泄其秘,披其根以证其理,深入显出以尽其神,肖阴相阳以全其天。必使山情水性,因绘声绘色而曲得其真,务期天巧地灵,借人工人籁而毕传其妙,则以人之性情通山水之性情,以人之精神合山水之精神,并与天地之性情、精神相通相合矣。以其灵思,结为纯意,撰为名理,发为精词,自然异香缤纷,奇彩光艳,虽写景而情生于文,理溢成趣也。使读者因吾诗而如接山水之精神,恍得山水之情性,不惟胜画真形之图,直可移情卧游,若目睹焉。造诣至此,是为人与天合,技也,进于道矣。此之谓诗有内心也。

(清)朱庭珍:《筱园诗话》,《清诗话续编》,上海古籍出版社 1999 年版,第 2344 页。

332

沧浪主妙悟,谓"诗有别材,非关学也,诗有别趣,非关理也。然非多读书,多穷理,则不能极其至。"是诗中天籁,仍本人力,未尝教人废学也。竹垞谓"必储万卷于胸,始足以供驱使"。意主于学,正可与严说相参。何必执词组以诋古人,而不统观其全文哉!近代诗家,宗严说而误者,挟枯寂之胸,求渺冥之悟,流连光景,半吐半吞,自矜高格远韵,以为超超元着矣。不知其言无物,转堕肤廓空滑恶习,终无药可医也。其以学为主者,又贪多务博,淹塞灵机,饾饤诗卷,如涂涂附,亦不免有类墨猪。不知学问之道,贵得其精英,弃其糟粕也。少陵云:"读书破万卷",非关学乎?"下笔如有神",非关悟乎?味此二句,学与悟可一贯矣。

（清）朱庭珍：《筱园诗话》，《清诗话续编》，上海古籍出版社1999年版，第2344页。

333

夫文贵有内心，诗家亦然，而于山水诗尤要。盖有内心，则不惟写山水之形胜，并传山水之性情，兼得山水之精神……必使山情水性，因绘声绘色而曲得其真，务期天巧地灵，借人口人籁而毕传其妙，则以人之性情通山水之性情，以人之精神合山水之精神，并与天地之性情精神相通相合矣。

（清）朱庭珍：《筱园诗话》，《清诗话续编》，上海古籍出版社1999年版，第2327页。

334

凡协韵原可任人择拣，第勿用哑音，及庸俗生涩之字而已。然韵上一字，亦有定律。如调中有应用去上处，自须协上声。而如醉太平、恋绣衾、八六子等平调，韵上之仄声字，必须用去声，方是此调声响。即周止庵先生所谓"平声韵上仄声字，去为妙"也。但取本调名词多读数过，自能体会，盖有天籁存焉。仄声调之韵，原可上去入三声通用。亦有宜分别者，如秋宵吟、清商怨、鱼游春水等调，宜用上声韵。玉楼春、菊花新、翠楼吟等调，宜用去声韵。壶中天、琵琶仙、惜红衣、淡黄柳、凄凉犯、暗香、疏影、兰陵王等调，宜用入声韵。乃其宫调如是，入声韵尤严不可紊也。又如齐天乐、花犯等调，用去上者多，不可协入声韵。虽可以入代上，而音节究不谐叶。昔陈西麓好以仄韵改平韵，而所作入声韵，盖秘宫调相同，寓以入作平之意。大约仄调宜用入声韵者，十居五六。白石自度曲十七阕，协入声者过半，其故可知。［以入作平者，入声可以融化。上声即不尽然，而去声尤甚。作词固最重去声。最要留心。钟瑞注］平上入三声，间有可以互代。惟去声则独用。其声激厉劲远，转折跌荡，全系乎此，故领调亦必用之。又宋人所用去上声，与现行官韵颇有异同。如酒、静、水、杜、似等是上声字，宋人可作去声用，易致误认。更有素娴四声，而各习方音，间有上去互误者，是宜随时考正也。

（清）杜文澜：《憩园词话》，《词话丛编》，中华书局 1986 年版，第 2855 页。

335

星斋侍郎曾莹，为太傅仲子。辛丑翰林，丁未御试翰詹，擢庶子，数年间洊升吏部侍郎。癸丑主试礼闱，正值太傅重宴琼林，海内传为盛事。所著《小鸥波馆诗集》十卷，附《诗余》一卷，多清丽芊绵之作，不为律缚。与同里戈顺卿、朱酉生相唱酬，深得宋人三昧。姚梅伯孝廉序其词曰："绳尺之中，自有天籁。羽宫所在，能移我情。"诚为笃论。录其《阮郎归·题画楼春晓图》云："烟翠绿杨丝。梨云梦影迟。红阑干外立多时。画楼人未知。帘乍卷，着罗衣。镜边红折枝。销魂滋味耐寻思。玉骢花下嘶。"

（清）杜文澜：《憩园词话》，《词话丛编》，中华书局 1986 年版，第 2880 页。

336

余五六岁，先大夫初教四声，即与邻童私习。以数目之十字口授切音，各诵十余过，或数十过。脱口而出，自合四声，盖实由天籁也。按宋景文笔记云："孙炎作反切，语本出于俚俗，谓就为卿溜，谓团为突栾，谓孔曰窟笼。"正与洞庭切相合。可见自古之凡为父兄者，于群儿嬉戏时，何妨以此善诱，互为问答。使旁人不能通晓，童稚必矜为神奇。专心习之，纵汉有四种全通，但解洞庭切一门，为用已溥。每见词人去上声易误，附此为刍荛献焉。"

（清）杜文澜：《憩园词话》，《词话丛编》，中华书局 1986 年版，第 2863 页。

337

清华堂临水，荇藻生足下，联云："芰荷迭映蔚（谢灵运），水木湛清华

（谢混）。"堂后松数万，摇曳帘际。左望一片修廊，天低树微，楼阁厶暖；堂后长廊透迤，修竹映带。由廊下门入竹径，中藏矮屋，曰"青琅馆"。联云："遥岑出寸碧（韩愈），野竹上青霄（杜甫）。"是地有碑亭，御制诗云："万玉丛中一径分，细飘天籁迥干云。忽听墙外管弦沸，却恐无端笑此君。"

（清）李斗：《扬州画舫录》，中华书局 1997 年版，第 269 页。

338

余尝于厂肆得先生（李荐青先生）手书诗一册，共二十首，为《焦螟集》所未载。诗云（其一，编者注）：每爱盘空曲，白云深复深。谁为高士传，不识古人心。脉脉穷秋卉，依依薄暮禽。一瓢良可弃，天籁在风林。静理人间曲，方知天地功，栗皲开夜雨，豆荚喜秋风。不死身从老，安贫养已丰。平生狷介志，汩没寂寥中。本色行真意，吾师得自然。了无一物在，不异众人前。世路老多梗，心灯默已传。客魂常自怪，动落法云边。闲色开金碧，空山更夕晖。秋心先候得，天意放晴微。老去余双鬓，归来此布衣。莫途规海运，谁见一鹏飞。风壑消群籁，月明清露溥。无言重卷幔，危坐一凭栏。秋水乾坤白，冰壶草木寒。百年疏鬓影，回首却愁看。天籁溢青冥，风潭洒翠屏。谁知七弦上，空响亦泠泠。金石应诸节，蒿蓬振百灵。平生耽古调，惟向二君听。横笛秋风里，可怜边思多。数声折杨柳，残月满关河。朔气潜相入，清商久不和。方传郑都护，万里枕雕戈。云迥双林近，沙寒细路移。蛟龙秋竞起，虫豸晚犹啼。一语清尘却，经时落日低。是心何所住，流水自东西。

（清）震钧：《天咫偶闻》卷八，《近代中国史料丛刊》，文海出版社 1966年版，第 546—550 页。

339

《晚看诸峰出云》。二叶，平峦两重，下有磐石，二人对坐，一人抱琴。题云：笙篁冷不闻，琴语夜来歌。一霎松风吟，泠然天籁发。《永嘉吹台》。三叶，纸心画金山一拳，下有二舟近岸，沙柳二株，山上一人，几与浮图埒。题云：山在水精域，人登员峤巅。平来雁行乱，深见峭帆悬。残照瓜洲树，寒灯北固烟。佛前敲玉磬,惊动蛰龙暝。

（清）震钧:《天咫偶闻》卷六,《近代中国史料丛刊》,文海出版社 1966年版,第 441—455 页。

340

粤东黎春洲先生工诗词。有人携画一幅,为《陈姑追舟图》,托其题词于上。而画绘一船,舱中坐书生,船梢一榜人作摇桨状。岸上杨柳数株,傍立一美人。树上鸣禽数个。先生即景题辞曰:"东边一株杨柳树,西边一株杨柳树,树、树、树,任你千条万絮,系不得郎舟住。南边啼鹧鸪,北边唤杜宇,鹧鸪啼,行不得也哥哥;杜宇唤,不如归去,不如归去,不如归去。"按前半即景生情,已是妙想天开。而后半即景中情,双管齐下,纯是一片天籁,神乎技矣。不知其实由六才子脱胎而来。诚如袁子才所谓"我口所欲言,已出古人口。我手所欲书,已出古人手",真淹博群书之言也。

（清）李宝嘉:《南亭词话》,《词话丛编》,中华书局 1986 年版,第3195 页。

341

释超伟【住普济咏怀】市远无多路,栖迟别一村。种蔬开弃地,留竹卫颓垣。夜静闻天籁,林深隔世喧。虚名真欲谢,吾道复何言?

（清）徐崧、张大纯:《百城烟水》卷四,北京古籍出版社 1979 年影印本。

342

愿以清净心,而作广大事,于一弹指间,摄授俄孔炽。公侯诸宰执,都护大将军。橐驼载法施,解放鞲中鹰。香花结慈云,钟鱼答天籁,妇孺布金钱,屠沽请法戒。檀柘三十围,绝壑封云烟,越氓闻鬼语,将以供诸天。

（清）吴伟业:《吴梅村集》,上海古籍出版社 1990 年版,第 1045 页。

343

人而不仁,言动皆非人之所测;天下而不仁,向背皆任其意之所安。不仁者,非但残忍忮害之谓也。残忍忮害者,抑必先蒙昧其心,漠然于身,漠然于天下,而后敢动于恶而无忌。虽然,犹或有时焉,遇大不忍之事,若鬼神临之,而恻恻以不宁,则人亡其仁,而仁未遽去其心也。唯夫为善不力,为恶不力,漠然于身,漠然于天下,优游淌漾而夷然自适者,则果不仁也,如死者之形存而哀乐不足以感矣。此其为术,老聃、杨朱、庄周倡之,而魏、晋以来,王衍、谢鲲之徒,鼓其狂澜,以荡忠孝之心,弃善恶之辨,谓名义皆前识也,谓是非一天籁也,于我何与焉?漠然于身而丧我,漠然于天下而丧耦,其说行,而天下遂成一刀刺不伤、火焚不蒸之习气,君可弑,国可亡,民可涂炭,解散披离,悠然自得,尽天下以不仁,祸均于洪水猛兽而抑甚焉。

(清)王夫之:《读通鉴论》卷十六,中华书局 1975 年版,第 468 页。

344

故天籁无假于宫商,贞筠不争于柯叶。是以寿者之恭,火灭而矜其鞿悦;幽人之坦,途歧而范我驰驱。盖闻矜容者有经日之芳,工歌者有弥旬之韵。质已逝而风留,缊缊自合;声已希而气动,缭绕尤长。

(清)王夫之:《王船山诗文集》卷一,中华书局 1962 年版,第 13 页。

345

上午看大历十子诗。十子中如钱郎司空二皇甫,诗境皆如孤花倚石,楚楚可怜;又如寒山古寺,清磬数起。但才力太弱,长句联语,往往合掌,无变化之迹;七言尤甚。其所以胜宋人者雅俗之别耳。宋人若放翁,气力尽可雄视十子,而不免有村气;十子诗其秀固在骨也。至于古风,则中唐如二刘者,当时推大家,远非十子所能颉颃,尚无一篇合作。盖自李杜高岑韩孟外,固无人足以语此者,况十子耶!若论绝句,则李十郎之雄浑高奇,不特冠冕十子,即太白龙标,亦当退让,韩君平清婉,亦其选也。王韦五古,又不可与李杜六子等论矣,乃天籁也。

(清)李慈铭:《越缦堂读书记》,中华书局1963年版,第1243页。

346

盖词源所列者,成词后之音律也。作者当未成调之时,必先以字求音,何字为宫,何字为商,此无定也。工字应宫,尺字应商,此有定也。由工尺而配宫商,诸谱具在,由宫商而求何字为宫,何字为商,则古人未之言也。即宋之深明音律也,亦不过宫调熟悉,以天籁得之耳。必成词后,先歌以审之,复管笛以参之,不合者改字以协之。如玉田云:琐窗深,深字不协,改为幽字,又不协,再改为明字,歌之始协。此三字皆平声,胡为如是,盖五音有喉舌唇齿牙,所以有轻清重浊之分。

(清)江顺诒:《词学集成》,《词话丛编》,中华书局1986年版,第3247页。

347

[诒]案:合前二说,则一词有一词之腔,后之撰词谱者当列五音,而不应列四声。当分宫商之政变,而不当列字句之平仄。当列散声增字之多寡,而不当列一调数体之参差。自宋以后,音律失传,未始非词谱误之也。盖五音四声,皆属天籁,近体平仄押韵有一定,故四声人人皆知。词曲虽有宫商,必待歌而始协律,故五音人人皆不知矣,其始则亦人人知之。今之填词者,舍五音而讲四声,毋亦昧其源乎。

(清)江顺诒:《词学集成》,《词话丛编》,中华书局1986年版,第3220页。

348

宋词皆可入乐。毛氏词话载轶事,为他书所未见,后人引用者亦少。纪晓岚先生云："西河词话无韵一条最为精核,谓辛、蒋为别调,深明源委。"先生于词不屑为,故所论未允。夫宋人之词,皆可入乐。韵为天籁,未有四声以前,三百篇未有无韵者。岂唐宋以后人乐之文而不用韵乎。况宋人自度腔皆可歌,后人不得其传。至辛、蒋以豪迈之语,为变徵之音。如今弦笛,腔愈低则调愈促,声高则调高,何碍吟叹之有。

（清）江顺诒：《词学集成》,《词话丛编》,中华书局 1986 年版,第3252 页。

349

亡友汪稚松大令[根兰]云："吴门戈顺卿为近时作者,其所作必协宫商,于律韵则诚精矣,但少生趣耳。陶凫芗太常为余言,戈词如塑像一般,非有神气骨血者。并云:词者,天籁也。诗所不得而达,词得而达之。好词自合宫商,若刻意求之,恐所合者仅宫商耳。"[诒]案:戈词如塑像固然,必谓合宫商者,皆无神气骨血,则非。须知宫商亦从天籁出,不知者刻意求之而不得,知者固毋庸刻意求也。

（清）江顺诒：《词学集成》,《词话丛编》,中华书局 1986 年版,第3250 页。

350

宫商莫辨,喉齿不分。竞竞上去,是韵非音。天籁人籁,长吟短吟。自在流出,杳不可寻。勿以筝琶,而废瑟琴。乐府之遗,窥古人心。

（清）江顺诒：《词学集成》,《词话丛编》,中华书局 1986 年版,第3300 页。

351

元张翥撰。翥有《蜕庵集》,已著录。此编附载诗集之后,而自为卷帙。案《元史》翥本传,称翥长于诗。其近体长短句尤工。……其《沁园春》题下注曰:"读白太素《天籁集》,戏用韵效其体。"盖白璞所宗者多东坡、稼轩之变调;翥所宗者犹白石、梦窗之余音。门径不同,故其言如是也。又"春从天上来"题下注曰:"广陵冬夜,与松子论五音二变十二调,且品箫以定之。清浊高下,还相为宫,犁然律吕之均,雅俗之正。"则其于倚声之学讲之深矣。

(清)纪昀等:《四库全书总目提要》卷一百九十九·集部五十二,上海大东书局1930年石印本。

352

《琴谱合璧》:……国朝和素取明杨抡所撰《太古遗音》重为缮译。抡本金陵琴工,辑旧谱为是书。其意盖以古之雅乐不过如是,而不知其仍不离乎俗也。如普庵咒之类,已近烦手,以云乎太音希声,一字一音之旨,又奚知焉?惟是指法五十三势,颇得师授,为时谱之佳者。又《归去来词》、《听颖师琴诗》、《秋声赋》、《前赤壁赋》不增减一字,而声韵自合,亦足取也。其余附会古人,词多鄙俚,只取其音,无取其词可耳。和素,满洲镶黄旗人。官至内阁侍读学士。就杨抡旧谱以清文译之,于五音指法则用对音,盖满洲音韵,精微广大,无所不包,用之于琴,尤见中声之谐,天籁之合焉。

(清)纪昀等:《四库全书总目提要》卷一百十三·子部二十三,上海大东书局1930年石印本。

353

山左王阮亭尚书,诗为国初冠。顾身后尊之者与诋之者各半。所著衍波词,颇沾沾自喜,幸无异说。乃吾乡孙文靖论词,谓"妾是桐花郎是凤,倚声谁辟野狐禅",一经拈出,令人爽然。盖刻意求新,不免流于纤仄,然平心而论,亦未可全非。如《浣溪沙》云:"雨后虫丝挂碧纱。朝来鹊语斗檐牙。日痕红曙一阑花。残梦未遥犹眷恋,篆烟初袅半天斜。消魂应忆泰娘家。"《虞美人》云:"杜鹃啼彻春将老。断送花多少。几丝杨柳几丝风。总付银屏金屋梦魂中。合欢枕上香犹在。好梦依稀改。回环锦字写离愁。恰似潇波不断入湘流。"《踏莎行》云:"风雨清明,莺花上已。楼台四百南朝寺。水边多少丽人行,秦淮帘幕长干市。蓦地愁生,干卿甚事。梁陈故迹消魂死。禁烟时节落花天,东风芳草含情思。"余每喜诵之。至文靖论词绝句中,有"人籁定输天籁好,长芦终是逊迦陵"语,未免阿好乡曲。竹枝太史词,不少清空婉约处,若谓逞能,乃学者之过,不得为太史诟病。

(清)丁绍仪:《听秋声馆词话》,《词话丛编》,中华书局1986年版,第2622页。

354

昔有友人论及乾隆中诗人,推袁、蒋、赵为三大家,顾毁誉各半,迄无定评。适姚君春木在座,言随园出入诚斋、放翁二家,而善于变化。藏园以山谷为宗,而排过之。瓯北学苏而离形脱貌,独出心裁。其气概皆足牢笼一切,惟去唐音尚远。少陵云:"老去渐于诗律细",细之一字,概似未闻。盖未能敛才就范,是故能诗而不能词。余于诗无所解,未敢置喙,然博雅敏给如三家,后人正未易及。心畲太史颇以工词称,惜所著铜弦词,时杂以诗句曲句,王氏《词综》只选三阕而已。其嗣君秋竹广文[知节]词独清妙,吴兰雪香苏《山馆集》中,附其体牛坳吹笛图洞仙歌云:"谁家牧子,下斜阳樵径。短笛声清四山应。任吹来天籁,略带宫商,浑不减、五月落梅风韵。知音桓子野,倾耳风前,一样青云动幽兴。悬簿遍高门,挟瑟吹竽,难陶写、骚人情性。便白石南山宁生歌,也不令斯时,溷人清听。"可谓别具妙心,自饶雅韵。

(清)丁绍仪:《听秋声馆词话》,《词话丛编》,中华书局1986年版,第2803页。

355

孙渊如、洪北江嗜秦音。吾国今日歌曲,以徽腔、秦腔为两大宗。徽腔,即二黄;秦腔,梆子。士大夫多喜听徽剧。秦音则贩夫、走卒、妇人、孺子鲜不嗜之。昔惟盛行北方,今江表已成普通歌曲矣。厌之者谓其急微噍杀,非曰北鄙杀伐之声，即曰亡国之音哀以思，几乎举世非之。然秦腔之兴，实在徽剧以前。方乾隆中叶，已大昌于京师，孙渊如、洪北江皆酷嗜之。昔在京师厂肆某书店中，曾见一小册，署曰《秦云小谱》（此二十三年前事，其名似是此四字），皆毕秋帆抚陕时，长安妙伶小传，其人悉工秦腔。中述孙、洪两先生言，谓吾国所有歌曲，高者仅中商音，间有一二语阑入宫调，而全体则愧不能。惟秦中梆子，则无问生旦净末，开口即黄钟大昌之中声，无一字溷入商徵，盖出于天籁之自然，非人力所强为。因推论国运与乐曲盛衰相系之故，谓昆曲盛于明末，清恻宛转，闻之辄为泪下，所谓"亡国之音哀以思"者，正指此言。及乾隆中叶，为有清气运鼎盛之时，人心乐恺，形诸乐律，秦腔适应运而起，雍容圆厚，所谓沨沨治世之音者也。按此语与近人所论，直如南北两极之反对矣。余不知乐，且亦厌闻梆子，然由此知时人所论，亦不过周内比附之词，非能果有真识也。世有万宝常其人者乎？予日望之矣。

（清）李岳瑞：《悔逸斋笔乘》，北京古籍出版社1999年版，第68页。

356

乾隆五十年，千叟宴三章（其二）：进酒紫禁春开之章。紫禁春开，壶天云霭群仙会。原祝台莱，春满三千界。……（五解）更芳筵，布两阶。蓬莆尧厨，桃实瑶台。但到处，饱餐沆瀣。问何人，曾闻天籁。……

（清）赵尔巽等：《清史稿·志七十三·乐五》，《清朝文献通考》，浙江古籍出版社2000年版，第6362页。

357

乾隆四十八年，乾清宫普宴宗亲三章，其二：……（十解）受洪禧，千万载，降福穰穰孔皆。六幕和风扇九垓，融融佳气蓬莱。仰尧文荡荡巍巍，亲睦平章淳化推。更行苇篇裁，协箫韶天籁，五云长捧紫霞杯。

（清）赵尔巽等：《清史稿·志七十三·乐五》，《清朝文献通考》，浙江古籍出版社2000年版，第6365页。

358

康熙间,陆圻景宣、毛先舒稚黄、吴百朋锦雯、陈廷会际叔、张纲孙祖望、孙治宇台、沈谦去矜、丁澎飞涛、虞黄昊景明、柴绍炳虎臣,称西泠十子。所作诗文,淹通藻密,符采烂然,世谓之西泠派。稚黄尝作诗评云:"陆景宣如濯龙甲第,宛洛康逵,流水游龙,轩盖联映。柴虎臣如连云夏屋,无论榱栋,即薄栌支撑,都无细干。吴锦雯如浅草平原,朔儿试马,展巧作剧,便有驰突塞垣之气。陈际叔如孟公入座,宕迈绝伦。孙宇台如春江一消,波路壮阔。张祖望如郦生谒军门,外取唐突见奇,而中具简练。沈去矜如秦川织女,巧弄机杼,心手既调,花鸟欲活。丁飞涛如黼帐初寒,银筝未阕,月光通曙,与灯竞辉。虞景明如丛篁解苞,新莲含粉。"虎臣见之,谓先舒曰:"君诗如伶伦调管,气至音成,比竹之能,而欲近天籁。"康祺按:毛、陆诸子,政是一时词赋之才。稚黄评诗,仍不出采组雕缋家数。然今日之杭州,则湖山无恙,雅道寂如,西林一社,不可谓非风流韵事也。

(清)陈康祺:《郎潜纪闻初笔二笔三笔》卷十四,中华书局1997年版,第293页。

359

稚存太史《北江诗话》,有仿钟嵘《诗品》、《画品》一则,评骘同时诗人,颇极允当,亟录之。……梁侍讲同书诗,如山半钟鱼,响参天籁。潘侍御庭筠诗,如枯禅学佛,情劫未忘。

(清)陈康祺:《郎潜纪闻》卷十三,中华书局1997年版,第282页。

360

欧公古诗,叙事处累千百言,不枝不衍,宛如面谈;惜其意尽言中,无复余意,而曲折变化处亦少。欧学韩,韩本别体,佳处不易得,徒浅直耳!且又有赋而全无比兴。(乔谓今皆坐此病,不独欧公。)《游石子涧》曰:"席间风起闻天籁,雨后山光入酒杯。泉落断崖春壑响,花藏深崦过春开。"《送目》曰:"长堤柳曲妨回首,小苑花深碍倚楼。楚径蕙风消病渴,洛城花雪荡春愁。"俱极风流富贵之致。《咏柳》曰:"长亭送客兼迎客,费尽长条赠别离。"态度绰约。

（清）吴乔:《围炉诗话》,《清诗话续编》,上海古籍出版社 1999 年版,第 624 页。

361

第二回　参慧果老佛说情禅　费清才书生逢幻境

这晚节交冬至,搜索枯肠,依旧不能下笔。听丽谯已打四更,看时表上已四点三刻了,精神已倦,脱衣登床,假寐。卧倒便即睡去。自己不觉梦至一处,但见高山环郭,风日清和。郭内隐隐,玉宇琼楼,沉博绝丽,转过山坡,远远见粉墙一带,高入云表。隔以清溪,流水潺潺,如鸣天籁。自念此地并未到过,若在此结屋读书,倒也有趣。

（清）梁溪司香旧尉:《海上尘天影》,清光绪三十年石印本。

362

《笔精》载,李长吉诗本奇峭,而用字多替换字面。……又云有郊居生《题金铜仙人辞汉歌》,杨廉夫手书其诗云:"神明台些茂陵鬼,六宫火灭刘郎死。芙蓉仙掌惊高秋,雄雷掣碎铜蛟髓。魏官移盘天日昏,车声辚辚绕汉门。铁肝苦泪滴铅水,石马尚载西风魂。青天为客惊晓别,天籁嘀声地维裂。铜台又折当涂高,夜夜相思渭城月。"虽是隐括李语,要亦杰作也。

（清）叶矫然:《龙性堂诗话》,《清诗话续编》,上海古籍出版社 1999 年版,第 1046—1047 页。

363

《霓裳续谱跋》:大块之气,噫而为风,阴阳之气,薄而成雷,山水之音,激而为瀑布,松涛泻壑,鸟语呼花,天上龙吟,云中鹤唳,其两大自然之声乎,学士濡毫,文人染翰,野夫游女,信口讴吟,情文虽所不类,而自然之感发则一也。余雅好声歌,苦不能择阳春白雪下里巴人,今凡耳触而成声,辄神动而天随也。《霓裳续谱》为伶部靡靡之音,大雅之士见而辄鄙,然按之宫商,考其音节,恍如天籁之自鸣而自正焉,虽语不笙簧,情同喜谑,甚无当于采择,而寓物抒怀,殆亦如采兰赠芍,为三百篇之所不废,善读诗者,当不谓有害于风雅也。历阳葛霖兰坡氏题。

(清)王廷绍编述:《明清民歌时调集》,上海古籍出版社1987年版,第451页。

364

《钱叔美观唐时古梅》:滇之黑龙潭有唐时古梅,仁和钱叔美主政,杜与余莲泾探梅归,为陈颐道写作障子,录旧作于上,诗云:"疏香拂拂吹面来,黑龙潭上梅花开。紫云吹影落波底,碧琉璃浸红玫瑰。寻山惯骑款段马,叩门不许奚童催。道人揖客山院静,风炉茶沸喧殷雷。老干盘空见须发,苍鳞卧地栖莓苔。蛰龙一睡不复醒,铁笛吹破雪千堆。谁人手携入灵境,传闻天宝当年栽。千年劫火烧不死,支离孕结丹砂胎。人生安得如汝寿,古佛含笑天公猜。老夫十日面青壁,放笔自喜无纤埃。山空杳冥天籁绝,枝底只有山禽陪。夕阳倒射殿角赤,花光人影相徘徊。鹤声送客入城去,衣上染得朱霞回。

(清)徐珂:《清稗类钞》,中华书局2003年版,第5894页。

365

《武训兴学》:一日,见塾师昼寝,长跪床前,久之,塾师醒,(武七)见而惊起,自是不昼寝。或遇学生嬉戏,亦向之长跪,学生遂相戒不敢出位。人有乐施,无多寡,必叩头谢,口喃喃为祝词,俚而有韵,盖天籁也。

(清)徐珂:《清稗类钞》,中华书局2003年版,第563页。

366

《名家诗评》：阳湖洪稚存编修亮吉尝仿钟嵘《诗品》，评骘同时名家之诗，颇为允当。今摘录于下：……梁侍讲同书诗，如山半钟鱼，响参天籁。潘侍御庭筠诗，如枯禅学佛，情劫未忘。

（清）徐珂：《清稗类钞》，中华书局 2003 年版，第 3902—3904 页。

367

《张叔未项藏墨林椠几》：去秀水之新篁里，可五六里，为罗汉塘。萧氏世居之，颇富藏书，并蓄项墨林椠几。几高二尺二寸三分，纵一尺九寸，横二尺八寸六分。文木为心，梨木为边。右二印，曰"项"、曰"墨林山人"。左一印，曰"项元汴字子京"，盖天籁阁严匠望云手制物也。张叔未以葛见岩之介绍，购得之，因作铭索其兄文鱼书之。

（清）徐珂：《清稗类钞》，中华书局 2003 年版，第 4514 页。

368

名心退尽道心生，如梦如仙句偶生。天籁自鸣天趣足，好诗不过近人情。

（清）张问陶：《论诗十二绝句》，《船山诗草》，中华书局 1986 年版，第 893 页。

369

五音凌乱不成诗，万籁无声下笔迟。听到宫商谐畅处，此中消息几人知。

（清）张问陶：《论诗十二绝句》，《船山诗草》，中华书局 1986 年版，第 261—262 页。

370

诗以咏我言,本从声韵出,中有条缕分,古疏后渐密。隐侯辨仄平,孙炎著反切,关键一以开,千载莫能易。双声与叠韵,六朝始梳栉,磝礀音响连,腥瘦字母壹。北有魏伯起,南有谢希逸(原注:磝礀叠韵见南史《谢庄传》,腥瘦双声见北史《魏收传》),此法皆讲求,秘矜专门术。杜陵益精严,对属百不失,侵簪月影寒,逼履江光彻(原注:杜诗侵簪叠韵,逼履双声,见《云溪友议》),老去诗律细,此亦细之一。倘其可不拘,何以名为律?无如读杜者,过眼付一瞥,但夸奔绝尘,不屑驾循辙。海昌有周子,遥契得真诀,手著《括略》编,韵学乃渐泄。从来文字缘,每随气运辟,古人抉其大,后人剔其窄,非必后所增,都自凿空获。即如近体诗,古人所未识,抑扬抗坠间,妙有自然节,古人纵复生,不能变此格。是知本天籁,岂钻牛角僻。兹谱虽小道,源出唇齿舌,诅画混沌眉,乃导昆仑脉。反语田颠童,测字杭兀术,矫揉尚称奇,矧此谐瓛绎,允作杜功臣,艺苑更绳尺,音签韵府外,另竖一帜赤。

(清)赵翼:《题周松霭杜诗双声叠韵谱括略》,《瓯北集》,上海古籍出版社 1997 年版,第 958 页。

371

披萝带荔,三闾氏感而为《骚》;牛鬼蛇神,长爪郎吟而成癖。自鸣天籁,不择好音,有由然矣。松落落秋萤之火,魑魅争光;逐逐野马之尘,魍魉见笑。才非干宝,雅爱搜神;情类黄州,喜人谈鬼。闻则命笔,遂以成篇。……集腋为裘,妄绪(续)幽冥之录;浮白载笔,仅成孤愤之书:寄托如此,亦足悲矣!嗟乎!惊霜寒雀,抱树无温;吊月秋虫,偎栏自熟。知我者,其在青林黑寒间乎!

(清)蒲松龄:《聊斋志异自序》,《铸雪斋抄本聊斋志异》,上海人民出版社 1975 年影印本,第 49 页。

372

尝谓诗有工拙，而无今古。自葛天氏之歌至今日，皆有工有拙，未必古人皆工，今人皆拙。即三百篇中颇有未工不必学者，不徒汉、晋、唐、宋也；今人诗有极工极宜学者，亦不徒汉、晋、唐、宋也。然格律莫备于古，学者宗师，自有渊源。至于性情遭遇，人人有我在焉，不可貌古人而袭之，畏古人而拘之也。今之莺花，岂古之莺花乎？然而不得谓今无莺花也。今之丝竹，岂古之丝竹乎？然而不得谓今无丝竹也。天籁一日不断，则人籁一日不绝。孟子曰："今之乐犹古之乐。"乐即诗也。唐人学汉、魏变汉、魏，宋学唐变唐，其变也，非有心于变也，乃不得不变也。使不变，则不足以为唐，不足以为宋也。子孙之貌，莫不本于祖父，然变而美者有之，变而丑者有之，若必禁其不变，则虽造物有所不能。先生许唐人之变汉、魏，而独不许宋人之变唐，惑也。且先生亦知唐人之自变其诗，与宋人无与乎？初、盛一变，中、晚再变。至皮、陆二家已浸淫乎宋氏矣。风会所趋，聪明所极，有不期其然而然者。故枚尝谓变尧、舜者，汤、武也；然学尧舜者，莫善于汤、武，莫不善于燕哙。变唐诗者，宋、元也；然学唐诗者，莫善于宋元，莫不善于明七子。何也？当变而变，其相传者心也；当变而不变，其拘守者迹也。鹦鹉能言而不能得其所以言，夫非以迹乎哉？

（清）袁枚：《答沈大宗伯论诗书》，《袁枚全集》，江苏古籍出版社 1997 年版，第 283—284 页。

373

诗如鼓琴，声声见心。心为人籁，诚中形外。我心清妥，语无烟火。我心缠绵，读者泫然。禅偈非佛，理障非儒。心之孔嘉，其言蔼如。

（清）袁枚：《续诗品·斋心》，《续诗品注》，人民文学出版社 1998 年版，第 167 页。

374

无题之诗,天籁也;有题之诗,人籁也。天籁易工,人籁难工。三百篇、古诗十九首,皆无题之作,后人取其诗中首面之一二字为题,遂独绝千古。汉魏以下,有题方有诗,性情渐漓。至唐人有五言八韵之试帖,限以格律,而性情愈远。且有"赋得"等名目,以诗为诗,犹之以水洗水,更无意味。从此,诗之道每况愈下矣。余幼有句云:"花如有子非真色,诗到无题是化工。"略见大意。

(清)袁枚:《随园诗话》,人民文学出版社 1982 年版,第 228 页。

375

老来不肯落言筌,一月诗才一两篇。我不觅诗诗觅我,始知天籁本天然。

(清)袁枚:《老来》,《袁枚全集》,江苏古籍出版社 1997 年版,第541 页。

376

余年来观瀑屡矣,至峡江寺而意难决舍,则飞泉一亭为之也。凡人之情,其目悦,其体不适,势不能久留。天台之瀑,离寺百步,雁宕瀑旁无寺。他若匡庐,若罗浮,若青田之石门,瀑未尝不奇,而游者皆暴日中,距危崖,不得从容以观,如倾盖交,虽欢易别。惟粤东峡,山高不过里许,而磴级纤曲,古松张覆,骄阳不炙。……瀑旁有室,即飞泉亭也。纵横丈余,八窗明净,闭窗瀑闻,开窗瀑至。入可坐,可卧,可箕距,可偃仰,可放笔研,可沦茗置饮。以人之逸,待水之劳,取九天银河,置几席间作玩。当时建此亭者其仙乎?僧澄波善弈,余命霞裳与之对枰。于是水声、棋声、松声、鸟声,参错并奏。顷之,又有曳杖声从云中来者,则老僧怀远抱诗集尺许,来索余序。于是吟咏之声又复大作,天籁人籁合同而化。不图观瀑之娱,一至于斯,亭之功大矣。

(清)袁枚:《峡江夺飞泉亭记》,《袁枚全集》,江苏古籍出版社 1997 年版,第 518 页。

377

萧子显自称:"凡有著作,特寡思功;须其自来,不以力构。"此即陆放翁所谓"文章本天然,妙手偶得之"也。薛道衡登吟榻构思,闻人声则怒;陈后山作诗,家人为之逐去猫犬,婴儿都寄别家:此即少陵所谓"语不惊人死不休"也。二者不可偏废:盖诗有从天籁来者,有从人巧得者,不可执一以求。

(清)袁枚:《随园诗话》,人民文学出版社 1982 年版,第 126 页。

378

叶书山曰:"然人工未极,天籁亦无因而至。虽云天籁,亦须从人工求之。"

(清)袁枚:《随园诗话》卷五,人民文学出版社 1960 年版,第 149 页。

379

法时帆学士造诗龛,题云:"情有不容已,语有不自知。天籁与人籁,感召而成诗。"又曰:"见佛佛在心,说诗诗在口。何如两相忘,不置可与否?"余读之,以为深得诗家上乘之旨。旋读其《净业湖待月》云:"缓步出柴门,天光隔桥瀁。溪云没酒楼,林露滴茶笼。秋水忽无烟,红蓼一枝动。"又:"抠衣踏薜花,满头压星斗。溪行忽有阻,偓佺来醉叟。攘臂欲扶持,枕湖一僵柳。"此真天籁也。又,《读稚存诗奉柬》云:"盗贼掠人财,尚且有刑辟。何况为通儒,腼颜攘载籍。两大景常新,四时境屡易。胶柱与刻舟,一生勤无益。"引笑人知人籁而不知天籁者。先生于诗教,功真大矣。《咏荷》云:"出水香自存,临风影弗乱。"可以想其身份。又曰:"野云荒店谁沽酒,疏雨小楼人卖花。"可以想其胸襟。

（清）袁枚：《随园诗话》补遗四六，人民文学出版社 1960 年版，第729 页。

380

如皋熊商珍女史，号澹仙，亦号茹雪山人。……女史词诗俱妙，出自性灵。所著诗话有云："诗本性情，如松间之风，石上之泉，触之成声，自成天籁。古人用笔，各有妙处，不可别执一见，弃此尚彼。"

况周颐：《玉栖述雅》，《词话丛编》，中华书局 1986 年版，第 4615 页。

381

《永遇乐·同李景安游西湖》云："青衫尽付，蒙蒙雨湿，更着小蛮针线。"用坡公青玉案句"春衫犹是，小蛮针线，曾湿西湖雨"。而太素语特伤心。其言外之意，虽形骸可土木，何有于小蛮针线之青衫。以坡公之"琼楼玉宇，高处不胜寒"比之，犹死别之与生离也。

况周颐：《蕙风词话》卷三，《词话丛编》，中华书局 1986 年版，第4474 页。

382

白石为南渡一人，千秋论定，无俟扬榷。《乐府指迷》独称其《暗香》、《疏影》、《扬州慢》、《一萼红》、《琵琶仙》、《探春慢》、《淡黄柳》等曲;《词品》则以咏蟋蟀《齐天乐》一阕为最胜。其实石帚所作，超脱蹊径，天籁人力，两臻绝顶，笔之所至，神韵俱到，非如乐笑、二窗辈，可以奇对警句相与标目，又何事于诸调中强分轩轾也？孤云野飞，去留无迹，彼读姜词者，必欲求下手处，则先自俗处能雅，滑处能涩始。

冯煦：《蒿庵论词》，《词话丛编》，中华书局 1986 年版，第 3594 页。

383

十五国风妙绝古今,正以妇人女子矢口而成,使学士大夫操笔为之,反不能尔,以人籁易为,天籁难学也。余离家日久,乡音渐忘,辑录此歌谣,往往搜索枯肠,半日不成一字。因念彼冈头溪尾,肩挑一担,竟日往复,歌声不歇者,何其才之大也!钱塘梁应来孝廉作《秋雨庵随笔》,录粤歌十数篇,如"月儿弯弯照九州岛"等篇,皆哀感顽艳,绝妙好词。

（清）黄遵宪:《山歌题记》,《人境庐诗草笺注》,中国青年出版社2000年版,第42页。

384

（刘大勤）问:"王、孟诗假天籁为宫商,寄至味于平淡,格调谐畅,意兴自然,具有无迹可寻之妙。二家亦有互异处否?"（王士禛）答:"譬之释氏,王氏佛语,孟氏菩萨语。孟氏有寒俭之态,不及王氏天然而工。唯五古不可优劣。"

（清）王士禛:《带经堂诗话》,人民文学出版社1998年版,第839页。

385

《水调歌头·黄州快哉亭赠张偓佺》云:"落日绣帘卷,亭下水连空。知君为我新作,窗户湿青红。长记平山堂上,欹枕江南烟雨,渺渺没孤鸿。认得醉翁语,山色有无中。一千顷,都镜净,倒碧峰。忽然浪起,掀舞一叶白头翁。堪笑兰台公子,未解庄生天籁,刚道有雌雄。一点浩然气,千里快哉风。"此等句法,使作者稍稍矜才使气,便入粗豪一派,妙能写景中人,用生出无限情思。

（清）郑文焯:《大鹤山人词话》,《词话丛编》,中华书局1986年版,第4325页。

386

诗贵有神,如"云龙出水风声急,海鹤鸣皋日色清"(张佐《忆游天台寄道流》全唐诗卷二百八十一),诵之觉有一片天籁,悠然于耳目之间。

(清)王寿昌:《小清华园诗谈》,《清诗话续编》,上海古籍出版社1999年版,第1862—1863页。

387

《赴奉先县五百字》,当时时歌诵,不独起伏关键,意度波澜,煌煌大篇,可以为法,即其中琢句之工,用字之妙,无一不是规矩,而音韵尤古淡雅正,自然天籁也。

(清)方南堂:《辍锻录》,《清诗话续编》,上海古籍出版社1999年版,第1941页。

388

齐永明时尚声韵之学,周颙撰《四声切韵》,沈隐侯撰《四声谱》,曩尝求其书读之而不可得,盖二书本未传于世也。然平上去入,互相通转,群经有之。其见于毛诗者,尤不可枚举。当发言之始,期合天籁,非拘牵于声韵者。故唐、宋人制词,别无韵书,而韵寓焉。陈献可云:"词曲起,则律吕即在词曲之中。"(语载陆清献《三鱼堂剩言》。)然则制词,而必求诸韵书,非其旨矣。

(清)张德瀛:《词征》,《词话丛编》,中华书局1986年版,第4117页。

389

若夫鸿蒙而居,寂静以处,虽临于兹,余亦莫睹。搴烟萝而为步幛,列枪蒲而森行伍。警柳眼之贪眠,释莲心之味苦。素女约于桂岩,宓妃迎于兰渚。弄玉吹笙,寒簧击敔。征嵩岳之妃,启骊山之姥。龟呈洛浦之灵,兽作咸池之舞。潜赤水兮龙吟,集珠林兮凤翥。爰格爰诚,匪簠匪筥。发轫乎霞城,返旌乎玄圃。既显微而若通,复氤氲而倏阻。离合兮烟云,空濛兮雾雨。尘霾敛兮星高,溪山丽兮月午。何心意之忡忡,若寤寐之栩栩。余乃欷歔怅怏,泣涕傍徨。人语兮寂历,天籁兮筼筜。鸟惊散而飞,鱼唼喋以响。志哀兮是祷,成礼兮期祥。呜呼哀哉!尚飨!

(清)曹雪芹、高鹗:《红楼梦》,人民文学出版社 2005 年版,第 1114 页。

390

这纯是血性语,几于天籁。香山诗当以此为第一。蓉华道:"此是遭遇使然,所以人说穷而后工。"琼华道:"穷而后工也是有的。然后人未尝无此流离之苦,他却不能如此写,倒不写真情,要写虚景,将些凄风苦雨,和在里面,虽也动人,究竟是虚话,何能如此篇字字真切。"佩秋笑道:"我就不喜欢这等诗,若学了他,不是成了白话么?"琼华道:"诗只要好,就是白话也一样好看。若极意雕琢,不能稳当,也不好看,倒反不如那白话呢。"

(清)陈森编:《品花宝鉴》,时代文艺出版社 2003 年版,第 748 页。

391

素兰掷了一个重四,即想出一句《窥浴》上的曲文道:"两人合一付肠和胃。"仲清拍案叫绝道:"这个是天籁,我们快贺三杯。"于是合席又贺了三杯。玉林掷了个重三,也念《小宴》一句道:"列长空数行新雁。"次贤道:"他们越说越好了,真是他们的比我们的好。"王恂道:"词出佳人口,信然。"

(清)陈森编:《品花宝鉴》,时代文艺出版社 2003 年版,第 475—477 页。

392

次日复把诗文之法,细细讲究。喜得两人如饮琼浆,如闻天籁,心花朵朵俱开,骨节珊珊作响,亦至深更方罢。

（清）夏敬渠:《野叟曝言》,中华书局 2004 年版,第 925 页。

393

主人把松纹领过隔壁一间,素臣自斟自酌,小二在旁,不住倾倒,便已吃有四壶。素臣欲待不吃,见一个小女孩,约在四五岁光景,两手拍着,唱那没腔的歌儿;本是小孩,又是苗语,吉伶古鲁的一字也听不出;却纯是童音,居然天籁;兼以颠头拨脑,姿趣横生,觉比着名优演唱,更是袅袅可观,俍俍可听;问起主人,说是前日随着大姐们赶墟回来,闲着就是这样怪唱的。素臣带看带听,不知不觉的,又吃了两壶。

（清）夏敬渠:《野叟曝言》,中华书局 2004 年版,第 814 页。

394

素臣亦取火焚毁道:"此处不便讲话,仍到天籁堂去罢。"

（清）夏敬渠:《野叟曝言》,中华书局 2004 年版,第 762 页。

395

唐敖道:"怪不得古人讲韵学,说是天籁,果然不错。今日小弟学会反切,也不在歧舌辛苦一场。"

（清）李汝珍:《镜花缘》第三十一回,东方出版社 1996 年版,第 97 页。

396

即前明项子京天籁阁不过如是。贼来皆散佚,所存仅十之三,亦散落人间矣。承平士大夫好古而多雅尚,吴越间比比皆是,此后世无其人,亦无其事,不可慨哉!

（清）欧阳兆熊、金安清:《水窗春呓》卷下,中华书局 1997 年版,第

78 页。

397

出于至诚,真天籁也。储宗丞麟趾,庚辰奉命祭告岳渎,宿邮亭。一夕灯花散采,倏忽变现,喷烟高二三尺,有风雾回旋。呼家人聚观,共相诧异,戒勿动。

(清)余金辑:《熙朝新语》卷十一,上海古籍出版社 1983 年影印本。

398

瑞香道:"好极,我也来做一韵。若其为声也,唛唛咂咂,乒乒乓乓,咭咭咕咕,辁辁鞋鞋。震绳床而戛戛,漱湍濑以汤汤;气吁吁其欲断,语嚅嚅而不扬。撼鸳衾以缤缥,摇金钩之叮当。俨渴牛之饮涧,类饿狸之舐铛。若穿墉之鼠,劈拍兮,似触藩之羊。乘天籁之方寂,和夜漏以偏长。老妪遥闻而歆羡,小鬟窃听而彷徨。"众人听了,笑得把小脚儿在地下乱跌。琼蕤不很懂文理,倒不在意;小翠涨红了脸,躲进内房去了;淡如气得脸青。那盈盈丫头是很通文理的,便嚷道:"好姑娘,你怎么把我们婆子、丫环都取笑起来?"舜华站起身,说:"实在难听。"

(清)兰皋主人:《绮楼重梦》第二十八回,大众文艺出版社 2002 年版,第 194 页。

399

诗有三要,曰:发窍于音,征色于象,运神于意。何谓音?曰:诗本空中出间,即庆生所云"天籁"是已。籁有大有细,总各有自然之节,故作诗曰吟曰哦,贵在叩寂寞而求之也。求之果得,则此中或悲或喜,或激或平,——随其音以出焉。………何谓象与意?曰:物有声即有色,象者,摹色以称音也。如舞曲者动容而歌,则意惬悉关飞动,无论兴比与赋,皆有恍然心目者。故诗家写景,是大半功夫。今读古人诗,望而知为谁氏作。象固然矣,斯不独征事,又当选色也。意之运神,难以言传,其能者常在有意无意间。何者?诗缘情而生,而不欲直致其情;其蕴含只在言中,其妙会更在言外。

(清)李重华:《贞一斋诗说》,《清诗话》,上海古籍出版社 1999 年版,第921 页。

400

乃近世论诗之士,语及言志,多视为迂阔而远于事情,由是风雅渐漓,诗教不振。抑知言志之道,无待远求,风雅固其大宗,谣谚尤其显证。欲探风雅之奥者,不妨先问谣谚之涂。诚以言为心声,而谣谚皆天籁自鸣,直抒己志,如风行水上,自然成文,言有尽而意无穷,可以达下情而宣上德,其关系寄托,与风雅表里相符。盖风雅之述志,著于文字;而谣谚之述志,发于语言。语言在文字之先,故点画不先于声音,简札不先于应对。自来讲点画者,兼溯声音之始;工简札者,兼求应对之宜;然则谈风雅者,兼育谣谚之词,岂非言语文学之科,实有相因而相济者乎?

刘毓崧:《古谣谚序》,《中国历代文论选》第四册,上海古籍出版社1987 年版,第 70 页。

401

《诗·大序》云:"情发于声,声成文,谓之音。"古无所谓韵,韵即音之相应者。圣主贤臣声出为律,儿童妇女触物成讴,要皆有天籁以行乎其间,非若后世之词人按部寻声,韵句惟艰也。故《庚歌》三章,章三句,句必韵。夏谚六句,句无不韵。当时之歌体有然。下逮春秋,以迄汉魏,凡属歌辞,韵句最密。延及唐人,亦遵斯轨。况虞夏之民,各言其志,出自天籁者乎? 而《五子之歌》不然。大率首二句连韵,余则二句一韵。而第一章之韵句尤疏,殆不可诵。章十五句,其协者裁四五句耳。岂作伪《书》者,但以掇拾补缀为工,而竟忘其为当韵也耶? 且古者《易》象龟占,句必有协,百家书语,间作铿锵。然则,韵句而非歌者有之矣,未有歌而韵句之寥寥者也。即以《书》论,《孟子》引《太誓》"我武惟扬"之文,五句四韵。左氏引《夏书》"惟彼陶唐"之文,六句六韵。《太誓》非歌,则左氏所引亦未必是歌。今第三章乃袭取为之,芟"帅彼天常"而改其"行为厥道",则又减却二韵矣。噫,既用作歌,抑何恶韵之若此也?

（清）阎若璩:《尚书古文疏证》,上海古籍出版社 1987 年版,第 472—475 页。

402

问:金人瑞讲文法,子既深恶而痛绝之,是著书立说,只求实事而已,更无所谓文也。进观子之所言,亦似有起承转合理弊功效之文法者,子何以亦讲文法乎? 曰:恶,是何言? 文也者,自然之天籁也。……语曰:"文以载道。"又曰:"言之无文,行之不远。"文亦安可轻乎? 若执文言文,定非知文者。……见事办事,办事之时,自有条理节奏。所谓条理节奏者,文也。虽不讲之,安能无之乎?

燕南尚生:《新或问》,《新评水浒传》第一册,保定直隶官书局光绪三十四年排印本。

（六）近现代

近代以来包括"五四"及新中国成立以来天籁研究反而不如清代多,而且含义上也鲜有拓展,总体上有这样几个特征:第一是对天籁推崇备至,如梁启超认为"韵文之兴,当以民间歌谣为最先。歌谣是不会做诗的人(最少也不是专门诗家的人)将自己一瞬间的情感,用极简短极自然的章节表现出来,并无意要他流传。因为这种天籁与人类好美性最相契合,所以好的歌谣,能令人人传诵历几千年不废,其感人之深,有时还驾专门诗家的诗上之"。鲁迅谓"故心弦之动,自与天籁合调,发为抒情之什,品悉至神,莫可方物"。第二是在史、原理、范畴等系统著作中每有简单涉及,如李泽厚、刘纲纪的《中国美学史》、敏泽的《中国美学思想史》、曾祖荫的《中国古代美学范畴》、赵则诚、张连弟的《中国古代文学理论辞典》、修海林、罗小平的《音乐美学通论》等。第三,专门研究天籁的论著却很少,更没有系统的专门研究。我们搜寻到的仅有专文《"籁"在古代指声音吗?》、《从"天籁"之喻看中国诗学创作美学观》、《道心与道言:对"天籁"基本内涵之辨析》、《说"天籁"》等不到十篇。

403

空山无丝竹,天籁何处寻。清响激巉石,奏此太古音。觅洞犯秋晓,幽咔惟山禽。扪萝尽孤往,石窦深复深。泉乳喷岩腹,声发不可喑。谷虚若相应,风戞时成吟。多事笑秋鏊,爬剔劳苦心。达者会其理,请看无弦琴。

张洵:《寻水乐洞》,《晚晴簃诗汇》,中华书局1990年版,第6710页。

404

文章亦一艺,功因载道起。天籁发自然,名言酝至理。謦欬寄一时,违应占千里。我读上古书,其文浑浑尔。吁嗟三代还,日夸雕绘美。

归懋仪:《拟古》,《晚晴簃诗汇》,中华书局1990年版,第8431页。

405

洗心栖沕穆,渊渊鸣天籁。缅怀汉班妃,何事日怨艾。扇固有时捐,月亦有时晦。乃思恩爱重,不共秋风退。我诗取怡情,凡百人不逮。寒燠听造化,盈亏置度外。不淫不伤旨,默与《关雎》会。

张印:《学诗》,《晚晴簃诗汇》,中华书局1990年版,第8640页。

406

雪声一夜鸣天籁,雪满城中复城外。晓风嘶马入城行,暮出城门雪未晴。诸公好事耽吟兴,同上危亭寻曲径。后来笑我登临迟,不知晚景看尤奇。松林何冉冉,寒鸦飞点点。茅屋何斜斜,寒犬吠家家。微茫略识西山岫，倚槛萧萧笼两袖。为问围炉煮雪人，何如载酒雪中逗。

查礼：《家立功侄过陶然亭看雪》，《晚晴簃诗汇》，中华书局 1990 年版，第 2990 页。

407

山高湖口肖钟鸣，积翠摩空削不成。万石铿鍧天籁发，千艘奔放大江横。凌云鹳鹤浑无迹，动地蛟鱼亦有声。谁与操舟征郦注，悠悠不尽古今情。

吴隆骘：《石钟山》，《晚晴簃诗汇》，中华书局 1990 年版，第 2871 页。

408

北山好丛薄，蔽路何萧掺。梢云适天籁，积翠延幽禽。山居人事闲，闭户寒森森。亦携白木镵，陟巘剧苓蔘。苦无翁子斤，槎蘖横相侵。岂知此山腹，有宝纷埋沈。磊落璞如磬，其社称黑金。或疑娲皇余，兼补地轴深。又疑司寒主，所藏恒固阴。地近玄都玄，人似黔雷黔。屠儿皆五丁，凿谷穷千寻。作下骇行路，砰訇闻壮音。讵如西凉夷，百条同赆琛。取余用之遍，生灭无古今。常嗤焦孝然，济人徒苦心。更怜朱隐士，茧足疲高岑。兹岩有烂柯，无客珍焦琴。只防釜鬲虚，不见连旬霪。空山愁煮木，惆怅此乔林。

汤贻汾：《广陵北山》，《晚晴簃诗汇》，中华书局 1990 年版，第 6087 页。

409

青天皓月悬明珠，中涵松影千万株。森森林立无边隅，幽阴如闻天籁呼。浓皴淡染谁所濡，粗枝密叶参天铺。其质滑腻美且都，文登大理人所诹。贵来方与凡石殊，天开画本应难模。微云一抹如有无，远山掩映疑蓬壶。其中应结仙人庐，世间日月自征徂。惟此松能常不枯，可谓寿矣天地俱。儿之所好能不愚，毡包载归以献吾。自勺清泉涤泥涂，天生灵物岂容污。斫木为架覆以幠，相对不忍离须臾。恨不将身入画图，片石珍重抵琼瑶。

顾太清:《万松涵月歌》,《晚晴簃诗汇》,中华书局 1990 年版,第 8557 页。

410

暮云归远树,夕阳在西岭。招提寂无人,徙倚息孤影。空山响天籁,严霜袭衣冷。皓魄澹禅心,凉宵知漏永。嗟余履屯难,壮志邈难骋。反侧听蛩吟,荧荧一镫静。清飙山中来,助我发深省。起坐调鸣琴,幽怀徒耿耿。

秦蕙田:《科夜有怀和天钧上人》,《晚晴簃诗汇》,中华书局 1990 年版,第 3052 页。

411

耿耿星河见,长安横匹练。冷露湿罗裾,凉风捐纨扇。人生暮气防,天籁商音变。遥思华屋中,丝竹开豪宴。

王玮:《秋夜》,《晚晴簃诗汇》,中华书局 1990 年版,第 7356 页。

412

我曩入飞峰,心迹双萧寂。微言证璨可,倦枕苍石壁。希微九天籁,汗漫三世隔。瘴海今横流,何者为我宅。将毋归稽留,不然栖大涤。洗耳听韶濩,妍朱校仙册。夜汲一军持,玉水方流液。虽落尘网中,金骨炼营魄。试招何尹俱,割半垂龙席。各据一洞天,袖方聊煮石。

袁昶:《和何尹忆云寺泉》,《晚晴簃诗汇》,中华书局 1990 年版,第 7450 页。

413

古人竟何之?见此秦时月。落照青简端,冠履若飘忽。澹对不相闻,秋风天籁发。欹枕研至精,凛冽砭吾骨。鬼神能害名,漏泄受天伐。蒲柳畏先零,燕石守金阙。何用此营营,华簪宠短发。

顾贞观:《秋夜读书》,《晚晴簃诗汇》,中华书局1990年版,第1392页。

414

深山灯影伴,坐久夜初分。窗挂藤萝月,檐栖桧岭云。钟声林外度,天籁静中闻。此际层楼上,炉香细细焚。

高斌:《子夜》,《晚晴簃诗汇》,中华书局1990年版,第2516页。

415

斜日沧江岸,寒烟独树村。空阶余鸟迹,落日满柴门。心静闻天籁,行吟惜薜痕。天涯知己隔,此意向谁论。

李崧:《寄怀陶村兼呈樾亭》,《晚晴簃诗汇》,中华书局1990年版,第2623页。

416

妙眼观自在,斯秘何人启。由来万象态,萧然入隐几。传神阿堵中,屈指无数子,请看天籁声,皆从苹末起。

毕沅:《严秀才冬友过访山国留宿画船坞论诗》,《晚晴簃诗汇》,中华书局1990年版,第3690页。

417

河边老椐树,巉屼立墙外。时当五六月,密叶张青盖。蒙丛罩晚烟,苍翠分朝霭。苹末青风生,悠然发天籁。时鸟藏其间,群飞羽翙翙。圆吭哳晴阳,绵蛮出翳荟。最喜纳凉时,长空净埃壒。新蟾瞪纤目,余霞抹红带。屋角望熊彪,此意堪入绘。

庄德芬:《墙外老树一株枝叶有熊彪顾盼之势》,《晚晴簃诗汇》,中华书局1990年版,第8203页。

418

城市忽已隔,林泉遂见招。盈盈涉珠江,望眼增迢遥。小艇呼蜑人,驾以木兰桡。僧雏解好事,为我茶瓜要。入门优昙香,花雨氤氲飘。长林蔽修景,天籁鸣刁调。塔铃语云何,如听风过箫。比丘三五辈,宴坐围松寮。一闻梵呗宣,余声静不嚣。俄顷铿华钟,汹起沧江潮。冯夷跋浪舞,灵怪争来朝。神鱼似衔珠,鲛人或献绡。所过皆殊境,顿觉心神超。始知青莲宇,变幻非意料。栖栖尘土中,无乃同鹪鹩。

李符清:《海幢寺》,《晚晴簃诗汇》,中华书局1990年版,第4417页。

419

出门尽青山,担头缚斧柯。顾盼生得色,高林郁嵯峨。轩轩举趾健,倏忽重峦过。山词连步起,兴至口则哦。闻声不见人,杳霭隔烟萝。有时惊鹳鹤,磔磔离其窠。呕哑字莫辨,余响飘林多。松风与涧瀑,天籁遥夏摩。运斤以为节,逸调殊凡科。丁丁复许许,拉杂声相和。四体无乃疲,而非劳者歌。自歌还自罢,兀傲焉知他。

张梁:《樵歌》,《晚晴簃诗汇》,中华书局1990年版,第2399页。

420

飏言肇虞廷,断竹传古调。咏诗本言志,风雅原忠孝。灵均继三百,以神不以貌。柴桑元气流,高节罗众妙。大化敷文章,真机泄突奥。流莺语清晨,园林春色到。月过生花光,风来响泉窍。俯拾惟自然,天籁谁能效。

庄子逵:《与左二仲甫论诗》,《晚晴簃诗汇》,中华书局1990年版,第4930页。

421

名山如伟人,洞达无内外。轩然肺腑张,症结尽淘汰。第一称仙源,卉木交晻霭。三台次第列,众石互钩带。逼塞开堂皇,摩空扬旌旆。九曲绿蚁通,一线受天大。奇险绝世狎,谺谺动天籁。遂令风尘魄,窅然坐遗蜕。

张海珊:《寻仙源玉笥三台诸洞》,《晚晴簃诗汇》,中华书局 1990 年版,第 5610 页。

422

拾级上层嶂,苍松来攫人。盘旋惑前路,松若偕山莽。威凤互低昂,瘦虬争嶙峋。欹横挺奇势,幂地无朝曛。悬厓气阴森,巉削出画皴。遒枝冒茑萝,蒙茂云影屯。寒翠染衫袂,翛翛无点尘。斯须好风来,天籁空中闻。古调协宫徵,使我清心魂。纵横历百折,橐驼西向蹲。佛屋衔层碧,俶诡罗秋雯。万松青一色,护此龙象尊。磨礲费天匠,变幻如鬼神。路阻无剑台,西望空逡巡。

谢振定:《万松寺》,《晚晴簃诗汇》,中华书局 1990 年版,第 4303 页。

423

浮浮五色虹,避日下山霭。倏焉化为马,腾踔入溪内。南逾百丈梁,架空走湍濑。疑从天上来,活活泻清快。山中乏粮食,饮水亦堪爱。松云不濡衣,结揽在襟带。客程腊月余,此景日相对。我马亦已劳,我仆倦行迈。聊为逍遥游,凌风听天籁。

黎兆勋:《新化州山中》,《晚晴簃诗汇》,中华书局 1990 年版,第 6429 页。

424

栖贤涧谷有奇石,倒卧青冥神所擘。鳌背惊翻海水飞,龙髯陡接天云立。奔霆日夜摇撼之,万古空山皆霹雳。跌势纷如矢坠空,涓流巧作珠穿隙。其旁清稳百盘陀,倚涧临流可敷席。水石相遭岂不平,自从天籁发噌吰。道人两耳痴聋久,问是水鸣还石鸣。试抚孤琴动山响,方知水石两无声。

易顺鼎:《栖贤涧石歌》,《晚晴簃诗汇》,中华书局 1990 年版,第 7410 页。

425

古人取韵缓,清浊限方域。世儒泥章句,音义遂烦数。长短齐人言,轻重汉儒读。后出益纷拏,圈发逞私欲。梁陈讲声病,强以四声束。高贵暨梁武,卓识独破俗。奈此风会趋,浮华斫其朴。傎倒言下上,虚实昧秀宿。鲖乃切纣红,项改翻许绿。燕说谁为刊,天籁返遭梏。北宋家法存,近守唐代躅。丁贾皆经儒,同志有洙淑。十卷十二凡,部别慎通独。惽缪偶驰孙,典刑未祧陆。字不取类隔,文亦参篇玉。别体务荟萃,一音自联属。虽病雅俗殽,尤多形体复。观过宜知仁,多文在富蓄。谁欤妄兼并,画部成百六。疵议丛刘渊,创始实文郁。国朝勇复古,亭林首张目。十部至廿一,研析递繁缛。经子务博证,集矢遍吴械。入声互割配,头脢强接续。其意或过通,往往见违触。之脂支必分,元魂痕当副。无锡与仪征,雅冀古骚复。昌言终未行,习非徒𫍣𫍢。蒙尝发狂论,吹万贵抱蜀。双声本天机,造化具宫龡。六书半角声,偏旁不相黩。持此两大端,如宗合其族。一扫尘径芜,兼通绝津轴。霓蚭柱分别,颇陂免点辱。屡欲勒一书,私以诏家塾,病懒辍觚翰,家贫艰毕牍。羡君勤著述,榆阴掩深屋。朝夕罗丹铅,雅话尽餐录。简炼比治兵,爬梳类折狱。即觇经济优,岂为盘错蚏。此图便千秋,雕虫等奴仆。

李慈铭:《题岘樵枌东老屋校韵图》,《晚晴簃诗汇》,中华书局 1990 年版,第 7550 页。

426

澹泊夙所安,《齐物》得宗旨。既长习勤劳,昼作夜乃止。颓然适天放,杳不知所以。叩门谁氏园,灵镜殊栗里。野舍牵薜萝,林木森可喜。云开淡淡山,日漾溶溶水。褰裳涉涧滨,延芳采兰芷。响泉横绝巘,斑斑土花紫。挥手一再行,天籁萦吾指。《广陵》不世传,叔夜信非美。弃置勿重弹,恐使音盈耳。次律悟前生,那须闲故纸。人生亦有涯,世事何穷已。早知蝶是周,不待蘧然矣。

李丽娥:《纪梦》,《晚晴簃诗汇》,中华书局 1990 年版,第 8541 页。

427

细玩乐天诗,情真语自挚。虽乏建安骨,要具风人致。颜谢穷幽深,雕刻非所志。陶公本性真,臭味原无二。纵非李杜匹,雅可张一帜。昌黎逞雄肆,所就各殊异。长吉苦呕心,奚如此乐易。微之夙并驰,恐或难联辔。中伦与中虑,逸情常远寄。时似天籁鸣,顾盼饶妩媚。不必斗奇险,切切含鼓吹。胸怀凛冰清,吐属绝尘累。如以佛法论,骚坛大自在。高吟《贺雨篇》,孰是音可嗣。

张品桢:《读白乐天诗书后》,《晚晴簃诗汇》,中华书局 1990 年版,第 7395 页。

428

好诗如佳人,嫣然媚幽独。铅华屏不御,葆此无瑕玉。巧笑流瑳那,蛾眉腾曼绿。一顾失倾城,何必炫奇服。又如闻好鸟,应节喧百族。引吭扬天和,喁于叶弦乐。春花仓庚歌,夜月杜鹃哭。微物讵有知,听者感衷曲。始知心之声,不在斗繁缛。笑啼根至性,风萧任枨触。勿使天籁乖,要令老妪觉。神充貌自腴,至味乃蕴蓄。自从齐梁来,藻缋眩凡目。土木饰金貂,斌珸荐文楼。旁观岂不好,所苦真意斫。兰苕集翡翠,无由起遐瞩。嗟余少耽吟,月露困雕琢。牢笼及光景,镂刻到草木。迩来喜平淡,绮语久阁束。悲欢不自禁,涉笔或累辐。色黝蔚彩艳,声异叩缶俗。妇人职中馈,岂事勤著录。讵知风人志,性灵藉陶淑。发情止礼义,本自三百牍。至音谐宫商,六义有正鹄。吾言或非迂,试取反复读。

李含章:《论诗》,《晚晴簃诗汇》,中华书局1990年版,第8253页。

429

疏香拂拂吹面来,黑龙潭上梅花开。紫云吹影落波底,碧琉璃浸红玫瑰。寻山惯骑款段马,叩门不许奚童催。道人揖客山院静,风炉茶沸喧殷雷。老干盘空见须发,苍鳞卧地栖莓苔。蛰龙一睡不复醒,铁笛吹破云千堆。谁人手携入灵境,传闻天宝当时栽。千年劫火烧不死,支离孕结丹砂胎。人生安得如汝寿,古佛含笑天公猜。老夫十日面青壁,放笔自喜无纤埃。山空杳冥天籁绝,枝底只有山禽陪。夕阳倒射殿角赤,花光人影相徘徊。鹤声送客入城去,衣上染得朱霞回。

钱杜:《滇中黑龙潭有古梅两株唐时物也未谷为设兰楯索余图永之于石》,《晚晴簃诗汇》,中华书局1990年版,第4684页。

430

灵峰锐而富,我闻昔人云。峰峰会于寺,寺以灵峰闻。逾岭裁半里,眼耳青烟煴。盥漱石上渌,捧咽石上云。磴栈力千级,飞泉寒纷纷。双掌外无缝,旋踏掌上纹,道人昔高唱,阴壁霾灵文。空山谁狡狯,刻划双锦群。㟏岈入琳宇,春蔬嚼奇芬。佛面有衰旺,坏瓦黏斜曛。空亭合要眇,意惬情弥欣。孤凤岌两翙,翛然振鸡群。芝花嫩可掇,双掌当我分。长啸发天籁,招手云中君。

王又曾:《逾谢公岭折入东内谷登罗汉洞下饭于灵峰寺》,《晚晴簃诗汇》,中华书局1990年版,第3474页。

431

衡峰首回雁,临江初不高。岣嵝特骞鹏,峨峨插云涛。兹岳信神奇,兹峰益雄惊。崔巍切云冠,奋迅腾溟鳌。还疑金铜仙,摩天出蟠桃。其下干青莲,跗蕚相周遭。栝柏斧不尽,云雷数来鏖。未论祝融尊,且放兹峰豪。繄昔怀襄时,洪波莽天滔。神禹伤父功,血马登山号。日照绣衣梦,霞开金简韬。地络已得要,天紫兹告劳。奇文秘龙鸾,光气惊猿猱。昌黎昔穷搜,先笑后号咷。历本谁窃摹,千钧延一毫。兹来叹冥茫,只拟欢游遨。凌峰采石药,触兴歌诗骚。绝顶还一登,八极直翔翱。松风吹我行,天籁纷嘈嘈。既已辞樊笼,何用铺蓠糟。

冯敏昌:《登岣嵝峰作》,《晚晴簃诗汇》,中华书局 1990 年版,第 4270 页。

432

天籁荡空虚,风骚豁门户。韩苏譬齐秦,李杜角晋楚。代兴得涪翁,三驾复牛耳。跖河巨灵掌,舂月老人斧。海浴鹏嘱襄,峡劈蚕丛阻。珠丝九曲引,石髓五色补。空山瘦霜骨,僵竹卧龙虎。时涌梵王音,清泉杂风雨。直证南宗果,讵独西江祖。七叶本一花,草堂实宗主。性情植之根,苍雅藻其宇。真宰苟不存,敝帚成枯腐。当时瓣香众,羊昙秀驹父。舍人实区区,桃苏以配杜。一鹗岂不贵,颇厌喧百羽。吾道纷骑墙,知非公所许。庐阜与峨岷,嶙峋相仰俯。或乃讥旁仄,索瘢到媌嫭。穷子诧珠金,蓝缕妒纂组。谁知良工心,惨淡阅千古。惜哉六百年,传衣竟谁与。漫漶鄱阳本,寥落青袖谱。新编北平校,面目复真睹。来者谅不诬,蒙姿实愧鲁。天涯抱残箧,乡先见风矩。安得双井泉,为我浣肺腑。

张琼英:《读黄文节公诗集书后》,《晚晴簃诗汇》,中华书局 1990 年版,第 4966 页。

433

岩客曾传几卷诗,仙人遗迹无须疑。我亦飘然携一剑,足踏浮云任所之。忽见青山重迭起,仙乡寻得方忻喜。山鸟山花多有情,影落山溪荡春水。又被天风吹我游,浮空万里同虚舟。为爱华胥云五色,拨云落向红尘留。行歌偶得走盘珠,音响何如于蒍于。贤人之言亦圆美,离离光彩生金枢。独羡先生求绝境,心随月上中峰顶。阔宕胸怀似太湖,汪洋三万六千顷。上下茫茫数千载,若个骚人为主宰。气涌黄河天际来,飞送云帆过沧海。有时剖玉登昆冈,餐霞吸露分阴阳。团结精神蕴奇妙,中情外貌俱堂堂。手集蓉裳弃轩盖,嚣埃脱尽神冲泰。江表闲居岁月多,常从南郭论天籁。现出神通非一臂,夺取天工真不易。刻镂陶埏得自然,卷舒离合凭元气。变化图南今古少,井月光微瓮天小。读公议论见根源,岂必无言能悟道。当前一柱擎南天,日与万象争鲜妍。不向丹炉看九转,逍遥还作诗中仙。

谢舱:《浦丈情田垂示忆昔长句次韵以广其意》,《晚晴簃诗汇》,中华书局1990年版,第5809页。

434

恬澹本性情,下笔便高洁。常能参妙化,自得养生术。我读韦公诗,一生无滞郁。旷然任吾天,言动由真率。渊明后一人,冲虚亦朴实。《唐书》考新旧,无人为撰述。诗人失传多,惟公不当佚。自公为卫郎,意气近豪侠。折节复读书,至味归清绝。一麾出守郡,随处留诗别。真机舒性灵,淡然天籁发。扫地坐焚香,习静神无夺。岂必求神仙,何用更学佛。开元至贞元,百余十岁月。人皆见公容,精神不衰竭。有诗送太白,无与少陵笔。或者未识面,踪迹天涯阔。清景忆平生,空山求隐逸。晏起望青天,园林爱藏拙。应知养主事,诗外无他物。神来有化工,终身无疢疾。千秋秉至诚,梦想依归切。

李棪:《读韦左司诗》,《晚晴簃诗汇》,中华书局1990年版,第4000页。

435

世贵悦耳正声少，闻鸦则怒鹊则喜。爱秦吉了工语言，终年却闭雕笼里。凤凰希见谁闻鸣，妄以截竹参差比。诗虽人籁实天籁，摽窃形貌非神似。高有喔喔若木颠，卑如阁阁井泥底。刻玉缀珠自足珍，乱头粗服或更美。迟速何须判巧拙，我爱祝钱两公子。决渠突惊万斛喷，为山要从一篑累。饱食麟脯思江瑶，余事作为余波绮。公车计日召严朱，丽句同时斗温李。嗟我铅刀久顿铓，那堪致师旌频靡。输他玉女郭舍人，蒙天一笑启玉齿。鸣冬仍有寒虫号，僧龛细嗅檐卜蕊。送诗幸未恼渔童，免俗差似柳家婢。

彭元瑞：《慈伯再迭前韵见誉走笔奉答即促西涧和章》，《晚晴簃诗汇》，中华书局1990年版，第3660页。

436

竿岭万竿竹，未若梨岭奇。丛篁拔地底，翠葆排天逵。苍虬百千亿，飞舞鳞之而。太古昆仑阴，绿凤蕃雄雌。轩伦久未截，天籁鸣参差。行者忘登顿，梦上青宫嬉。松杉直千尺，古桂花满枝。临风一攀折，载路香轩帷。夷犹下碧阶，綷缞珣玗琪。我行亦已远，翘首龙虁移。斐然兴君子，瞻望歌猗猗。

朱珪：《梨岭》，《晚晴簃诗汇》，中华书局1990年版，第3322页。

437

滩声欲驱山，山势欲束滩。水石本无情，相触因成喧。悠扬止复作，决决还潺潺。静听恍有会，天籁非人间。梵呗流寒空，风松响层峦。有时急瀑来，一泻云涛翻。不知水何猛，磨得石尽圆。磊磊错鹅卵，其色黄朱殷。或作大篆文，或作古锦斑。篙师与水斗，船艚溯惊湍。石滑不受篙，尺寸进转难。平生敛退心，苇间每延缘。好语慰篙师，且让邻舟先。

王鸣盛:《鸟石滩》,《晚晴簃诗汇》,中华书局1990年版,第3452页。

438

写生不在貌,微意讬楮端。披图穷窈窕,飒飒秋气寒。长松倚天际,白云浮漫漫。孤亭傍危石,仿佛闻幽兰。中有苦吟士,十年着一冠。宫商发天籁,丝竹鸣流湍。古调非不美,不为俗耳欢。改弦谐众虑,恻恻心悲酸。邯郸求故步,失路空蹒跚。行矣慎自爱,莫叹知音难。

路炎:《题汪莘云鱼亭远眺图》,《晚晴簃诗汇》,中华书局1990年版,第3361页。

439

一月分宁客,载访涪翁居。转径入幽邃,烟水开林于。湾势回明月,泱漭天旷如。石壁裂斧劈,石栈盘空虚。酌我双井泉,台上窥游鱼。遗址委榛莽,约略存阶除。丰碑不可读,字剥苔藓余。野老指陈迹,一一为嗟吁。先辈一抔土,枫叶吹蓬庐。文章不可死,故宅无完区。再拜想元区,箸影清扶疏。白杨枯萧萧,天籁生长嘘。

熊为霖:《访山谷先生双井故居有感》,《晚晴簃诗汇》,中华书局1990年版,第3208页。

440

大松拔地千丈强,怪松偃蹇如人长。老松根干半化石,乔松鬐鬣蛟龙翔。稚松尚是百年物,千株万株环草堂。黛云影翻白日黑,朱夏气转清秋凉。刁刁调调天风作,一片灵籁腾空苍。昆仑鸾应嶰谷凤,凌虚流响非笙簧。飒容节奏本噫气,元和鼓荡成文章。太古之雷无霹雳,黄钟之管含初阳。轩于洞庭张广乐,牙来海上愁混茫。风琴怳忽变清操,总合《人雅》殊淫伤。草堂主人天下士,撑胸拄腹经与史。礳砢共笑和长舆,爽健端如李元礼。眼中那有桃李颜,门前洗尽筝琶耳。日就松阴闲徒倚,读破万卷读未已。砍节然膏五夜过,取枝作筹千遍记。著述自足豪古今,况占西湖好山水。每听谡谡独欣然,客来惊问何为尔。兴公贞白性所喜,得意忘言堪举似。三四年来幽兴隔,长安僦屋嚣近市。徒寄梦寐游故园,梦回又逐鸡鸣起。八砖影候花厅趋,万籁声闲图画里。手持素纸索我歌,为我研墨拂尘几。我披图画几徘徊,我家老屋傍琼台。碧海霞映赤城晓,芙蓉花插青天开。国清十里锁烟雾,石梁三树凌崔嵬。此皆自昔纪仙佛,汉柏唐槐行辈推。鳞甲之而森搏攫,羽毛整顿舞毵毵。毕宏张璪画不到,色兼紫翠凝锦苔。饱闻《咸濩》廿余载,对此还作家山猜。家山潇洒无点埃,日日车马胡为哉。蟹眼铛熟茗一杯,君思武林我天台。

齐召南:《松吹书堂歌为杭堇浦赋》,《晚晴簃诗汇》,中华书局 1990 年版,第 2957 页。

441

出郭见佳色,始得春山青。汩汩武溪水,滔滔初欲平。渺渺惬神契,超超违俗情。风日况暄和,缓步徐览登。渐与江城隔,屡自冈峦升。芙蓉削千仞,高无尘壒生。康容去我久,留此泉源清。褰来饫云腴,忽若御风行。至味乃淡泊,大道绝扰营。寥阒空山中,时闻天籁声。我意本能适,欣然怀耦耕。虽乏买山物,宁负丘壑盟。逍遥且为乐,聊复招友朋。辛苦仙人灶,徒存千载名。汉道士康容曾于此山烧丹,灶迹犹存。

赵执信:《同诸子游芙蓉山》,《晚晴簃诗汇》,中华书局 1990 年版,第 1833 页。

442

长星三十丈,有孛如车盖。太白当昼明,日轮不能大。朝闻泰山吟,暮见鬼神旆。磷火化列星,哀鸿作天籁。神京正嵯峨,河山自根蒂。雕题贡名马,卉服献珠贝。灾患亦不生,妖祥复何害。

恽格:《古意》,《晚晴簃诗汇》,中华书局 1990 年版,第 1153 页。

443

　　青柯围翠屏,四合无嵌窦。东北穷石林,劈空悬巨溜。巉岩互喷薄,造化争一候。天矫转蛇龙,窅冥穿齸鼬。侧闻天籁发,旷野雷霆斗。仰井窥秋旻,浮云袅清昼。白帝觞百神,众峰为笾豆。琼台阻且长,翠葆纷何就。

　　颜光敏:《登太华山·千尺峡》,《晚晴簃诗汇》,中华书局1990年版,第1294页。

444

　　吁嗟世风下,黄虞邈难逮。謖謖松崖吹,仿佛留清籁。

　　朱议霶:《春日山中怀周伯恒宪使》,《晚晴簃诗汇》,中华书局1990年版,第4966页。

445

　　南登白云山,巨礨万年在。老藤缘若梁,苍虬俯承盖。崩剥傍壑深,日渴陷其内。我行已及巅,得与飞鸟会。忆自伏蓬茨,三年渐短喙。咽雪犹未干,苍茫丧兰佩。岂意躏危岩,复窥天地大。延颈始一歌,林木助幽籁。云黑古西陵,东望哭再拜。朱喝暮归来,迢迢关水外。

　　李郐嗣:《秋怀》,《晚晴簃诗汇》,中华书局1990年版,第466页。

446

　　落日亭亭鞭影度,长烟四合青山暮。弹筝峡里少人行,浅濑明漪照秋鹭。岩泉滴沥成古音,仙风飘落寒翠深。泠然天籁无定谱,移宫换羽随人心。客路重听吟兴惬,清响渐遥人出峡。回首残霞空外销,一痕纤月如银甲。

　　韩對:《重过弹筝峡》,《晚晴簃诗汇》,中华书局1990年版,第4101页。

447

我得南星铁如意,狂歌水仙愁击碎。世间何物堪倚声,竹管匏笙不能吹。铁崖尝豢双铁龙,雌龙入海招其雄。千年干镆两俱化,至今怒吼吴江风。玉鸾也复无消息,曾照广陵秋月白。广陵锻工摹影来,白鸾毛羽今变黑。芜城雪后风正饕,寒冰一条吾手操。弹指连珠五星见,当头明月三天高。便欲招呼箫史辈,翩然彩凤同游翱。元云之曲应天籁,世俗丝管空啁嘈。如意从今得朋庆,以之按拍声相应。池上蕤宾方响飞,江东高唱铜琶竞。此际官梅有芳信,吹彻箫声花欲进。君不见道人铁脚诵《南华》,宰相铁心能赋花。

曾燠:《铁箫吟消寒席上赋》,《晚晴簃诗汇》,中华书局 1990 年版,第 4388 页。

448

门外即西山,山势莽回互。门内尽奇石,石气积云雾。遥青与近绿,朝暮各殊趣。坐卧于其间,割然得奇悟。谡谡松风来,天籁此中度。据石看青山,退情引烟素。

潘曾莹:《万寿寺》,《晚晴簃诗汇》,中华书局 1990 年版,第 6363 页。

449

祈羊典云佚,刑马仪攸缺。咏郑撷暄萋,赋鲁采凝节。禳殊汉右苇,祡符周先荝。绎古模渊旨,渺今扬芬烈。及斯商令佳,吹万齐姑洁。俨骍讯咫路,揽袂遭朋杰。高义薄穹霄,微言涣晶雪。天籁苟冥悟,风弦徒虚设。时哉迅熛忽,瞬稷吟纤蛚。哀乐荡精魄,所思弥菀结。遂欲遏六螭,迫嶷秘扃鐍。丹青焕且雕,令名焉可灭。

黄良辉:《偕张方伯樵野琴台秋禊》,《晚晴簃诗汇》,中华书局 1990 年版,第 7159 页。

450

读《六一集》,《十二月鼓子词》,嫌其过于富丽。吾辈为之,正不妨作酸馅语耳。闲中试笔,即以故乡风物谱之(十二首其一):

五月黄云全覆地。打麦场中,咿轧声齐起。野老讴歌天籁耳,那能略辨宫商字?屋角槐阴耽美睡,梦到华胥,蝴蝶翩翩矣。客至夕阳留薄醉,冷淘饦馎穷家计。

曹贞吉:《蝶恋花》,《近三百年名家词选》,上海古籍出版社 1979 年版,第 60 页。

451

三言之诗畅而和,简而达。《三百篇》及汉以后作,有全体三言者。盖初进化时,三数即为多数。(如三人成众、三女为粲之类,不可悉数。古人言三,不啻言百言千。)三言之变当为四言,再进为五言,而声韵益畅。再进为七言,天籁人籁,均臻极轨,不能再加乎其上。观于宫、商、角、徵、羽五音,增变宫、变徵二为七。俗乐:工、尺、上、四、合、一、凡,西乐亦七音为限,可知也。六言、八言、九言以至十数言,非不可用,但全篇者鲜耳。总之,古人声音简,诗以三四言为多。后人声音畅,诗以五七言为多。皆文之一体,不能别出于文外,法理均同,不过诗用韵耳。乃若五七律,则与古体大异,工对叶律,尤为古人所无,盖古诗实古文之一体,而律诗又古诗之变相。

袁嘉谷:《卧雪诗话》,《民国诗话丛编》第二册,上海书店出版社 2002 年版,第 296 页。

452

余嗜五律,导源六朝。少时仿前人摘句图,摘佳句以资趋步:……"鼓角凌天籁,关山倚月轮","弟子贫原宪,诸生老伏虔","掘剑知埋狱,提刀见发硎","侏儒应共饱,渔父忌偏醒","抱叶寒蝉静,归山独鸟迟"。

袁嘉谷:《卧雪诗话》,《民国诗话丛编》第二册,上海书店出版社 2002 年版,第 397—399 页。

453

武人能诗,古以为奇。鄂王、定襄,擅名久矣。景宗"竞病"、斛律《敕勒》,则偶然天籁,不得谓之诗人。余友伯安有《军中杂咏》数十首,取裁经史,原本唐音。其最完善者,如《感怀》七律:"堂久别领偏师,万里巴山赋《载驰》。猛士如云瞻马首,春晖寸草愧乌私。蕉窗雨过焚香后,松径月邀把酒时。欲遣愁怀仍未得,又听五夜角声悲。"《由泸返滇道经纳永》七绝:"罢战归来赋《遂初》,渔樵闲话乐何如。阶芸自碧窗蕉绿,补读平生未竟书。"

袁嘉谷:《卧雪诗话》,《民国诗话丛编》第二册,上海书店出版社 2002 年版,第 379 页。

454

自古妇人工诗画者甚多,而能评论古今、作诗话者绝少。如皋有熊澹仙夫人者,名琏,苦节一生,老而好学,尝著诗话四卷。其略云:"诗本性情,如松间之风,石上之泉,触之成声,自然天籁。古人用笔,各有妙处,不可别执一见,弃此尚彼。"又云:"诗境即画境也。画宜峭,诗亦宜峭;诗宜曲,画亦宜曲;诗宜远,画亦宜远。风神气骨,都从兴到。故昔人谓'画中有诗,诗中有画'也。"澹仙诗词俱妙,出于性灵。《题黄月溪乞食图》云:"田园荡尽故交稀,舞榭歌筵一梦非。未必相逢皆白眼,凭他黄犬吠鹑衣。"借题发挥,骂尽世人。

王蕴章:《然脂余韵》,《民国诗话丛编》第五册,上海书店出版社 2002 年版,第 78 页。

455

我邑东乡刘夏杨氏,诗礼旧家,荫三(新槐)、振声(克家)父子,皆诸生。振声少倜傥自喜,清末武进盛氏尝延为教读,馆诸苏州之留园。晚避倭乱,入川。乱定归,自号逸叟。生平邃于《易》,颇多笺释。诗皆散失,仅记其"心如止水物情见,诗到忘机天籁生"一联。我嗣祖娶于杨,杨氏多蓄书。荫三先生修髯长身,余童时见之。振声丁未春与余同看曹家庙牡丹,寻卒,年七十余。

沈其光:《瓶粟斋诗话》,《民国诗话丛编》第五册,上海书店出版社2002年版,第772页。

456

随园以武臣能诗为太平盛事。余谓非笃论也。古之劳人、思妇皆能言诗,奚但文、武?亦何预盛衰?归安赵竹君骑尉玉德,光绪时两任我邑白鹤江把总,在汛二十余年,威惠并著。赵尉步马娴习,能开八力强弓,顾风流淹雅,工吟咏,淞南、汇北,翰墨流传殆遍。遗有《鹤川醉尉诗存》一卷,其名章隽句,虽并世高手,莫能尚也。录其《论诗》云:"诗境从何辟,心虚天籁存。大哉圣人意,不学无以言。忆昔唐虞盛,赓歌庶事蕃。《风骚》变正《雅》,奇慨托荃荪。汉魏逮六朝,杰构萧《选》论。至唐称极轨,坛坫无比伦。由宋迄元明,自合安足论。规模日益仄,心灵日益昏。嗟嗟后世士,风雅多沈沦。安得盘古氏,为造诗乾坤。挥斤运八极,炬火烧旁门。蔽之思无邪,返璞垂归真。金丹砭俗骨,吸露餐云根。"得理之自然,清流而洁源。"诗乾坤",创语也。

沈其光:《瓶粟斋诗话》,《民国诗话丛编》第五册,上海书店出版社2002年版,第633—634页。

457

　　天婴著作,乙丑以前所印谓之(前辑),余未之见也。此为乙丑至庚午,年六十所作,曰《塔楼》、《北迈》、《圣塘》三集,则诗、文、词杂厕者;曰《缆石秋草》,纯为诗;曰《缆石春草》,纯为词;曰《缆石幸草》,纯为文;又有词曰《末丽》、《吉留》、《紫英》三种,总谓之《天婴室丛稿二辑》。录其《旅次青岛》,云:"吾生好冥游,落想穷天外。仙瀛与神都,闭目往往在。传闻有青岛,著胜冠东海。昔者梦过之,习睹恬无怪。谁知佳山水,心窄不受载。悬搴已多奇,躬历始欲骇。吾来当炎月,天地常苦隘。此岛何清凉,耳目时为快。沆瀣塞四海,草木都春态。入市断嚣闻,飘风苔天籁。泉澄碧于酒,山浓青若黛。征人道其间,襟展自忘惫。忆昔秦嬴氏,遵海曾东迈。仙山望不见,鲍鲸沙丘待。吾今亦何幸,车马少烦殆。飙轮若搏云,靡远勿吾届。垂老作壮图,放览有余慨。道涂结生平,兹游会当再。"

　　沈其光:《瓶粟斋诗话》,《民国诗话丛编》第五册,上海书店出版社2002年版,第749—750页。

458

　　龙泓洞一名通天洞,俗传其底可通浙东,有采乳石者入之,闻江涛浪浪然,橹声聒耳。壁间有蒋之奇篆书,贾似道、廖莹中等题名。宋咸通中,有高士丁飞者,字翰之,居洞中读书采药,力田自给。年七十二矣,操绠缶斫断,陟峻如飞。尝月下登岩鼓瑟,流淙协奏,天籁凄泠,往往致鸾鹤之翔集。

　　赵吉士:《寄园寄所寄》卷三,续修四库全书本。

459

　　后者或系后来改定之稿,亦未可知也。赵管相调,虽云小词,实具曲意。又见雪樵居士《秦淮闻见录》载有芜城过客赠张大家月香嫂十绝,末首云:"吟成一字九回肠,除却温柔不是乡。但愿他生齐化土,和泥烧瓦作鸳鸯!"

其用意与管夫人词同,然仍是诗语,而非词非曲也。又尝见无名氏《挂枝儿》,语更直而明,坚而定:"要分离,除非天做了地;要分离,除非东做了西! 要分离,除非是官做了吏! 你要分时分不得我,我要离时离不得你! 就死在黄泉也,做不得分离鬼!"刚健婀娜,缠绵悱恻,除"官做了吏"一句似有文人修饰痕迹外,皆是天籁所得,间有胜于管夫人处,一般诗作,焉能得之! 顾诗、词与曲之别,其与文之分界及相互间之关系,余将别有长文详之,实非寥寥数语所能尽也。

刘衍文:《雕虫诗话》,《民国诗话丛编》第六册,上海书店出版社 2002年版,第465页。

460

乙酉年九月初夜,馆中同仁皆已入睡,忽闻叩门声甚急,众俱披衣而起,初甚惊恐,不知何事,缘逃战祸久,闻声而悸,已属惯事。及开大门,始知黄季宽主席特派专人来通知馆长,告以日本已无条件投降。众皆狂喜,尽不再眠,师兴尤浓,实时赋诗二律。第一首题曰:《寓云和大坪,闻日本投降口占,用杜老闻官军收河南河北韵》。诗曰:"夜半俄闻敌已降,起来颠倒着衣裳。惊疑醒作还家梦,失措欢如中疾狂。何意忽能逢此日,从兹不必滞他乡。八年锋镝余生在,莫向崦嵫叹夕阳。"第二首题曰:《前诗既成,意有未达,再赋一首》。诗曰:"不图竟见九州同,翻觉无颜论战功。赋废《江南》哀且止,捷传蓟北喜旋终。双丸原子匡天下,一合诸侯晏海东。决战如斯真意外,深惭献语未能工。"师持以问我曰:如何? 衍文对曰:第一首诗,脱口而出,一气直下,意切情真,妙有天籁,竟不似用前人之韵者。第二首除首联可取外,其它皆可斟酌:颔联取之太易,末联太直,过于近文。尤可议者为颈联,"一合诸侯",比拟未当;"双丸原子",用此新词,嵌入旧体,融化未曾,遂令人有格格不入之感。昔张文襄痛恨用新名词入文,侧闻龙阳才子亦尝因此受责,文襄固过于守旧,但如梁任公文之一扫桐城避忌,洽合无间,亦未尝不可。倘以诗论,法义稍殊,不得沿用任公文例,移橘以入淮也。是以近世若干诗家,皆好播弄新词以示维新气象者,终乃受人奚落失笑,反不若同光诸老谨严整饬之为得也。

刘衍文：《雕虫诗话》，《民国诗话丛编》第六册，上海书店出版社 2002 年版，第 643—644 页。

461

恙于今春再游黄山，遇大雾，留滞狮子林五日，方霁，由松谷出山。凡所经行，作《后黄山杂诗》十六首，今录其八，可与《前黄山杂诗》比观之。……其六云："丛薄润昏雾，满山叫珍禽。茫昧辨此声，钧乐渺难寻。一鸟扣铜鼓，众鸟调百音。不憎凡俗调，隔雾和鸣琴。于焉悟天籁，雕断伤璞金。可怜秦吉了，学语失本心。"

钱仲联：《梦苕庵诗话》，《民国诗话丛编》第六册，上海书店出版社 2002 年版，第 357 页。

462

二四、赵尧生（熙）诗……《蛩》云："幽意满庭际，草荒虫所家。秋心浓枕箔，天籁响缫车。入梦疑山远，吟窗待月斜。合题宵雅室，篱豆一园花。"《龙门峡道中》云："出郭二十里，入山千万重。遥寻瀑布水，忽听松林钟。石涧樵生路，云开雁过峰。传闻葛山侣，于此伏虬龙。"《息心所》云："凡心于此息，今夜过秋分。虎患防香客，僧雏喜藏文，人生一晌乐，世事万重云。有梦无寻处，山精语夜间。"

钱仲联：《梦苕庵诗话》，《民国诗话丛编》第六册，上海书店出版社 2002 年版，第 168—169 页。

463

植字子建。年十余岁，诵读诗论及辞赋数十万言。善属文，太祖尝疑其倩人，使赋《铜雀台》，援笔立成，甚异之。性简易，不治威仪。魏太和六年，封陈王，为文帝所忌，汲汲无欢，遂发疾。薨，谥曰思。前后所著赋、颂、诗、铭、杂论、章表、序凡百余篇。陈思才富学博，精思入神，五色绚烂，斐然成章,无愧"绣虎"之称。特其鼓吹人籁,颇少天趣,可自怡悦,未必感人。所幸体格高华,气力健举,微饶古节,故为一代词宗。然六朝余赋,未必非陈思之遗也。至"死牛"、"燃豆"之作,近同鄙语,虽速逾七步,未足称珍。后人无稽,将欲增彼声价,岂意适足为累乎。

丁仪:《诗学渊源》,《民国诗话丛编》第六册,上海书店出版社 2002 年版,第 161—162 页。

464

昌黎不但文古,琴操尤古。细按之皆寻常语耳,而情真意挚,可感可泣。《履霜操》尤不可卒读,此之谓天籁。用典当撷其精华而漓其糟粕,若生吞活剥,总是代人宣言。渔洋山人不免此病。吾师杨竹移先生尝曰:"五言律诗闲字愈少愈佳。"此语是初学真谛。律诗不但字面要对,即用意亦当有偶,一联之中务使以虚对实,以巧对拙。

丁仪:《诗学渊源》,《民国诗话丛编》第三册,上海书店出版社 2002 年版,第 142 页。

465

美妙之诗,天籁也;鸟蛮之音,亦天籁也。各适其适,曲尽其妙。诗人之徒竞事摹唐拟宋,学杜法李,天籁已失,决无佳品,又何苦如此。

杨香池:《偷闲庐诗话》,《民国诗话丛编》第三册,上海书店出版社 2002 年版,第 691 页。

466

石遗室诗话谓"不先为诗人之诗,而径为学人之诗,往往终于学人,不到真诗人境界,盖学问有余,性情不足也"云云,予以为此议论似乎皆欠真谛,盖诗者以人工而鸣天籁者也,兴、观、群、怨,随事歌咏,皆可以见性情,未有无性情之诗与文。且无须分此为学人之诗,此为诗人之诗也。唐之李、杜、元、白,宋之苏、黄、欧、梅,能区分其为何派人之诗乎?程、朱道学人也,其诗具在,能确定其为学人之诗乎?石遗翁诗学甚深,此等议论似未经意。

赵元礼:《藏斋诗话》,《民国诗话丛编》,上海书店出版社 2002 年版,第237 页。

467

莺湖范天籁有《寻诗读画图》一幅,征题诗词。云间高天梅题二十言云:"落叶下萧萧,湖上秋风晚。欲唤画中人,诗心天际远。"语极高妙。徐菱字镜如,逡源第四女,吴县宋守训聘室也。性贞淑,能诗。所作不多,时有寄托。如《白秋海棠诗》云:"一掬西风泪,瑶阶独立时。可怜断肠处,只有月明知。"

蒋抱玄辑:《民权素诗话》,《民国诗话丛编》第五册,上海书店出版社2002 年版,第248 页。

468

七绝最难工。神机凑拍,合乎天籁,方擅胜场。唐人中工此者,如刘禹锡、王昌龄、杜牧辈,已不数观。自唐以后,遂无人能工者。《湘绮楼诗集》不存七绝,《介白堂诗》亦然,盖深知其难矣。古人常有专工律、绝,不作古体者,殆以古体不易作故也。然古体诗亦不可不学。古诗源流甚杂,惟唐人则无体不备。

蒋抱玄辑:《民权素诗话》,《民国诗话丛编》第五册,上海书店出版社2002 年版,第226 页。

469

六一词长调可诵者,只《念奴娇》、《满江红》、《金缕曲》、《摸鱼儿》、《木兰花慢》、《沁园春》、《水调歌头》、《一萼红》近十调耳,其余皆结窟支离,可已而不已者也。宋人设此一重魔障,后世笨夫循之,而文其言曰律也。律亦何解于文理之不通哉！譬之《金缕曲》第四句难读。舍眼前天籁不辨，而徇古人已经失传之律，可笑也。长调虽以苏、辛、秦、柳之才，可读者十不及二三。

钱振锽:《谪星说诗》,《民国诗话丛编》第二册,上海书店出版社 2002 年版,第 614 页。

470

午夜衡文,四迭枝均,即酬翼如云:"深宵蕉萃兔毫枝,可有朱衣点首知。感别经时劳短梦,拈花一笑和新诗。已凉绛帐沈天籁,薄醉银灯忆劫棋。详定不辞莲漏尽,东堂发策早相期。"

陈衍:《石遗室诗话续编》,《民国诗话丛编》第一册,上海书店出版社 2002 年版,第 687 页。

471

《青玉峡》:"高岩碧无罅,终古双瀑竞。一瀑喷乱沫,霜霰百道迸。一瀑坡顶来,下如奔马劲。汇流洞山腹,过峡啮其胫。訇隐答天籁,奔腾适水性。潴为古潭深,须眉了可镜。不见漱玉亭,泉石此其剩。坐久肺腑清,片念聊自圣。"东坡所谓双白龙者,其一平时无水,仅有水痕,一雨则双瀑俱下。余来时,先晴后雨,故知之。君与坡公所见,殆皆雨后也。

陈衍:《石遗室诗话续编》,《民国诗话丛编》第一册,上海书店出版社 2002 年版,第 638 页。

472

七四、永嘉黄溯初群,好古能诗,由刘放园识余,赠余以所刻敬乡楼丛书五十册。由敬乡楼图卷请题,余题一七言律美之。喜为诗,率出天籁。壮游蜀中,多名句,急录之,藉纾向往之情。《巫峡》云:"客里悲秋杜老情,我来却值春水生。不觉萧森觉奇丽,看山难得晚来晴。"《瞿塘峡》云:"山容严肃瞿塘峡,水势雄深滟滪堆。天险不殊人事异,萧条夔府最堪哀。"

陈衍:《石遗室诗话续编》,《民国诗话丛编》第一册,上海书店出版社2002年版,第581页。

473

鄂垣《和仁先天宁寺听松涛简寄》云:"昔我京师因羁旅,穿花踏月眠僧庵。天宁古寺独未到,佳胜往往听人谈。老松两株最奇崛,变化云物生风岚。都门故人诗笔豪,雕刻细木非所甘。一篇松涛写天籁,寸管直欲开江潭。我居深山松最多,斤斧所赦尤虇虇。年深上引千岁鹤,月黑下卧南山魖。樵夫牧竖倚呼啸,岂有车马经趁赶? 岁寒心同讬根异,君赋其北吾歌南。"

陈衍:《石遗室诗话》,《民国诗话丛编》第一册,上海书店出版社2002年版,第144页。

474

昔游京西戒坛山,中有村僮歌曰:"笑嘻嘻,把头低。"只六字耳,其乍见相悦之情,极陈思、徐陵之笔所不能到,所谓天籁不可及也。诗之道,古圣以之垂教,非徒言志,将以感人。三百篇所以必具三体,其中惟"赋"最难,如正变诸《雅》,始可以观法。尝以语草夫。鲁民读《诗话》,题云:"变《雅》而还读楚《骚》,暮天凉月朔风号。一缄碧血千秋在,泪洒贞元见汝曹。"

魏元旷:《蕉庵诗话》,《民国诗话丛编》第一册,上海书店出版社2002年版,第27页。

475

韵文之兴,当以民间歌谣为最先。歌谣是不会做诗的人(最少也不是专门诗家的人)将自己一瞬间的情感,用极简短极自然的章节表现出来,并无意要他流传。因为这种天籁与人类好美性最相契合,所以好的歌谣,能令人人传诵,历几千年不废,其感人之深,有时还驾专门诗家的诗而上之。

梁启超:《中国之美文及其历史(绪论)》,东方出版社1996年版,第1—2页。

476

四裔诚可效,然不足一切颖画,以自轻鄙。何者,饴豉酒酪,其味不同,而皆可于口。今中国之不可委心远西,犹远西之不可委心中国也。校术诚有诎,要之短长足以相覆。今是天籁之论,远西执理之学弗能为也。遗世之行,远西务外之德弗能为也。十二律之管吹之,捣衣、舂米皆效情,远西履弦之技弗能为也。神输之针,灼艾之治,于足治头,于背治胸,远西刲割之医弗能为也。氏族之谱,纪年之书,世无失名,岁无失事,远西阔略之史弗能为也。不定一尊,故笑上帝。不迩封建,故轻贵族。不奖兼并,故弃代议。不诬烝民,故重灭国。不恣兽行,故别男女。政教之言愈于彼又远。下及百工将作,筑桥者垒石以为空阅,旁无支柱,而千年不坏。织绮者应声以出章采,奇文异变,因感而作,犹自然之成形,阴阳之无穷。(傅子说马钧作绫机,其巧如此,然今织师往往能之。)割烹者斟酌百物以为和味,坚者使毳,淖者使清,洎者使腆,令菜茹之甘,美于刍豢。次有围棋、柔道,其巧疑神。孰与木杠之窳,织成之拙,牛戴之哝,象戏之鄙,角抵之钝。又有言文歌诗,彼是不能相贸者矣。

章太炎:《章太炎论国学》,金城出版社2008年版,第298—291页。

477

其神思之澡雪,既至异于常人,则旷观天然,自感神闶,凡万汇之当其前,皆若有情而至可念也。故心弦之动,自与天籁合调,发为抒情之什,品悉至神,莫可方物,非狭斯丕尔暨斯宾塞所作,不有足与相伦比者。

鲁迅:《摩罗诗力说》,《鲁迅全集》,人民义学出版社1982年版,第86页。

478

古文贵洁,词体尤甚。方望溪所举古文中忌用诸语,除丽藻语外,词中皆忌之。他如头巾气语、南北曲中语、世俗惯用熟烂典故及经传中典重字面皆宜屏除净尽。务使清虚骚雅,不染一尘,方为笔妙。至如本色俊语,则水到渠成,纯乎天籁,固不容以寻常轨辙求也。

蒋兆兰:《词说》,《词话丛编》,中华书局1986年版,第4630页。

479

作词当以读词为权舆。声音之道,本乎天籁,协乎人心。词本名乐府,可被管弦。今虽音律失传,而善读者,辄能锵洋和韵,抑扬高下,极声调之美。其浏亮谐顺之调固然,即拗涩难读者,亦无不然。及至声调熟极,操管自为,即声响随文字流出,自然合拍。此虽专主论词,然风骚辞赋骈散诸文诗歌各体,无不有天然之音节,合则流美,离则致乖也。

蒋兆兰:《词说》,《词话丛编》,中华书局1986年版,第4629页。

480

作者以四声有定为苦,固也。然慎思明辨,治学者应有之本能,否则任何学业,皆不能有所得,况尚有简捷之法自得之乐乎。万氏曰:"照古词填之,亦非甚难。但熟吟之,久则口吻之间有此调声响,其拗字必格格不相入。而意中亦不想及此不入调之字。"况蕙风晚年语人:严守四声,往往获佳句佳意,为苦吟中之乐事。不似熟调,轻心以掉,反不能精警。以愚所亲历,觉两氏之言,实不我欺。凡工诗工文者,简练揣摩,困心衡虑,甘苦所得,当亦谓其先得我心也。抑愚更有进者,讽籀之时,先观律谱所言。再参以善本之总集、别集并及校本,考其异同,辨其得失。则一调之声律,具在我心目中,熟读百回,不啻己有,不独入万氏之境,且获思悟之一。竹、樊榭,有开必先。彊村、樵风,遂成专诣。至足法矣。及依律填词,尤有取于张炎词源制曲之论,句意、字面、音声,一观再观,勿憚屡改,必无瑕乃已。白石所谓过旬涂稿乃定,不能自已者。弹丸脱手,操纵自如,读者视为天然合拍,实皆从千锤百炼来。况氏之乐,即左右逢源之境。成如容易却艰辛。彊村先生谓之人籁。且曰:勿以词为天籁,自恃天资,不尽人力,可乎哉。特以艰深文浅陋,不足语于研炼,且当切戒耳。

陈匪石:《声执》,《词话丛编》,中华书局1986年版,第4943页。

481

谢章铤酒边词 (林集名黄鹄山人,谢集名赌棋山庄,惟词名酒边词。)其词自序云:"尝登峻岭,临溪而坐,乱松怒号,幽虫自咽。奔泉向东作虎啸,村歌数声起于隔岸,风徐徐送入耳,恍然若有感触。"故其发声,天籁为多。余友寿民阁学为舍人私淑弟子,服膺尤挚。尝得舍人《赌棋山庄杂记》十二巨册,欲为杀青以传,甚盛事也。

冒广生:《小三吾亭词话》,《词话丛编》,中华书局1986年版,第4716—4717页。

482

彭定求《题寒山集》(此诗亦效寒山子):一卷寒山诗,恰称幽人读。嘹嘹天籁声,空山洗丝竹。中有如意珠,明光遍地烛。怜悯诸有情,色味同征逐。那堪慧眼观,一笑发其覆。所以紫阳翁,嘉叹好篇牍。

叶昌炽:《寒山寺志》卷三,《中国佛寺志丛刊》第42卷,广陵书社2006年版,第127页。

483

天地间有至文焉,云与水是也。于云观其卷舒无心,于水观其渟泓含蓄,皆若无意于为文,而天下之言文者,莫之能外。拟之于诗,尤其神解,若晋之柴桑居士,若唐之孟浩然、韦苏州,以及吾宗之辋川翁。天机畅适,物我胥忘,故其为诗,皆有水流云在、自然高妙之趣,盖得于天者独厚,则发于外者亦独往独来,灵气盘旋而不可方物。视世之呕心钺肝、刻意求工而卒不能工者,人工、天籁相去奚翅天壤?酝酿既深,胸襟遂别,其不可强同。

灵峰补梅翁:《〈东华尘梦〉序》,《东华尘梦》卷首,民国 8 年本。

484

高洁:空山寥寥,无人采樵。策杖独往,葛衣飘摇。古木叶蜕,森森枯条。自有天籁,如风过箫。幽人结庐,左筆右瓢。欲与晤语,往哉遥遥。

顾翰:《补诗品》,《诗品集解·续诗品注》,人民文学出版社 1963 年版,第 81 页。

485

说到采录歌谣,谁不知道要记上它流行的地名,不过这里所说的地名,乃是概括的说法,例如顾颉刚君所辑的吴歌,只可说它是苏,常一带的民歌,决不能过细的把它分晰,说它那一首是通行太仓,那一首是通行吴县。因为民歌是活动的天籁,只要是方言的系统相同的,无论太仓也好,吴县也好,总可以自由的流通过去。英人吉特生(Kidson)说得好:歌谣是一种诗歌,"生于民间,为民间所用以表现情绪,或为抒情的叙述者。他又大抵是传说的,而且正如一切的传说一样,易以传讹或改变。他的起源不能确实知道,关于他的时代,也只能约略知道一个大概。"它的性质已然是流动的,所以很难确定它狭义的通行的地址。

周作人:《中国民歌的价值》,1923 年 1 月 21 日《歌谣》周刊第 6 号。

486

十七、天籁(卷一)序　雅音已熄,浩气全消,生息相吹,童谣无恙,吾愿触发天机,普渡尘劫,人心不死,合当顶礼,是言因敬,辑若干于左(钱塘悟痴生辑,戊申刊行二卷)。

周作人:《童谣研究》,稿本。

487

今更进而论音节与韵,胡君既主张抛弃一切枷锁,自由之枷锁镣栲,故对于音节与韵亦抱同等之态度。若不害于胡君作诗之自由,则自然之音节与夫国音字典上所能觅得同一反切之北京韵,亦可随意取用。若有碍于胡君作诗之自由者,亦不惜尽数抛弃之。窃独自谓胡君既爱其思想与言语之自由若此其挚,则何不尽以白话作其白话文,以达其意,述其美感,发表其教训主义,何必强掇拾非驴非马之言而硬谓之为诗乎。夫诗与音节之关系綦巨,在拉丁文则以长短音表示之,在英文则以高低音以表示之,在有七音之中国文,则以平仄或四声以表示之,在西文以长短音或高下音相间以为音步,而用各种不同之音步如 iambus, trochle, dactyl, ana 第 ae-st 之类,错综以成句。在汉文则以平仄相间而成句,近体诗无论矣,即在上古之诗,其平仄亦按诸天籁,自相参错。今试以《关雎》一诗论之,首句"关关雎鸠"为四平,次句"在河之洲。"即加一仄声以示异,而第三句"窈窕淑女"四仄,恰与首句四平相对,末句"寤寐求之。"复为平仄相间。次章首句"参差荇菜"两平两仄,次句"左右流之。"即两仄两平,三句重文无变,四句"寤寐求之。"复为两仄两平,以示异于第三句之四仄。第五句"求之不得"为两平两仄。第六句"寤寐思服"乃故拗为仄仄平仄。第七句"悠哉游哉"四平,复对以"辗转反侧"四仄。且前四句以平韵叶,后四句以仄韵叶。后二章仿此。此诗即可表示上古诗人即善驾御音节,使之有转折腾挪之妙,决非偶然之天籁使然。此即汉特所谓"全体整齐而各部变异",正所以"达到美之最后之目的"者也。中国古诗之平仄,虽不如律诗平仄之和谐,然隐隐自有法度。

胡先骕:《评尝试集》,《学衡》第 1 期,1922 年。

488

夫吾国文字有三要素,曰形音义,先儒固尝言之矣。六书者文字之纲领,则于斯三者,势不得缺其一。而世之言六书者,则曰象形、指事,形也。

会意,义也。形声,音也。而转注、假借二端,则亦训诂之通变而已,亦义也。然则六书之中,形义居其五,而音居其一耳。况夫未有文字之先,而声音言语固已随天籁而存。故音也者,实居形义之先者哉。然音有通变,而文字随之以孳乳。予尝究心于诂训,而默契夫音韵与训诂之攸关。盖如骨肉交附,唇齿相依。舍音韵无以通训诂,舍训诂无以证音韵,此非心知其意者不能道也。转注、假借二者,义为之经,音为之纬,而声音之为用,亦放乎此矣。

方苞:《读李翘君转注正义篇书后》,《学衡》第 39 期,1925 年。

489

又新派议旧诗者,每谓作旧诗易,作新诗难。旧诗所有者,平仄、音韵、体裁、格调而已。今吾亦配合平仄,谐整音韵,规定体裁,摹仿前人格调,旧诗之能事毕矣。岂若新诗之近天籁,而能出奇制胜者耶? 不知同一平仄,而词藻有雅俗。同一音韵,而神味有长短。同一体裁,而意境有高卑。同一格调,而寄托有深浅。即使词藻之雅俗又相同也,神味之长短又相同也,意境之高卑又相同也,寄托之深浅又相同也,而材料精粗、旨趣得失、技艺巧拙、关系大小,固未有能尽同者,安可但具旧诗之形,谓为已尽旧诗之能事哉!

吴芳吉:《四论吾人眼中之新旧文学观》,《学衡》第 42 期,1925 年。

490

此亦似诗矣,然而仍非诗也,一幅浓堆密抹之新派图画耳。夫诗中有画岂非大佳? 然亦视画之美丑。若王右丞诗,言山水便如在仙境,写人物便如对逸士,是诚可喜。至若陈孔璋之画虎不成反类狗者,何足取乎? 此诗音节靡靡,固类剧曲;字句沓沓,等是小说。最大之弊,一曰意思之分析过细,竟使语调不能自如,乃不得不引用俗腔滥套以济其穷,如"虽然是"、"只可惜"、"忽地里"、"这时节"、"任凭他"、"更显得"之类狼藉满纸,竟似舞台上口吻,而诗之风度丧矣;二曰形象之刻画太实,以有限之文字状无穷之事物,但尚逼肖,其何能得? 纵使致之,徒为印板缩写,亦何足贵? 故拣之在精,而状之在生。精则类及而不烦,生则活现而无滞。兹乃堆栈字眼,务求逼肖,精粗并进,卒累芜杂,而诗之体格乖矣。所以致此之故,在其感受科学方法之齟齬影响。以意思分析过细,乃如心理教科、测验记录;以形象刻画太实,乃如游览指南、天象报告。而或者谓其写生之妙常人莫及,如所云"工—东—当"者殆合天籁。不知此等俗韵徒增恶感。天籁诚美,此则未足与言。弄口技者作鸡鸣犬吠之声无不毕肖,可以谓之诗哉。柳子厚登城楼诗:"城上高楼接大荒,海天愁思正茫茫。惊风乱飐芙蓉水,密雨斜侵薜荔墙。岭树重遮千里目,江流曲似九回肠。共来百粤文身地,犹是音书滞一乡。"其景色生动,较此以科学方法为诗者更入微处,而繁简精粗之相去不可以计量矣。此诗有兴有材,亦有字有句,惜其无体,故亦不得为诗。

吴芳吉:《四论吾人眼中之新旧文学观》,《学衡》第 42 期,1925 年。

491

宋以后儒者,皆不免偏重道德,而不知以礼乐辅之。其尊孟抑荀,或亦以此。后儒亦多知礼乐之要,且有言之甚中肯綮者。如清陆桴亭之言曰:"礼乐斯须不可去身。古人教人,自幼便教他礼乐,所以德性气质易于成就。今人自读书之外,一无所事,不知礼乐为何物,身子从幼便骄惰坏了。"又曰"人少小时未有不好歌舞者,盖天籁之发,天机之动。歌舞即礼乐之渐也。圣人因其歌舞而教之以礼乐,所谓因其势而利导之。今人教子,宽者或流放荡,严者或并遏其天机,皆不识圣人礼乐之意。"朱子曰。"古者教必以乐,后世不复然。古者国君备乐,士无故不去琴瑟。"又曰"古人便都从小学中学了,所以大来都不费力。如礼乐射御书数,大纲都学了。及至长大,也更不大段学,便只理会穷理致知工夫。"又曰"如今全失了小学工夫,只得教人且把敬为主,收敛身心。某看来敬已是包得小学。"然亦惟知痛恨于古礼乐之丧失,而不肯努力于新礼乐之创造,其编辑礼书者犹间有之,而提倡音乐者,则未之见焉。噫,其几何而不流于墨者之说也。

吴芳吉:《三论吾人眼中之新旧文学观》,《学衡》第 31 期,1924 年。

492

枕石荫花间,听鸟鸣林外。石意浑多姿,鸟迹旋无碍。地幽松子落,坐久白云在。何须栩栩成地仙,且聆叶叶含天籁。

吴芳吉:《还黑石山诗》,《学衡》第63期,1928年。

493

齐永明间,沈隐侯辈以四声为新变。当时文人有薄之者。及唐之沈佺期、宋之问复整齐而条理之,遂开唐律之宗。有唐一代,此体遂多杰作。盖诗之为道,以三事经纬之:一曰情、二曰辞、三曰声。自乐府废失,诗乐分镳,诗声之美,非人所重。纵有佳调,多由天籁。隐侯此说,未始非因此而生。观其所为谢灵运传论曰:"夫五色相宣,八音协畅,由乎玄黄律吕,各适物宜,欲使宫羽相变,低昂互节,若前有浮声,则后须切响,一简之内,音韵尽殊。两句之中,轻重悉异,妙达此旨,始可言文。与近世文家所谓相间相重之美,若合符契。然则隐侯亦豪杰矣哉,未可随俗毁誉也。"

刘永济:《旧诗话》,《学衡》第56期,1926年。

494

(丙)长短句 长短句亦乐府也。周颂汉歌,即启其源。天籁所发,初无定谱,低昂合节,而错落不齐,要以表其变化之美。六朝以还,歌行杂作。至于唐代,厥体盛兴。太白《蜀道难》、《长相思》、《将进酒》等篇,极参差变化之致。世传《菩萨蛮》、《忆秦娥》诸作,亦出其手。词体于是乎成。而此后之长短句,皆倾向于词矣。故宋元多称词为长短句。以长短句名集者,有秦观《淮海居士长短句》、陈师道《后山长短句》、米芾《宝晋长短句》、赵师侠《坦庵长短句》、左誉《筠庵长短句》、张纲《华阳长短句》、刘克庄《后村长短句》、李齐贤《益斋长短句》等。皆其类也。

王易:《词曲史》,《学衡》第57期,1926年。

495

四库馆编纂之主旨,采六种方法,第五私人进献本,系当时著名之藏书家所进献。知名于清初者,如浙江宁波范氏之天一阁、慈溪郑氏之二老阁、杭州赵氏之小山堂、嘉兴项氏之天籁阁、朱氏之曝书亭、江苏常熟钱氏之述古楼、昆山徐氏之传是楼等。四库馆令此等藏书家之子孙进献之,约以进献之书誊写后即付还,因之地方藏书家进献颇多。一人送到五百余种以上者,朝廷各赏《图书集成》一部;百种以上者,赐以初印之《佩文韵府》一部。

(日)稻叶君山:《清朝全史》,《学衡》第 64 期,1928 年。

496

《咏怀诗》其一:"夜中不能寐,起坐弹鸣琴。薄帷鉴明月,清风吹我襟。孤鸿号外野,翔鸟鸣北林。徘徊将何见,忧思独伤心。"此诗气象与态度皆极高,余最喜其"薄帷"一联。盖以其表现一种恬静之意境,使人想见其当时之襟胸,而音韵之天籁殆亦臻化境也。不用"明月鉴薄帷"者,虽忌与"清风"句作对语,然亦在故使"薄"、"我"二字错间于音节之抑扬顿挫,便有无限佳趣。"薄"字为二句穴眼所在。

萧涤非:《读阮嗣宗诗札记》,《学衡》第 70 期,1929 年。

497

第一曰破坏旧韵重造新韵 梁代沈约所造四声谱,即今日吾辈通用之诗韵,顾武炎已斥之为"不能上据雅南,旁摭骚子,以成不刊之典,而仅按班张以下诸人之赋,曹刘以下诸人之诗所用之音,撰为定本,于是今音行而古音亡。"是此种声谱在旧文学上已失其存在之资格矣。夫韵之为义叶也,不叶即不能押韵,此至浅至显之言,可无须举例证明也。而吾辈意想中之新文学,即标明其宗旨曰"作自己的诗文,不作古人的诗文。"则古人所认为叶音之韵尚未必可用,何况此古人之所不认,按诸今音又不能相合之四声谱,乃可视为文学中一种规律，举无数文人之心思脑血，而受制于沈约一人之武断耶？试观东冬二部所收之字，无论以何处方言读之决不能异韵，而谱中乃分之为二。"规眉危悲"等字，无论以何处方言读之，决不能与"支之诗时"等字同韵，而谱中乃合之为一。又哿韵诸字与有韵叶者多而与马韵叶者少，顾不通有而通马，真文元寒删先六韵虽间有叶者，而不叶者居其十之九，而谱中竟认为完全相通。虽造谱之时，读音决不与今音相同，造谱者亦决无能力预为吾辈二十世纪读音设想，吾辈苟无崇拜古人之迷信，即就其未为吾辈设想而破坏之，当亦为事理之所必然。故不佞之意，后此押韵，但问其叶与不叶，而不问旧谱之同韵与否，相通与否，如其叶不同不通者亦可用，如其不叶同而通者亦不可用。如有迷信古人宫商角徵羽本音转音之说以相诘难者，吾仍得以"韵即是叶"之本义答之。且前人之言韵者，固谓"音声本为天籁，古人歌咏出于自然，虽不言韵而韵转确"矣，今但许古人自然而不许今人自然，必欲以人籁代天籁，拘执于本音转音之间，而忘却一至重要之"叶"字，其理耶，其通论耶？（西人作诗，亦有通韵，然只闻"-il"与"-ill"，"-ic"与"-ick"，"-ioke"与"-ook"等之相通，不闻强声音绝不相似之字，如"规眉危悲"等与"支之诗时"等为一韵，更不闻强用希腊罗马之古音以押今韵也。）

刘半农：《我之文学改良观》，《新青年》第三卷三号，1917年。

498

《天净沙》小令，纯是天籁，仿佛唐人绝句。马东篱《秋思》一套，周德清评之以为"万中无一"，明王元美等亦推为"套数中第一"，诚定论也。此二体虽与元杂剧无涉，可知元人之于曲天实纵之，非后世所能望其项背也。

王国维：《元剧之文章》，见郑振铎：《晚清文选》卷下，西苑出版社2003年版，第715页。

499

白仁甫秋夜梧桐雨剧，沉雄悲壮，为元曲冠冕。然所作天籁词，粗浅之甚，不足为稼轩奴隶。岂创者易工，而因者难巧欤。抑人各有能有不能也。

读者观欧、秦之诗远不如词,足透此中消息。

王国维:《人间词话》,《蕙风词话 人间词话》,人民文学出版社 1998年版,第 221 页。

500

扬子云曰:"言心声也。"心声发于天籁之自然,必非有人焉能为之律令,必循之以为合也。顾发于自然矣,而使本之于心而合,入之于耳而通,将自有其不可畔者。然则并其律令谓之出于自然可也。格物者,考形气之律令也;冯相者,察天行之律令也;治名学者,体之于思虑;明群理者,验之于人伦。凡皆求之自然,著其大例以为循守。文谱者,特为此语言文字间耳。故文法有二:有大同者焉,为一切语言文字之所公;有专国者焉,为一种之民所独用。而是二者,皆察于成迹,举其所会通以为之谱。夫非若议礼典刑者有所制作颁垂,则一而已。庄周曰:"生于齐者,不能不齐言,生于楚者,不能不楚言。"小儿之学语,耳熟口从,习然而已,安有所谓法者哉!故文谱者,讲其所已习,非由此而得其所习也。

严复:《英文汉诂叙》,见郑振铎:《晚清文选》卷下,西苑出版社 2003 年版,第 642 页。

501

尘心劳后息,天籁静中听。胜绝东厓石,芙蓉踞峭屏。

魏源:《魏源全集》,岳麓书社 2004 年版,第 661 页。

502

惟余荒完吟天籁,顿悟诗情似雪清。望里劳劳十年路,不知芳草为谁生。自天目至径山寺,左泉右泉照石影,出谷入谷聆泉声。远石缥青近石壁,大泉钟磬小泉琴。濛濛花雨空林气,浩浩天风仙梵音。参破寒岩言外句,山身溪舌一时冥。

魏源:《魏源全集》,岳麓书社 2004 年版,第 690 页。

503

吾皇仍不语机祥,忽诏因缘事阐扬。因感掌珠天籁语,依稀得见老娘娘。

刘城:《启祯宫词》,《香艳丛书》一集卷四,人民文学出版社 1992 年版,第 871 页。

504

竹有竹外之形,墨有墨外之色,故与可有"成竹"之论,坡仙有"心识"之诀,而颖滨谓"解牛斫轮,心手俱灭而后至乎超绝,讵庸陋固滞者得厕其列也?"於乎,静华琴书满家,雄侯玉胄,振吐天葩,幽闲贞一,莹璧无瑕。弃宠光而高蹈,缅逸志于云霞。湛虚室之太素,曾不喜乎豪奢。故其坐云轩,仵灵宇,凡纵绝天籁,举吞八九之云梦,小渭川之千亩。口萧萧之神寓,植岁寒于豪楮,埽胸中之全竹。走笔下之风雨,忽颖脱而迸裂,恕绝绷而掣去。何此君之尚元篾,青翠而不处。恍一梦于蓝田,幻两身于湘浦。措斧斤兮何地,陋淇园之卫武。挥涕泪兮何从,愧苍梧之二女。发四座之清风,驱半襟之烦暑。欲折枝而不得,惧真宰之或怒。纵入横出,高森亚舞,不步不武,不绳不矩,百千其状,剑拔戟踞。

汤漱玉:《玉台画史》,《香艳丛书》,人民文学出版社 1992 年版,第 1189 页。

505

呜呼,天籁之鸣,风水之运,吾靡得覃其奇已。杨士奇曰:《南华经》还是一等战国文字,为气习所使,纵横跌宕,奇气逼人。却非是他自立一等主意,如公孙龙惠子之说。读者但见其恣口横说,以为浤浤无当。却不知一字一义,祖述道德。正如公孙大娘舞剑,左右挥霍,皆合草书。熟于道德者,始可以读南华。

谢无量:《中国大文学史》卷二第二编,中州古籍出版社 1992 年版,第 73 页。

506

皆原于天籁,有感而动。如尔我等皆发语声,父母之号,夷夏同符,是其证也。

谢无量:《中国大文学史》卷一第一编,中州古籍出版社 1992 年版,第 12 页。

507

天籁固不在地籁外,亦且不在人籁外也。

钟泰:《庄子发微》,上海古籍出版社 2002 年版,第 30 页。

508

《齐物论》的开始是描写风。风吹起来,有种种不同声音,各有特点。《齐物论》把这些声音称为"地籁"。此外还有些声音名为"人籁"。地籁与人籁合为"天籁"。

人籁由人类社会所说的"言"构成。人籁与由风吹成的"地籁"不同,它的"言"由人说出的时候,就代表人类的思想。它们表示肯定与否定,表示每个个人从他自己特殊的有限的观点所形成的意见。既然有限,这些意见都必然是片面的。

冯友兰:《中国哲学简史》,河南人民出版社 2001 年版,第 100 页。

后　记

　　本书所做的,大约称得上是同类学术研究中最笨的一项工作。近百年来,即使是最严谨的学者,在研究一个"空灵"这样的范畴(包括一般术语)时也顶多只用了不到十条资料。一些最仔细的资料类选编,也大抵只编了不到四分之一的资料。我们认为用过去的那些方法即只占有少量资料的方法,要确认一个范畴(包括一般术语)的含义是很难的,至少是很难达成共识的。当然任何个人都可以有主观理解的权利,都可以凭个人偏好拍脑袋琢磨,但这不能代替系统的完整的把握。

　　我们开始的工作首先是利用电子版占有尽可能完整的资料。这种方法的好处是可能最接近完整地占有资料。问题有两个,一是目前制成电子版的资料,仍不可能是全部资料,如《四库全书》电子版只有七亿多字,《国学宝典》只有八亿多字,因此只能做到最接近于全部资料。二是电子版错误很多很多。"空灵"与"天籁"两个范畴的电子版资料,错误竟达两千余处。我们一条一条对照了纸本,用了近一年时间,才最后校定。但电子版起到了最完整地检索的作用。

　　无论对于美学、艺术学、文学、诗学乃至哲学、史学,对范畴(包括一般术语)的全面、准确的把握,都是最重要的基础工作之一。如果没有这个基础,所有学问都可能建立在沙滩上,会陷入无穷无尽的"误会式"的论争之中。我们希望用这种方法能走向一个真正统一的共识性认定,起码可以打通一条大家感到较为踏实的路子。

　　我同时将这种笨办法,也引入了中国诗学理论体系的建构。我也正在引入哲学体系、美学体系、文化学体系的建构。这是一种我称为"系统考量与整体设计"的方法。我曾就此种方式与董京泉(曾任全国社会科学规划办公室主任近十年）、任平商量,我们并共同起草了一个报告,得到刘云山、雒树刚等同志的肯定。我希望这种方法也能同范围整释一样,开一个新的局面。二者共同开始一个中国学术研究的"笨时代",其实也是避免大量重复劳动、片面劳动、无根劳动、无效劳动的时代,也可称做一个系统化整体化研究的时代,可以有效地清理学术腐败、提升学术质量的时代,也是一个可以优化全体学人智慧使用结构的时代。

对于范畴研究,尽可能完整地占有资料只是前提,微妙处还在于对这些资料的解读、领悟。这既要靠学养、理性能力,更要靠审美、感性能力。我们在整释中的解读只是一个开始,希望引起更多更精妙的解读。好在相关资料已尽可能完整地放在后面,大家已经可以放开去驰骋,如果大家都来做这种整释性解读,那比我们对"空灵"与"天籁"的解读的具体结果本身,可能更加重要。我们目前只做了"空灵"、"天籁"、"气韵"、"逸",正在做"兴"与"意境"。而且这种整释的方法对研究文、史、哲领域所有范畴,对《辞海》一类辞（词）书中辞、词的释义可能都适用。那样,整释的工作真的仅仅是开始。

本书出版得到中国产业报协会及胡英暖、陈进文等先生的资助,特此致谢。

冯国荣

2010 年 8 月

责任编辑:方国根

文字编辑:冼　波

图书在版编目(CIP)数据

空灵·天籁整释/冯国荣 柳卓娅 董德英 著. -北京:人民出版社,2010.11

ISBN 978 - 7 - 01 - 008861 - 7

Ⅰ. 空…　Ⅱ.①冯…②柳…③董…　Ⅲ.①汉语-词汇-研究 ②文学语言-
研究-中国　Ⅳ. H13

中国版本图书馆 CIP 数据核字(2010)第 065135 号

空灵·天籁整释

KONGLING TIANLAI ZHENGSHI

冯国荣　柳卓娅　董德英　著

人民出版社 出版发行

(100706　北京朝阳门内大街 166 号)

北京龙之冉印务有限公司印刷　新华书店经销

2010 年 11 月第 1 版　2010 年 11 月北京第 1 次印刷

开本:710 毫米×1000 毫米 1/16　印张:21.25

字数:318 千字　印数:0,001-3,000 册

ISBN 978 - 7 - 01 - 008861 - 7　定价:47.00 元

邮购地址 100706　北京朝阳门内大街 166 号

人民东方图书销售中心　电话 (010)65250042　65289539